Libro de Co

de la Dieta Renal

La Dieta Renal Completa para reducir su consumo de sodio, potasio, fósforo y proteínas | 3000 Días de Recetas Saludables y 56 Días de Plan de Comidas Incluido

Por ELIZABETH DOLLY RAYMOND

Índice

Introducción

Para funcionar correctamente, los riñones desempeñan un papel crucial en el mantenimiento del equilibrio adecuado de agua y sustancias químicas en el organismo. Eliminan el exceso de agua o la retienen según sea necesario, al tiempo que regulan los niveles de minerales como el sodio y el potasio que se obtienen a través de la nutrición. Sin embargo, es importante mantener niveles específicos de estos minerales. Los riñones también ayudan a regular las cantidades de otros minerales, como el calcio y el fosfato, que son esenciales para la salud ósea. Además, desempeñan un papel vital en la eliminación de materiales de desecho como la creatinina y la urea, que se producen cuando el organismo descompone proteínas como la carne de vacuno. La creatinina es un producto de desecho muscular que los riñones eliminan del organismo. Cuando la función renal disminuye, aumentan los niveles de creatinina y urea en la sangre. La evaluación de los niveles de creatinina en sangre puede ayudar a diagnosticar problemas renales, y se determina mediante un análisis directo de sangre. Los riñones sanos también producen hormonas que actúan como mensajeros en el torrente sanguíneo, regulando la presión arterial, la producción de glóbulos rojos y el equilibrio del calcio. Los pacientes en diálisis requieren una dieta especializada para evitar la acumulación de productos de desecho en el organismo, y deben limitar la ingesta de líquidos entre las sesiones de diálisis, lo que puede provocar una micción reducida. Una micción inadecuada puede provocar un aumento de la presión en el corazón y los pulmones debido al exceso de líquido en el organismo. Si padece una enfermedad renal crónica (ERC), es posible que deba realizar cambios en su dieta. Los ajustes recomendados en la dieta pueden consistir en restringir la ingesta de líquidos, seguir una dieta baja en proteínas, limitar la ingesta de sodio, potasio, fósforo y otros electrolitos, y asegurarse de consumir suficientes calorías para evitar la pérdida de peso. Si su enfermedad renal empeora o si necesita diálisis, es posible que tenga que hacer más cambios en la dieta. Aquí es donde entra en juego la dieta renal. El objetivo de la dieta renal es mantener un equilibrio de electrolitos, nutrientes y líquidos en su cuerpo mientras se somete a diálisis para la ERC. Gracias por adquirir este libro. Espero que le resulte ameno y útil a la hora de preparar las recetas. Una vez que haya terminado de leerlo, le agradecería que dejara una reseña.

Gracias y feliz lectura.

Capítulo 1: Importancia de una dieta correcta y equilibrada

Una dieta equilibrada y saludable implica el consumo de una variedad de alimentos en cantidades y proporciones adecuadas para satisfacer las necesidades corporales de nutrientes esenciales, como vitaminas, minerales y grasas, al tiempo que se reduce al mínimo la ingesta de nutrientes innecesarios. Además, una dieta sana debe incluir fitoquímicos bioactivos, como fibra dietética, vitaminas y nutracéuticos, que ofrecen una serie de beneficios para la salud. La proporción ideal de macronutrientes en una dieta equilibrada es de aproximadamente un 60-70 por ciento de hidratos de carbono, un 10-12 por ciento de proteínas y un 20-25 por ciento de grasas. Adoptar hábitos dietéticos saludables puede ayudar a prevenir enfermedades, mantener un peso saludable y mejorar el bienestar general, y nunca es demasiado pronto ni demasiado tarde para empezar. He aquí algunas de las principales razones por las que una dieta equilibrada es crucial para gozar de una salud óptima. Incorporar una dieta equilibrada a nuestra rutina diaria puede reportar muchos beneficios para nuestra salud. Una dieta rica en frutas y verduras puede aportar vitaminas y minerales esenciales que mantienen nuestro organismo sano y funcionando correctamente. Las fuentes de proteínas, como las carnes magras, el pescado, los huevos y las opciones vegetales como la soja y las alubias, pueden ayudar a construir y reparar los tejidos del organismo. Los hidratos de carbono, como el pan integral, la pasta y el arroz, proporcionan energía para el funcionamiento del organismo. La fibra facilita la digestión y ayuda a regular los niveles de azúcar en sangre. Además, las grasas saludables, como las que se encuentran en los frutos secos y las semillas, pueden ayudar a reducir la inflamación y favorecer la función cerebral. Limitar los alimentos procesados y azucarados puede evitar el aumento de peso y favorecer la salud en general. Beber mucha agua a lo largo del día también puede ayudar a mantener nuestro cuerpo hidratado y funcionando correctamente. Al incorporar una variedad de alimentos de diferentes grupos, podemos asegurarnos de que estamos obteniendo todos los nutrientes que necesitamos para una salud óptima. En resumen, una dieta equilibrada es esencial para gozar de buena salud y puede prevenir muchas enfermedades crónicas. Proporciona al organismo los nutrientes que necesita para funcionar correctamente, reduce el riesgo de obesidad y afecciones relacionadas, como la diabetes y las cardiopatías, y aumenta el bienestar general. Los niños que siguen una dieta nutritiva también se benefician de un mejor crecimiento y desarrollo, un mayor rendimiento académico y un menor riesgo de desarrollar hábitos alimentarios poco saludables en etapas posteriores de su vida. El ejercicio también es crucial para mantener una buena salud y puede ayudar a prevenir muchas enfermedades, como el síndrome metabólico, la artritis y la hipertensión. Al dar prioridad a una dieta sana y a la actividad física regular, las personas pueden mejorar su salud en general y prevenir la aparición de muchas enfermedades crónicas.

Capítulo 2: Riñón y enfermedad renales

El riñón es un órgano con forma de judía. Hay dos riñones situados a cada lado de la columna vertebral, debajo de la caja torácica y detrás del ombligo. Cada riñón tiene el tamaño aproximado de un puño y mide entre 10 y 15 centímetros de largo. Los riñones están formados por dos glándulas en forma de judía, cada una del tamaño de la palma de la mano. Los riñones sanos filtran aproximadamente medio vaso de sangre por minuto, eliminando los desechos y el exceso de agua para producir orina. La orina pasa de los riñones a la vejiga a través de dos tubos musculares pequeños y finos llamados uréteres, uno a cada lado de la vejiga. La orina se almacena en la vejiga hasta que es expulsada del cuerpo. El aparato urinario está formado por los riñones, los uréteres y la vejiga. Los riñones filtran la sangre, eliminan los desechos, mantienen el equilibrio de líquidos en el organismo y regulan los niveles de electrolitos. Cada día, un gran volumen de sangre pasa muchas veces por los riñones. Los riñones reciben la sangre, eliminan los desechos y ajustan los niveles de sal, agua y minerales según sea necesario. La sangre filtrada se devuelve al torrente sanguíneo, mientras que los desechos se convierten en orina, que se acumula en la pelvis renal, un sistema en forma de embudo que desemboca en la vejiga a través de un canal llamado uréter. Cada riñón contiene alrededor de un millón de diminutos filtros llamados nefronas. Aunque sólo funcione el 10% de los riñones, es posible que no note ninguna complicación. Sin embargo, si se interrumpe el suministro de sangre a un riñón, puede morir una parte o todo el riñón, lo que provoca insuficiencia renal. Los riñones desempeñan un papel crucial en la filtración de los residuos y el exceso de líquido del organismo. También regulan el equilibrio ácido-base para mantener niveles óptimos de agua, sales y minerales como el sodio, el fósforo, el calcio y el potasio en el torrente sanguíneo. Este equilibrio es esencial para el correcto funcionamiento de nervios, músculos y otros tejidos del organismo. Además, los riñones producen hormonas que facilitan la digestión, mantienen los huesos fuertes y sanos, producen glóbulos rojos y controlan la tensión arterial. Los riñones están formados por alrededor de un millón de unidades filtrantes llamadas nefronas, cada una de ellas compuesta por un filtro glomérulo y un túbulo. El glomérulo filtra la sangre a su paso por cada nefrona, permitiendo que pequeños compuestos, desechos y agua atraviesen sus finas paredes y lleguen al túbulo. El túbulo devuelve las sustancias necesarias a la sangre al tiempo que extrae los desechos, y una arteria sanguínea lo flanquea, reabsorbiendo casi toda el agua, los minerales y los nutrientes que el cuerpo necesita a medida que el líquido diluido fluye a través del túbulo. La orina se forma a partir del líquido restante y los desechos del túbulo. La arteria renal suministra sangre a los riñones, que se divide en vasos sanguíneos más pequeños hasta que entra en las nefronas. La sangre sale del riñón a través de la vena renal. Los riñones filtran aproximadamente 150 litros de sangre al día, y los túbulos devuelven a la sangre la mayor parte del agua con otros contaminantes filtrados, excretando sólo de 1 a 2 litros de orina. El uréter transporta la orina desde el riñón hasta la vejiga. Los riñones son un par de órganos situados en la base de la caja torácica, aproximadamente del tamaño de un puño, con uno a cada lado de la columna vertebral. Su función principal es eliminar los desechos, el exceso de agua y otras impurezas de la sangre y eliminarlos a través de la orina. Además, los riñones desempeñan un papel crucial en la regulación de los niveles de pH, sodio y potasio del organismo. Producen hormonas que controlan la producción de glóbulos rojos y la presión arterial y activan una forma de vitamina D que ayuda a la absorción del calcio. Las enfermedades renales afectan a un número significativo de personas en EE.UU., con casi 26 millones de individuos afectados. Esto ocurre cuando los riñones se debilitan o no pueden funcionar correctamente, a menudo debido a enfermedades crónicas como la diabetes y la hipertensión. La enfermedad renal puede provocar varios problemas de salud, como fragilidad ósea, daños nerviosos y desnutrición. En casos graves, puede producirse insuficiencia renal, que hace necesaria la diálisis para recuperar la función del riñón. La diálisis consiste en utilizar una máquina para limpiar y purificar la sangre y, aunque no puede curar la insuficiencia renal, puede ayudar a las personas a vivir más tiempo.

La enfermedad renal crónica es el tipo más común de enfermedad renal. Es una afección de larga duración que no mejora con el tiempo. La hipertensión arterial es un factor importante, ya que ejerce una presión excesiva sobre los glomérulos -los pequeños vasos sanguíneos de los riñones encargados de filtrar la sangre-, lo que provoca su insuficiencia. El esfuerzo continuo acaba provocando un deterioro de la función y la calidad de los riñones, lo que puede acabar por incapacitarlos para funcionar correctamente. En casos de insuficiencia renal, es necesaria la diálisis. La diálisis es un proceso que elimina el exceso de grasa y residuos de la sangre. Aunque no es una cura, es un tratamiento para la insuficiencia renal. En determinadas circunstancias, un trasplante de riñón puede ser una opción. La nefropatía diabética es una complicación frecuente de la diabetes, que es un grupo de enfermedades caracterizadas por niveles elevados de azúcar en sangre. Con el tiempo, el alto contenido de azúcar en la sangre daña los vasos sanguíneos de los riñones, impidiéndoles limpiar eficazmente la sangre. La insuficiencia renal puede producirse cuando el organismo se sobrecarga de toxinas.

Cálculos renales: Los cálculos renales son otra afección renal frecuente. Se forman como masas sólidas cuando los minerales y otros compuestos de la sangre cristalizan en los riñones, formando grava. El cuerpo suele eliminar los cálculos renales a través de la orina. Aunque los cálculos renales pueden ser insoportablemente dolorosos, rara vez causan complicaciones graves.

Glomerulonefritis: La glomerulonefritis es una enfermedad en la que se inflaman los glomérulos. Los glomérulos son pequeños dispositivos que filtran la sangre y se encuentran en los riñones. Las infecciones, los medicamentos y las discapacidades congénitas pueden causar glomerulonefritis. Aunque puede mejorar por sí sola, en algunos casos es necesario un tratamiento para evitar daños mayores en los riñones.

Enfermedad poliquística del riñón: La poliquistosis renal es una enfermedad hereditaria en la que se desarrollan múltiples quistes (pequeños sacos llenos de líquido) en los riñones. Estos quistes pueden interferir en la función renal y provocar insuficiencia renal. Es importante señalar que, si bien algunos quistes renales son relativamente frecuentes y suelen ser benignos, la poliquistosis renal es una enfermedad distinta y más grave.

Infecciones urinarias: Las infecciones del tracto urinario (ITU) son infecciones bacterianas que pueden afectar a cualquier parte del sistema urinario. Las infecciones más frecuentes son las de la vejiga y la uretra. Son fácilmente tratables y rara vez dan lugar a complicaciones de salud posteriores. Sin embargo, si no se tratan, estas infecciones pueden extenderse a los riñones y causar insuficiencia renal.

Capítulo 3: Entender los problemas renales

Cualquier problema renal puede ser un signo precoz de enfermedad renal crónica, un tipo de daño renal que empeora gradualmente y acaba provocando insuficiencia renal. La detección y el tratamiento precoces de estos problemas pueden evitar que la ERC avance hasta la insuficiencia renal. Si no se tratan, otras complicaciones renales pueden agravar la ERC. Estar atento a su cuerpo y ponerse en contacto con su médico si nota algo raro puede ayudarle a prevenir posibles complicaciones.

Los cálculos renales son una complicación renal grave que se produce cuando los minerales se acumulan en los riñones y se adhieren entre sí. Cuando los cálculos renales grandes atraviesan las vías urinarias, pueden causar dolor. Si el cálculo es pequeño y pasa fácilmente por las vías urinarias, es posible que no se note ningún síntoma. Cuando un cálculo renal se desplaza por las vías urinarias y se elimina del organismo con la orina, se habla de expulsión de un cálculo renal. La sangre en la orina, también conocida como hematuria, puede ser un signo de diversos problemas renales o del tracto urinario. Aunque no siempre indica insuficiencia renal, es crucial buscar atención médica rápidamente, ya que los problemas renales pueden evolucionar a enfermedad renal crónica. El tratamiento de la sangre en la orina depende de la causa subyacente. La insuficiencia renal aguda, también conocida como lesión renal aguda (IRA), se produce cuando los riñones dejan de funcionar en cuestión de días u horas. La IRA es una enfermedad grave que puede poner en peligro la vida del paciente si no se trata a tiempo. La IRA suele producirse en pacientes que ya están enfermos y pueden ser hospitalizados, pero también puede estar causada por accidentes, enfermedades o medicamentos. Uno de los primeros indicios de insuficiencia renal es la presencia de proteínas en la orina. Las proteínas están presentes de forma natural en la sangre. Los riñones sanos eliminan los residuos y el exceso de líquido de la sangre, al tiempo que retienen nutrientes cruciales como las proteínas. Cuando los pequeños filtros de los riñones se dañan, la albúmina, un tipo de proteína que se encuentra en la sangre, puede filtrarse en la orina. Un tratamiento precoz puede ayudar a evitar que la enfermedad empeore. El dolor de riñón se suele sentir en la parte baja de la espalda, a ambos lados de la columna vertebral, y puede ser señal de un problema en los riñones. Sin embargo, no todos los dolores en la espalda o en los costados indican necesariamente un mal funcionamiento de los riñones. Otros factores, como las distensiones musculares o las lesiones, pueden causar dolor en estas zonas. Es importante consultar a un profesional sanitario si se experimenta un dolor persistente o intenso para determinar la causa subyacente y el tratamiento adecuado. Infección renal: Las bacterias que viajan a los riñones desde otras partes del tracto urinario son la causa más común de las infecciones renales. Los síntomas de las infecciones renales incluyen fiebre, vómitos y dolor en la espalda, los costados o la ingle. Las mujeres son más propensas a las infecciones renales que los hombres debido a la estructura de su organismo. El tratamiento precoz de las infecciones renales es crucial para prevenir daños renales graves. La hepatitis C es una enfermedad vírica del hígado que puede provocar lesiones hepáticas graves. El hígado desempeña un papel crucial en el procesamiento de nutrientes y la eliminación de toxinas del organismo. La hepatitis C también está asociada a la enfermedad renal, y puede empeorarla. Los enfermos renales que reciben hemodiálisis, un tratamiento para la insuficiencia renal, pueden correr el riesgo de contraer hepatitis C si no se siguen los protocolos adecuados de prevención de infecciones en el centro sanitario. La detección y el tratamiento precoces de la hepatitis C pueden ayudar a prevenir daños mayores en el hígado y los riñones.

Capítulo 4: Insuficiencia renal e insuficiencia renal crónica

La insuficiencia renal se produce cuando los riñones ya no son capaces de filtrar eficazmente los desechos de la sangre. Hay varios factores que pueden afectar a la salud y el funcionamiento de los riñones, entre ellos: la exposición a sustancias tóxicas en el medio ambiente o a determinados medicamentos, lesiones o traumatismos renales, determinadas enfermedades renales agudas y crónicas, deshidratación grave. Cuando los riñones no pueden funcionar correctamente, el organismo se satura de toxinas. Si no se trata, puede provocar una enfermedad renal, que puede ser mortal.

Insuficiencia renal: la insuficiencia renal puede causar una serie de síntomas en las personas afectadas, aunque algunas pueden no mostrar ningún signo. Algunos de los síntomas más frecuentes son Edema, que es la hinchazón de pies, tobillos y piernas debida a la acumulación de exceso de líquido en el organismo causada por la incapacidad de los riñones para eliminarlo; Oliguria, que es una disminución de la cantidad de orina emitida; Cansancio o fatiga excesivos; Dificultad respiratoria o falta de aire inexplicables; Náuseas crónicas que persisten durante un periodo prolongado; Presión o dolor torácicos que persisten o aparecen y desaparecen; Confusión o dificultad para pensar con claridad; Coma, que es un estado de inconsciencia; Convulsiones, que pueden estar causadas por un desequilibrio de electrolitos en el organismo debido a la insuficiencia renal. Puede ser difícil detectar los síntomas de la enfermedad renal en sus primeras fases, ya que suelen ser sutiles y difíciles de percibir. Si experimenta los primeros signos de la enfermedad renal, puede observar lo siguiente: Hinchazón en las extremidades debido a la acumulación de líquidos; Dificultad para respirar; Reducción de la diuresis. Diversos factores pueden causar disfunción renal. La causa suele determinar el tipo de insuficiencia renal. Las personas con mayor riesgo suelen padecer una o más de las siguientes afecciones:

Pérdida de flujo sanguíneo a los riñones: La falta repentina de flujo sanguíneo a los riñones puede provocar insuficiencia renal. Los siguientes factores pueden provocar la interrupción del suministro de sangre a los riñones: Enfermedad cardíaca, Ataque cardíaco, Cicatrización del hígado e insuficiencia hepática, Quemaduras graves, Deshidratación, Sepsis o infección grave, Reacción alérgica. La hipertensión arterial o los antiinflamatorios también pueden restringir el riego sanguíneo.

Problemas con la eliminación de orina: La incapacidad para eliminar la orina provoca la acumulación de toxinas en los riñones. Algunos cánceres, como el de próstata (más frecuente en los hombres), vejiga, cuello uterino y colon, pueden obstruir los conductos urinarios. Los trastornos que interfieren en la micción también pueden provocar disfunción renal, como: Cálculos renales, Agrandamiento de la próstata, Coágulos sanguíneos dentro de las vías urinarias, Daños en los nervios que controlan la vejiga.

Otros factores que pueden causar insuficiencia renal son: Infecciones; Coágulos de sangre alrededor de los riñones; Sobrecarga de toxinas procedentes de metales pesados; Drogas y alcohol; Inflamación de los vasos sanguíneos; Vasculitis; Lupus eritematoso sistémico (LES), enfermedad autoinmune que puede afectar a varios órganos del cuerpo y causar inflamación; Glomerulonefritis, inflamación de los pequeños vasos sanguíneos del riñón; Síndrome urémico hemolítico, descomposición de los glóbulos rojos debida a una infección bacteriana, normalmente en los intestinos; Mieloma múltiple, enfermedad de la médula ósea que afecta a las células plasmáticas; Esclerodermia, enfermedad autoinmunitaria que afecta a la piel; Púrpura trombótica trombocitopénica, trastorno de la coagulación de la sangre que afecta a los vasos sanguíneos pequeños; Fármacos quimioterápicos para el cáncer y otras enfermedades autoinmunitarias; Colorantes utilizados en determinadas pruebas de diagnóstico por imagen; Diabetes no controlada; Antibióticos específicos.

Insuficiencia renal crónica: los riñones se encargan de filtrar el exceso de líquidos y productos de desecho de la sangre, y la orina sirve como medio de excreción de residuos. Cuando la función renal disminuye durante un periodo de meses o años, se habla de enfermedad renal crónica. A medida que la enfermedad avanza, se acumulan en el torrente sanguíneo niveles nocivos de residuos y líquidos. La enfermedad renal crónica es otro término para esta afección. Si padece una enfermedad renal progresiva en sus primeras fases, es posible que no surjan problemas. Los primeros síntomas de la enfermedad renal a veces se parecen a los de otras enfermedades y trastornos. Por ello, es imposible diagnosticarla. Los primeros signos consisten en: Pérdida repentina de peso, Pérdida de apetito, Vómitos y náuseas, Molestias en el pecho, Presión arterial incontrolable, Picor. Si el daño renal empeora, experimentará síntomas rápidamente. Sin embargo, esto no ocurre a menos que ya se haya producido un daño importante. Los síntomas de una etapa posterior incluyen: Entumecimiento de las piernas, Fatiga, Calambres y espasmos, Hinchazón de pies y tobillos, Hipo, Debilidad, Ausencia de periodos menstruales, Mal aliento, Dificultad para mantenerse despierto, Piel más oscura o más clara de lo habitual, Molestias en los huesos, Fácil aparición de hemorragias y moratones, Insomnio, Sed excesiva, Dificultad para respirar, Micción excesiva o infrecuente, Retención de líquidos en los pulmones u otros órganos, Presión arterial elevada, Las convulsiones pueden ser consecuencia de nervios dañados, La falta de vitamina D puede perjudicar la salud de los huesos. La enfermedad renal crónica está provocada principalmente por una presión arterial excesiva y por la diabetes. Otros factores son: Obstrucción de las vías urinarias e inflamación del sistema de filtración de los riñones; Infecciones renales repetidas; Afecciones del sistema inmunitario; Enfermedad renal congénita; Daños en la función renal. Si fuma, tiene diabetes, es obeso, padece una enfermedad cardiaca, tiene antecedentes familiares de enfermedad renal, es mayor de 65 años, tiene el colesterol alto o es afroamericano, nativo americano o asiático-americano, tiene más probabilidades de padecer una enfermedad renal crónica.

Capítulo 5: Fundamentos de la diálisis

Los riñones depuran la sangre eliminando el exceso de líquido y los residuos. Estos residuos se transportan a la vejiga para ser eliminados al orinar. Cuando los riñones dejan de ser funcionales, la diálisis asume su función. Según la Fundación Nacional del Riñón, la insuficiencia renal terminal se produce cuando los riñones sólo realizan entre el 10 y el 15 por ciento de su función diaria normal. El proceso de diálisis consiste en utilizar una máquina para limpiar y purificar la sangre. Esto ayuda a mantener el equilibrio de líquidos y electrolitos cuando los riñones no funcionan correctamente. Desde la década de 1940, la diálisis se ha utilizado para tratar a personas con enfermedades renales. Cuando los riñones funcionan correctamente, los residuos, el exceso de agua y otros contaminantes se retienen fuera del organismo. También ayudan a controlar los niveles de elementos químicos y la tensión arterial. Estos elementos incluyen el sodio y el potasio, entre otros. Otro tipo de vitamina D producida por los riñones favorece la absorción del calcio. Cuando los riñones son incapaces de llevar a cabo determinadas funciones debido a una enfermedad o daño, la diálisis puede ayudar a mantener el funcionamiento normal del organismo. Sin diálisis, las sales y otros productos de desecho pueden acumularse en la sangre, contaminando el torrente sanguíneo y dañando otros órganos. Por otro lado, la diálisis no es una cura para la enfermedad renal u otros problemas renales. Puede ser necesario recurrir a diversas terapias para tratar problemas concretos. Existen tres tipos de diálisis:

Hemodiálisis: La hemodiálisis es el tipo más típico de diálisis. En ella se eliminan los residuos y el exceso de líquido de la sangre mediante un riñón artificial (hemodializador). Tras salir del cuerpo, el riñón artificial filtra la sangre. La sangre depurada se inyecta en el torrente sanguíneo mediante una máquina de diálisis. El médico realizará una intervención quirúrgica para crear un punto de acceso vascular en los vasos sanguíneos para que la sangre pueda fluir hasta el riñón artificial. A continuación se enumeran los tres tipos de puntos de acceso:

➢ Fístula arteriovenosa (AV). Dos arterias y venas se unen por esta forma. La mejor opción es esa.
➢ Injerto AV. Se asemeja a un tubo con bucles.
➢ Catéter para acceso vascular. Puede colocarse en la vena profunda del cuello. La diálisis a largo plazo está diseñada para realizarse utilizando tanto el injerto AV como la fístula AV. Las personas con fístulas AV se curan y pueden iniciar la hemodiálisis al cabo de dos o tres meses. Los receptores de corrupción AV deben prever estar disponibles en dos o tres semanas. Los catéteres sólo se utilizan temporalmente. Los tratamientos de hemodiálisis suelen durar de tres a cinco horas y se realizan tres días a la semana. En cambio, la terapia de hemodiálisis puede realizarse en ciclos más cortos y frecuentes. La hemodiálisis suele realizarse en un hospital, en la consulta de un médico o en un centro de diálisis. La altura de su cuerpo, la cantidad de desechos en su sistema y su estado de salud actual influyen en la duración de la terapia. Cuando usted ha estado recibiendo hemodiálisis por un tiempo, su médico puede determinar que usted puede realizar sus propios tratamientos de diálisis en casa. Esta es una opción más convencional para los pacientes que necesitan cuidados a largo plazo.

Diálisis peritoneal: Durante la intervención se coloca un catéter abdominal de diálisis peritoneal. A través del catéter, el peritoneo, un trozo de tejido pulmonar, filtra la sangre. Durante la cirugía, se inyecta en el peritoneo un determinado líquido llamado dialisato. El dialisato absorbe los desechos. Después de que el dialisato elimine los desechos del torrente sanguíneo, se extraen del estómago. Este método debe realizarse de cuatro a seis veces al día y tarda unas horas en finalizar. Por el contrario, el intercambio de fluidos puede realizarse tanto si está despierto como dormido. Existen diversas variantes de diálisis peritoneal. Las principales son: (CAPD) Un tipo de diálisis peritoneal es la diálisis peritoneal ambulatoria continua (CAPD). El abdomen se llena y se drena en CAPD con frecuencia a lo largo del día. Este proceso no requiere el uso de un simulador, pero debe realizarse estando despierto. Diálisis continua del peritoneo (CCPD). En la CCPD, una máquina realiza ciclos a través del líquido que entra y sale del abdomen. Suele realizarse a altas horas de la madrugada. Un tipo de diálisis peritoneal es la diálisis peritoneal intermitente (IPD). Aunque ocasionalmente es posible, esta asistencia suele realizarse en un hospital. Aunque tarda más en completarse, utiliza el mismo equipo que la CCPD.

(CRRT) Terapia Renal Sustitutiva Continua: Los pacientes con insuficiencia renal grave suelen recibir este tratamiento en la unidad de cuidados intensivos. Un término alternativo es hemofiltración. Un generador bombea sangre al tubo. Posteriormente, el agua y los residuos se eliminan mediante una bomba. La sangre se recicla en el torrente sanguíneo junto con un líquido de sustitución. Este procedimiento dura entre 12 y 24 horas diarias.

Independientemente de cómo se desarrolle la ERC, una persona puede tomar medidas para mantener la función renal. Se recomienda a los enfermos renales que dejen de fumar, ya que acelera el desarrollo de la enfermedad. En consecuencia, los pacientes deben vigilar variables como seguir una dieta equilibrada, dormir lo suficiente, perder peso y hacer ejercicio para mejorar su salud. Muchos diabéticos de tipo 2 pueden prevenir la diabetes siguiendo estas recomendaciones. Los hipertensos deben limitar el consumo de sodio. Varios profesionales médicos coinciden en que restringir las proteínas y el fósforo en la dieta retrasará la aparición de la enfermedad renal. También es posible estudiar formas de prevenir la insuficiencia renal, como el uso de aceite de pescado para la nefropatía IgA, el consumo de vitaminas y nutrientes antioxidantes y antiinflamatorios, o la administración de pirfenidona, un fármaco antifibrótico, para tratar la glomeruloesclerosis focal y segmentaria (GEFS). Considerar si la afección renal es única. Para mantener la función renal el mayor tiempo posible, debe hablar con un médico, buscar el consejo de su profesional sanitario y ofrecerle recomendaciones personalizadas. Los mejores resultados pueden derivarse de una comunicación abierta y frecuente. Pida consejo al psiquiatra sobre cómo hablar con sus familiares sobre la ERC y comente con ellos sus emociones y su estado físico. Su equipo médico debe ayudarle a mantener su estabilidad mental y emocional. He aquí una guía rápida sobre cómo retrasar el inicio de la diálisis: es necesario hacer ejercicio con regularidad, comer sano y perder peso. No fume, controle la hipertensión, limite el sodio en su dieta y controle la diabetes. Hable con el personal médico y mantenga su empleo y su seguro médico.

Capítulo 6: Enfermedad renal crónica (ERC)

Qué es la enfermedad renal crónica (ERC)?: La insuficiencia renal crónica es un conjunto de enfermedades médicas que dañan sus riñones y disminuyen su capacidad para mantenerle a salvo realizando las funciones antes mencionadas. Si la insuficiencia renal progresa, los desechos de la sangre se acumularán hasta niveles peligrosamente altos, lo que le hará enfermar. Otros peligros son la hipertensión, la anemia (recuento sanguíneo bajo), la debilidad muscular, la mala salud digestiva y las lesiones nerviosas. Las enfermedades cardiacas y vasculares son otras probabilidades que aumentan con la insuficiencia renal. Estos problemas pueden empeorar progresivamente con el tiempo. La insuficiencia renal crónica puede estar provocada por la diabetes, la hipertensión arterial y otras afecciones. Además, la detección y el tratamiento precoces detendrán la progresión de la enfermedad renal crónica. La nefropatía puede provocar insuficiencia renal a medida que avanza la enfermedad, haciendo necesaria la diálisis o un trasplante de riñón para sobrevivir. La disminución progresiva de la función renal a lo largo de muchos años es una característica de la enfermedad renal crónica. Los riñones de una persona acaban dejando de funcionar correctamente. Más personas de lo que la mayoría cree suelen padecer una afección renal crónica, también conocida como enfermedad renal crónica, insuficiencia renal crónica o fallo renal crónico. Sin embargo, con frecuencia pasa desapercibida y no se trata hasta que la enfermedad ha avanzado considerablemente. Además, hasta que la función renal de una persona no ha disminuido hasta, de media, el 25%, no es consciente de que padece una enfermedad renal crónica. A medida que la enfermedad renal empeora y la función del órgano disminuye, se acumulan rápidamente en el organismo niveles peligrosos de residuos y líquidos. El objetivo del tratamiento es prevenir o posponer la aparición de la enfermedad. Esto se consigue normalmente abordando la causa subyacente. Si se encuentra en las primeras fases de una enfermedad renal progresiva, puede experimentar dificultades o no. Los primeros síntomas de la enfermedad renal a veces se parecen a los de otras enfermedades y trastornos. Entre los primeros signos de alerta se incluyen: Hipertensión arterial incontrolable, Pérdida de apetito, Dolor torácico, Pérdida repentina de peso, Vómitos y náuseas. Si el daño renal empeora, experimentará síntomas rápidamente. Sin embargo, esto no ocurre a menos que ya se haya producido mucho daño. Los síntomas que aparecen más tarde son: entumecimiento muscular y fatiga, dificultad para mantenerse despierto, debilidad, mal aliento, piel más oscura o más clara de lo habitual, dificultad para respirar, ciclos menstruales irregulares o ausentes, molestias óseas, insomnio, calambres y espasmos y facilidad para sangrar y hacerse moratones, sed excesiva, micción excesiva o infrecuente, tobillos y pies hinchados e hipo. Datos recientes de los Centros para el Control y la Prevención de Enfermedades (CDC) sugieren que la mayoría de las personas con enfermedad renal crónica (ERC) no son conscientes de su enfermedad. Según las últimas estimaciones de los CDC, alrededor de 37 millones de personas padecen actualmente ERC en Estados Unidos, lo que representa aproximadamente el 15% de la población adulta, es decir, uno de cada siete adultos. Los CDC atribuyen este aumento del número de estadounidenses con ERC a factores como el envejecimiento de la población y la mayor prevalencia de enfermedades como la diabetes y la hipertensión. Sorprendentemente, hasta el 90% de las personas con ERC desconocen por completo su enfermedad, e incluso uno de cada dos pacientes con baja capacidad renal que no están en diálisis ignora que padece ERC. La Fundación Nacional del Riñón (NKF) ha advertido de que uno de cada tres adultos, unos 80 millones de personas, corre el riesgo de padecer ERC. Esta enfermedad es actualmente la novena causa de muerte en EE.UU. y afecta a más personas que el cáncer de mama o de pulmón. "La enfermedad renal crónica es la epidemia sanitaria menos reconocida de Estados Unidos, y ya es hora de que más gente le preste atención", advierte Kevin Longino, director general de la Fundación Nacional del Riñón. La enfermedad renal crónica hace que ambos riñones se debiliten y pierdan su capacidad de mantener la estabilidad de una persona. Se necesita diálisis o un trasplante de riñón para seguir con vida, y quienes llegan a la fase terminal de la enfermedad renal (ERT) requieren un trasplante de riñón o diálisis. La ERC es más frecuente en las mujeres estadounidenses (15%) que en los varones (12%), según otras conclusiones principales de los CDC. Los afroamericanos, hispanos, nativos americanos, asiáticos e isleños del Pacífico tienen más probabilidades de contraer la enfermedad. La ESKD es tres veces más frecuente en afroamericanos que en blancos, mientras que los hispanos son 1,3 veces más propensos que los no hispanos a ser diagnosticados de enfermedad renal. Estos grupos tienen una mayor prevalencia de diabetes y presión arterial elevada, lo que les hace más susceptibles de padecer ERC. Entre los factores de riesgo de la ERC se encuentran la diabetes, la presión arterial elevada, los antecedentes familiares de insuficiencia renal, la edad superior a 60 años, el tabaquismo, las enfermedades cardiacas y las lesiones renales previas. La investigación de los CDC, que se centró en adultos mayores de 18 años con ERC en estadios 1-4, utilizó datos de la Encuesta Nacional de Salud y Nutrición 2013-16, junto con la ecuación de Colaboración Epidemiológica de la ERC.

Factores de riesgo y prevención de la ERC: La enfermedad renal crónica puede deberse a varios factores, como enfermedades del corazón y los vasos sanguíneos, hipertensión, obesidad, antecedentes familiares de enfermedad renal, diabetes, edad avanzada, tabaquismo y una estructura renal anormal. Además, las personas de origen nativo americano, asiático-americano o afroamericano pueden tener un mayor riesgo de desarrollar la enfermedad. Es importante conocer los factores de riesgo y tomar medidas para prevenir o controlar la enfermedad renal crónica. La enfermedad renal crónica puede tener graves repercusiones en todo el organismo. La hiperpotasemia, un aumento drástico de los niveles de potasio en sangre, puede poner en peligro la vida y afectar a la capacidad de bombeo del corazón. Otras posibles complicaciones son la retención de líquidos (edema pulmonar), enfermedades cardiovasculares, fragilidad ósea, anemia, disminución del deseo sexual, disfunción eréctil o infertilidad, problemas de concentración, cambios de humor, convulsiones, disminución de la resistencia inmunitaria, pericarditis (inflamación de la membrana en forma de saco que rodea el corazón), complicaciones en el embarazo e insuficiencia renal terminal. La insuficiencia renal terminal es irreversible y requiere un trasplante de riñón o diálisis de por vida. Es importante buscar atención médica y tratar la enfermedad renal crónica para prevenir o controlar estas posibles complicaciones. Para reducir las posibilidades de contraer una enfermedad renal, haga lo siguiente:

- **Siga una dieta sana.** Consumir una dieta equilibrada puede ayudar a reducir el riesgo de desarrollar una enfermedad renal. Incluya en su dieta abundantes frutas y verduras, cereales integrales, proteínas magras y productos lácteos bajos en grasa. Limite el consumo de sal, azúcar y grasas saturadas y trans.
- **Controla tu tensión arterial.** La hipertensión puede dañar los riñones, por eso es importante vigilarla y controlarla. Toma los medicamentos según te los receten y sigue un estilo de vida saludable con ejercicio regular, dieta sana y técnicas de control del estrés.
- **Controle su glucemia.** Si tienes diabetes, es importante que controles tus niveles de azúcar en sangre. Mídase la glucemia con regularidad, tome los medicamentos que le hayan recetado y siga una dieta sana y una rutina de ejercicio.
- **Manténgase hidratado.** Beber suficiente agua puede ayudar a mantener los riñones sanos y funcionando correctamente. Intenta beber al menos 8 vasos de agua al día, o más si eres una persona físicamente activa o vives en un clima cálido.
- **Evita la exposición a toxinas.** Ciertas sustancias químicas y toxinas pueden dañar los riñones, por lo que es importante evitar la exposición siempre que sea posible. Lleva equipo de protección si trabajas con sustancias químicas y evita el uso excesivo o la inhalación de productos de limpieza u otras sustancias químicas.
- **Hágase revisiones periódicas.** Las revisiones periódicas con el médico pueden ayudar a detectar signos precoces de enfermedad renal y otros problemas de salud. Asegúrese de hacerse análisis de sangre y orina con regularidad, y comente cualquier preocupación o síntoma con su médico.

Pruebas y tratamiento - Detección precoz, tratamiento precoz: Las pruebas renales periódicas son importantes para las personas con hipertensión, diabetes o factores de riesgo de ERC. Dado que los pacientes con ERC pueden no sentirse mal ni notar ningún signo hasta que la enfermedad ha progresado, los análisis de sangre y orina claros son la mejor forma de determinar si alguien padece ERC. Estos análisis miden los niveles de creatinina en la sangre, un producto de desecho creado por los músculos, para determinar el funcionamiento de los riñones, y detectan la presencia de proteínas en la orina, lo que puede indicar una lesión renal. Seguir un estilo de vida más sano y tomar medicamentos para proteger los riñones de la hipertensión, la diabetes y otras afecciones puede ayudar a ralentizar la progresión de la ERC y reducir el riesgo de otros problemas de salud, como las cardiopatías. Por ejemplo, se recomienda a las personas con diabetes y ERC que tomen medicamentos para reducir la tensión arterial. Sin embargo, el número de personas con ERC y diabetes tratadas con fármacos hipotensores dista mucho de ser

óptimo, sobre todo en los grupos de edad más jóvenes y en determinados grupos étnicos. Las prescripciones de fármacos hipotensores son más frecuentes en personas con ERC y diabetes de 45 años o más, y alrededor del 70% de este grupo recibe estos medicamentos. En cambio, sólo alrededor del 30% de las personas de entre 18 y 44 años reciben medicamentos hipotensores. Hay poca diferencia en las tasas de prescripción entre mujeres y hombres adultos con ERC y diabetes, ya que aproximadamente el 50% de ambos grupos recibe medicación hipotensora. Las tasas de prescripción son más elevadas en los adultos negros no hispanos con ERC y diabetes, con un 63% que recibe medicación hipotensora, en comparación con los adultos blancos o asiáticos no hispanos con ERC y diabetes, en los que sólo alrededor del 32% recibe medicación hipotensora. Por último, alrededor del 47% de los hispanos con ERC y diabetes reciben medicación hipotensora.

Tratamiento de la ERC: En la actualidad, la enfermedad renal crónica no tiene cura. Sin embargo, existen tratamientos para controlar los síntomas, reducir el riesgo de complicaciones y ralentizar la progresión de la enfermedad. Los pacientes con enfermedad renal crónica pueden necesitar una serie de medicamentos y terapias para controlar su enfermedad. Estos son algunos de los tratamientos más utilizados:

Tratamiento de la anemia: La anemia en pacientes con enfermedad renal puede tratarse con suplementos de hierro, como comprimidos diarios de sulfato ferroso o inyecciones ocasionales. También pueden ser necesarias transfusiones de sangre.

Equilibrio de fosfatos: Los pacientes con insuficiencia renal no pueden eliminar el fosfato de su organismo. Para reducir la ingesta de fosfato, es posible que deban reducir el consumo de alimentos de origen animal, carne roja, huevos y marisco.

Hipertensión arterial: Los pacientes con problemas renales crónicos suelen padecer hipertensión, que puede empeorar la enfermedad. Reducir la presión arterial es esencial para ayudar a los riñones y retrasar el desarrollo de la enfermedad.

Picor cutáneo: Los antihistamínicos como la clorfenamina pueden ayudar a aliviar los síntomas de picor en los pacientes con enfermedad renal.

Medicamentos contra el mareo: Los enfermos renales pueden experimentar náuseas debido a la acumulación de contaminantes en el organismo. Medicamentos como la ciclizina y la metoclopramida pueden ayudar a aliviar este síntoma.

Antiinflamatorios no esteroideos (AINE): Los AINE, como la aspirina y el ibuprofeno, pueden ser perjudiciales para los enfermos renales y sólo deben tomarse bajo supervisión médica.

TRATAMIENTO TERMINAL: Cuando los riñones funcionan a menos del 10-15% de su capacidad estándar, la dieta, los fármacos y las terapias ya no son suficientes. Los pacientes con insuficiencia renal terminal necesitan un trasplante de riñón o diálisis para sobrevivir. Los médicos intentan retrasar al máximo la necesidad de diálisis, ya que todos los procedimientos conllevan un riesgo de complicaciones importantes.

Diálisis renal: La insuficiencia renal crónica puede tratarse con diálisis. Existen dos tipos principales de diálisis, cada uno con subtipos:

Hemodiálisis: La sangre del paciente se bombea fuera de su cuerpo y se filtra a través de un dializador (riñón artificial). La hemodiálisis suele realizarse tres veces por semana en una clínica, y cada sesión dura al menos 3 horas. Se ha demostrado que los tratamientos de diálisis más frecuentes mejoran los resultados de los pacientes, y las nuevas máquinas de diálisis de uso doméstico permiten un tratamiento más frecuente.

Diálisis peritoneal: En la diálisis peritoneal, la sangre se filtra dentro del abdomen del paciente, en la cavidad peritoneal. Se introduce un catéter en el abdomen y se introduce y drena solución de diálisis según sea necesario para eliminar los desechos y el exceso de líquido.

Trasplante renal: El trasplante de riñón puede ser una opción para algunos pacientes con insuficiencia renal crónica. Para reducir el riesgo de rechazo, el donante y el receptor deben tener tipos de sangre, proteínas de superficie celular y anticuerpos compatibles. Los mejores candidatos a donante suelen ser hermanos o amigos íntimos. Si no se dispone de un donante vivo, continúa la búsqueda de un donante fallecido.

Problemas de salud relacionados con la ERC: Si sus riñones no funcionan bien, puede tener un impacto significativo en el resto de su cuerpo. A continuación se enumeran algunos de los síntomas comunes asociados con la enfermedad renal persistente:

- Anemia: Se trata de una afección en la que el organismo no dispone de suficientes glóbulos rojos sanos para transportar oxígeno a sus tejidos. Como consecuencia, puede sentirse cansado y agotado. La anemia puede deberse a diversos factores, y es esencial acudir a un especialista si sospecha que la padece. Consumir una dieta equilibrada y variada puede ayudar a prevenir la anemia.
- Huesos débiles y quebradizos: Los huesos son tejidos vivos que se descomponen y reconstruyen con regularidad. Al envejecer, los huesos viejos se rompen más de lo que crecen los nuevos, lo que provoca brechas y fragilidad en los huesos. Esta afección se denomina osteoporosis, y es crucial tratarla a tiempo para evitar complicaciones graves como fracturas óseas y pérdida de estatura. Conocer los signos y los factores de riesgo puede ayudarle a tomar las precauciones necesarias para mantener unos huesos sanos.
- Gota: Se trata de un tipo de artritis caracterizada por molestias intensas, hinchazón, enrojecimiento y sensibilidad en una o más articulaciones, a menudo en el dedo gordo del pie. Los ataques de gota pueden producirse de forma inesperada y despertarle por la noche con un dolor ardiente en el dedo gordo. Aunque los síntomas de la gota aparecen y desaparecen, hay formas de controlar y prevenir las crisis.
- Acidosis metabólica: Se trata de una afección en la que se produce una acumulación de ácido en el organismo. Los riñones desempeñan un papel crucial en el mantenimiento de un equilibrio ácido saludable en el organismo. Sin embargo, las personas con enfermedad renal o diabetes pueden desarrollar acidosis

metabólica debido a la incapacidad de sus riñones para filtrar la sangre correctamente.
- Hipertensión arterial: se produce cuando la tensión arterial sube a niveles peligrosamente altos, lo que puede provocar problemas de salud a largo plazo, incluida la insuficiencia cardiaca.
- Enfermedades del corazón: La enfermedad renal aumenta el riesgo de infarto de miocardio y accidente cerebrovascular.
- Potasio elevado (hiperpotasemia): Se trata de una afección en la que el nivel de potasio en sangre es superior a la media. El potasio ayuda a las células nerviosas y musculares, como las del corazón, a funcionar correctamente. Sin embargo, un nivel alto de potasio puede ser peligroso y requiere atención médica inmediata.
- Fósforo elevado (hiperfosfatemia): Se trata de una afección en la que hay una cantidad excesiva de fósforo en la sangre. Aunque el fosfato es necesario para el organismo, una cantidad excesiva puede causar problemas óseos y musculares y aumentar el riesgo de infartos de miocardio y accidentes cerebrovasculares. Las personas con enfermedad renal crónica son más propensas a desarrollar hiperfosfatemia.
- Acumulación de líquidos: Se produce cuando fallan los sistemas del organismo para controlar las cantidades de líquido, lo que provoca hinchazón y náuseas. La retención de líquidos, o edema, puede producirse por varias razones, y es esencial identificar la causa subyacente.
- Disfunción eréctil: Se trata de una afección en la que el hombre tiene dificultades para conseguir o mantener una erección. Aunque no es infrecuente sufrir disfunción eréctil ocasionalmente, la disfunción eréctil frecuente puede ser síntoma de problemas de salud subyacentes que requieren tratamiento.
- Disminución de la respuesta inmunitaria: Las inmunodeficiencias dificultan la lucha del organismo contra virus y enfermedades, haciéndolo más susceptible a las infecciones. Las inmunodeficiencias pueden ser hereditarias o adquirirse en etapas posteriores de la vida. Es crucial identificar la causa subyacente de la disminución de la respuesta inmunitaria para recibir el tratamiento adecuado.

Los enfermos renales pueden reducir el riesgo de insuficiencia renal: Los riñones se encargan de filtrar los residuos y el exceso de líquido de la sangre, que luego se elimina en forma de orina. Cuando los riñones dejan de funcionar y ya no pueden realizar sus tareas esenciales, se habla de insuficiencia renal.

Consejos para prevenir la ERC: La insuficiencia renal suele estar causada por la hipertensión arterial y la diabetes, por lo que las estrategias de prevención se centran en el control de estas afecciones. Tenga en cuenta los siguientes consejos:

- Controle su glucemia: Mantener el azúcar en sangre bajo control es crucial para prevenir las cardiopatías y la insuficiencia renal en los pacientes diabéticos.
- Controle su tensión arterial: La hipertensión arterial aumenta el riesgo de sufrir cardiopatías e insuficiencia renal. Vigilar la tensión arterial y tomar medidas para controlarla puede ayudar a prevenir el daño renal.
- Mantenga un peso saludable: La obesidad aumenta el riesgo de enfermedades relacionadas con la insuficiencia renal, como la hipertensión y la diabetes.

Mantener un peso saludable puede ayudar a prevenir estas afecciones.

- Siga una dieta cardiosaludable: Una dieta rica en fibra, cereales integrales, frutas y verduras y baja en azúcar y colesterol puede ayudar a reducir el aumento de peso y prevenir la enfermedad renal.
- Reducir el consumo de sal: El consumo elevado de sal está relacionado con la hipertensión arterial, que puede provocar daños renales.
- Bebe suficiente agua: La deshidratación puede disminuir el riego sanguíneo a los riñones, lo que puede provocar lesiones. Consulte a su médico para determinar la cantidad de agua que debe consumir diariamente.
- Limite el consumo de alcohol: Beber alcohol puede provocar hipertensión arterial y aumento de peso, que son factores de riesgo de enfermedad renal.
- No fume: Fumar puede reducir el riego sanguíneo a los riñones, perjudicando la función renal tanto en individuos sanos como en aquellos con enfermedad renal.
- Limite el consumo de analgésicos sin receta: Los medicamentos antiinflamatorios no esteroideos (AINE), como el ibuprofeno y el naproxeno, pueden reducir el riego sanguíneo a los riñones, pudiendo causar daños si se utilizan en grandes cantidades.
- Reducir el estrés: El estrés y la ansiedad pueden elevar la tensión arterial, lo que puede dañar los riñones. Practicar técnicas para reducir el estrés, como la meditación o el yoga, puede ayudar.
- Haga ejercicio con regularidad: La actividad física regular, como la natación, el ciclismo y la bicicleta, puede ayudar a controlar la diabetes y la hipertensión, favorecer la pérdida de peso y mejorar la salud renal en general.

Si sospecha que padece insuficiencia renal, es importante que acuda al médico para que le haga un diagnóstico. Un diagnóstico y tratamiento precoces pueden ayudar a retrasar la progresión de la enfermedad renal. Si padece insuficiencia renal, es importante que acuda al médico con regularidad y se someta a controles de la función renal. Aunque la insuficiencia renal crónica no tiene cura, puede controlarse con el tratamiento adecuado.

Síntomas de la insuficiencia renal crónica: En las primeras fases de la enfermedad renal crónica, los síntomas pueden pasar desapercibidos y la enfermedad puede ser difícil de diagnosticar, ya que los primeros síntomas son similares a los de otras enfermedades y trastornos. Algunos de los primeros síntomas pueden ser picor, náuseas y vómitos, dolor torácico, hipertensión arterial incontrolable, pérdida de apetito y pérdida de peso inesperada. Sin embargo, a medida que el daño renal empeora, pueden aparecer signos más evidentes, como dificultad para mantenerse alerta, fatiga, falta de aliento, debilidad, mal aliento, entumecimiento de las extremidades, calambres y espasmos, cambios en el color de la piel, dolor óseo, facilidad para sangrar y hacerse moratones, sed excesiva, insomnio, ausencia del periodo menstrual, cambios en la frecuencia de la micción, hipo e hinchazón de pies y tobillos. Es importante acudir al médico para someterse a revisiones y pruebas de detección periódicas, sobre todo si se tienen factores de riesgo de enfermedad renal como hipertensión o diabetes. La detección y el tratamiento precoces pueden ayudar a ralentizar la progresión de la enfermedad y evitar complicaciones.

Las cinco fases de la ERC: La tasa de FG es una medida útil para determinar el estadio de la enfermedad renal. En el Reino Unido y en muchos otros países, la enfermedad renal se clasifica en estadios de la siguiente manera:

- Estadio 1: TFG normal pero evidencia de enfermedad renal
- Estadio 2: TFG inferior a 90 mililitros y sospecha de daño renal
- Estadio 3: TFG inferior a 60 mililitros, independientemente de la evidencia de enfermedad renal.
- Estadio 4: TFG inferior a 30 mililitros, independientemente de la evidencia de enfermedad renal.
- Estadio 5: TFG inferior a 15 mililitros por minuto, indicativo de insuficiencia renal.

Afortunadamente, la mayoría de los casos de enfermedad renal crónica no progresan más allá del estadio 2. Es importante detectar y tratar la enfermedad renal lo antes posible para evitar complicaciones. Por ejemplo, las personas diabéticas deben someterse una vez al año a un análisis de orina para detectar microalbuminuria (pequeñas cantidades de proteínas). Esta prueba puede detectar la nefropatía diabética en sus primeras fases.

Capítulo 7: Introducción a la dieta renal

La enfermedad renal es una afección prevalente que afecta a alrededor del 10% de la población mundial. Los riñones son pequeños órganos con forma de judía que desempeñan numerosas funciones cruciales, como filtrar los productos de desecho, generar hormonas que controlan la tensión arterial, regular el equilibrio de líquidos y electrolitos y producir orina. Sin embargo, estos órganos vitales pueden dañarse de varias formas. Los dos principales factores de riesgo de insuficiencia renal son la hipertensión arterial y la diabetes, aunque otros factores como la obesidad, el consumo de alcohol, la genética, el sexo y la edad también pueden aumentar el riesgo. El azúcar en sangre no controlado y la hipertensión pueden dañar los vasos sanguíneos de los riñones, reduciendo su funcionamiento óptimo. Esto puede provocar la acumulación de productos de desecho en la sangre, lo que obliga a los pacientes con insuficiencia renal a seguir una dieta específica.

Dieta y enfermedad renal: Es importante tener en cuenta que las restricciones dietéticas para los pacientes con enfermedad renal pueden variar en función de su caso individual, y lo mejor es consultar con un profesional sanitario para determinar la dieta adecuada para usted. Una dieta renal, también conocida como dieta respetuosa con los riñones, puede ayudar a mejorar la función renal y prevenir daños mayores reduciendo el exceso de ciertos nutrientes en la sangre. En general, se aconseja a las personas con enfermedad renal que limiten la ingesta de sodio, potasio, fósforo y proteínas.

El sodio, presente en la sal de mesa y en muchos alimentos procesados, puede aumentar los niveles de sodio en la sangre si los riñones no lo filtran correctamente. La ingesta diaria de sodio recomendada suele ser inferior a 2.000 mg para los enfermos renales.

El potasio es un mineral importante que interviene en muchas funciones corporales, pero en exceso puede ser peligroso para las personas con insuficiencia renal. La ingesta diaria recomendada de potasio suele ser inferior a 2.000 mg para los enfermos renales.

El fósforo, un mineral que se encuentra en ciertas plantas, no puede ser eliminado por los riñones dañados, y su exceso puede dañar el organismo. La ingesta diaria recomendada de fósforo suele limitarse a menos de 800 mg-1.000 mg para los enfermos renales.

Las proteínas son otro nutriente que puede ser necesario limitar en las personas con insuficiencia renal, ya que sus riñones pueden no ser capaces de eliminar los productos de desecho generados por el metabolismo de las proteínas. Sin embargo, los pacientes con insuficiencia renal terminal en diálisis pueden tener mayores necesidades de proteínas.

Existen muchas opciones sabrosas y nutritivas con bajo contenido en fosfato, potasio y sodio, por lo que es posible mantener una dieta sana y agradable mientras se controla la enfermedad renal.

Alimentos adecuados para ayudar a los riñones: Estas son algunas de las dietas más seguras para los enfermos renales.

Los enfermos renales deben seguir una dieta baja en sodio, potasio y fósforo. He aquí diez alimentos nutritivos que son seguros para las personas con enfermedad renal:

- Coliflor: Este versátil cultivo es rico en vitaminas K, C y B folato, fibra y compuestos antiinflamatorios como los indoles. La coliflor puede hacerse puré y sustituir a las patatas como guarnición baja en potasio. Una taza de coliflor cocida (124 gramos) contiene 19 mg de sodio, 40 mg de fósforo y 176 mg de potasio.
- Arándanos: Estas bayas dulces tienen un alto contenido en nutrientes y antioxidantes, en particular antioxidantes antocianinas que pueden ayudar a prevenir la insuficiencia cardíaca, el cáncer, la pérdida cognitiva y la diabetes. Los arándanos son bajos en sal, fosfato y potasio, lo que los convierte en una excelente adición a la dieta saludable para los riñones. Una taza de arándanos frescos (148 gramos) contiene 1,5 mg de sodio, 18 mg de fósforo y 114 mg de potasio.
- Lubina: La lubina es una fuente de proteínas de alta calidad rica en ácidos grasos omega-3, grasas seguras que son antiinflamatorias y pueden reducir el riesgo de deterioro cognitivo, depresión y ansiedad. La lubina tiene un contenido de fósforo más bajo que otros mariscos, y pequeñas porciones pueden ayudar a regular los niveles de fósforo. Tres onzas (85 gramos) de lubina cocida contienen 74 mg de sodio, 211 mg de fósforo y 279 mg de potasio.
- Uvas rojas: A pesar de no ser siempre las más sabrosas, las uvas rojas son ricas en vitamina C, flavonoides y antioxidantes que tienen efectos antiinflamatorios. Las uvas rojas también son ricas en resveratrol, un flavonoide que se ha demostrado que mejora el bienestar cardiaco, defiende contra la diabetes y ralentiza la pérdida cognitiva. Media taza (75 gramos) de estas frutas dulces contiene 1,5 mg de sodio, 15 mg de fósforo y 144 mg de potasio.
- Clara de huevo: Las claras de huevo son una gran fuente de proteínas para las personas que siguen una dieta renal, ya que tienen menos fósforo que las yemas. Son una excelente opción para los pacientes en diálisis que necesitan muchas proteínas pero deben

vigilar su ingesta de fósforo. Dos claras de huevo grandes (66 gramos) contienen 110 mg de sodio, 10 mg de fósforo y 108 mg de potasio.
- Ajo: Limitar la ingesta de sodio es esencial para las personas con enfermedad renal. El ajo es un sabroso sustituto de la sal que puede añadir sabor a los platos al tiempo que aporta beneficios nutricionales. El ajo contiene compuestos de azufre que tienen efectos antiinflamatorios y es una buena fuente de vitamina C, manganeso y vitamina B6. Tres dientes de ajo (9 gramos) contienen 1,5 mg de sodio, 14 mg de fósforo y 36 mg de potasio.
- Alforfón: El trigo sarraceno es un cereal rico en vitaminas del grupo B, magnesio, cobre y fibra. A diferencia de otros cereales integrales, el trigo sarraceno es bajo en fósforo, lo que lo convierte en una excelente opción para los riñones. El trigo sarraceno no suele contener gluten, por lo que es un sustituto seguro para las personas celiacas o con sensibilidad al gluten. Media taza (84 gramos) de trigo sarraceno cocido contiene 3,5 mg de sodio, 59 mg de fósforo y 74 mg de potasio.
- Aceite de oliva: El aceite de oliva es una buena fuente de grasa saludable y bajo en fósforo, por lo que es una gran opción para las personas con enfermedad renal. Los enfermos renales graves suelen tener dificultades para mantener el peso, por lo que alimentos nutritivos y ricos en calorías como el aceite de oliva pueden ser importantes. La mayor parte de la grasa del aceite de oliva es ácido oleico, una grasa monoinsaturada con efectos antiinflamatorios. Además, como las grasas monoinsaturadas permanecen estables a altas temperaturas, el aceite de oliva es una opción saludable para cocinar. Una cucharada sopera (13,5 g) de aceite de oliva contiene: Sodio: 0,3 mg Fósforo: 0 mg Potasio: 0,1 mg.
- Bulgur: El bulgur es un alimento integral de trigo que constituye una opción excelente para los riñones en comparación con otros cereales integrales ricos en fósforo y potasio. Es rico en vitaminas del grupo B, magnesio, cobre y manganeso. Además, tiene un alto contenido en proteínas vegetales y fibra dietética, beneficiosas para la salud digestiva. Una ración de media taza (91 g) de bulgur contiene: Sodio: 4,5 mg Fósforo: 36 mg Potasio: 62 mg.
- La col: La col es una verdura crucífera rica en vitaminas, nutrientes y compuestos vegetales. Es rica en vitamina K, vitamina C y diversas vitaminas del grupo B. Además, contiene fibra insoluble, que ayuda a mantener la salud del tracto digestivo favoreciendo los movimientos intestinales regulares y añadiendo volumen a las heces. También es baja en fósforo, sodio y potasio. Una taza de col rallada (70 g) contiene: Sodio: 13 mg Fósforo: 18 mg Potasio: 119 mg.
- Pollo sin piel: Aunque algunas personas con problemas renales necesitan restringir su ingesta de proteínas, es importante proporcionar al organismo suficientes proteínas de alta calidad para gozar de buena salud. Las pechugas de pollo sin piel contienen menos fósforo, potasio y sodio que el pollo con piel. Cuando compre pollo, elija pollo fresco en lugar de pollo asado precocinado, que a menudo contiene altas cantidades de sodio y fósforo. Tres onzas (84 g) de pechuga de pollo sin piel contienen: Sodio: 63 mg Fósforo: 192 mg Potasio: 216 mg.
- Pimientos morrones: Los pimientos morrones son ricos en nutrientes pero bajos en potasio en comparación con otras verduras. Estos pimientos de vivos colores

son ricos en vitamina C, un potente antioxidante. Un pimiento rojo pequeño (74 g) aporta el 105% de las necesidades diarias de vitamina C. También son ricos en vitamina A, un componente esencial para la función inmunitaria, que puede verse comprometida por las enfermedades renales. Un pimiento rojo pequeño (74 g) contiene Sodio: 3 mg Fósforo: 19 mg Potasio: 156 mg.

- Cebollas: Las cebollas son una forma estupenda de dar sabor a los platos de la dieta renal sin añadir sodio. Reducir la ingesta de sal puede ser un reto, por lo que los sustitutos de la sal aromatizados pueden resultar útiles. Saltear las cebollas con ajo y aceite de oliva puede añadir sabor a los platos sin comprometer la salud renal. Las cebollas también son ricas en vitamina C, manganeso y vitaminas del grupo B, así como en fibras prebióticas que alimentan las bacterias intestinales beneficiosas y ayudan a mantener sano el sistema digestivo. Una cebolla pequeña (70 g) contiene: Sodio: 3 mg Fósforo: 20 mg Potasio: 102 mg.
- Rúcula: Incorporar verduras ricas en potasio como la col rizada y las espinacas a una dieta renal puede resultar complicado. Sin embargo, la rúcula es una verdura rica en nutrientes con un bajo contenido en potasio, lo que la convierte en una opción popular para guarniciones y ensaladas aptas para enfermos renales. La rúcula también es rica en vitamina K y minerales como el manganeso y el calcio, que favorecen la salud ósea. Esta saludable verdura contiene a menudo nitratos, que pueden reducir la tensión arterial en personas con insuficiencia renal. Una taza (20 gramos) de rúcula cruda aporta: Sodio: 6 mg, Fósforo: 10 mg, Potasio: 74 mg.
- Nueces de macadamia: Los frutos secos suelen ser ricos en fósforo y deben evitarse en una dieta renal. Sin embargo, las nueces de macadamia son una deliciosa excepción para las personas con trastornos renales. Contienen mucho menos fósforo que frutos secos populares como los cacahuetes y las almendras, y también son ricas en grasas buenas, vitaminas del grupo B, magnesio, hierro, cobre y manganeso. Una onza (28 gramos) de nueces de macadamia aporta: Sodio: 1,4 mg, Fósforo: 53 mg, Potasio: 103 mg.
- Rábanos: Crujientes y sabrosos, los rábanos son una excelente adición a una dieta renal porque son bajos en potasio y fósforo pero ricos en otros nutrientes esenciales. Los rábanos tienen un alto contenido en vitamina C, un antioxidante relacionado con la reducción de la incidencia de la insuficiencia cardiaca y las cataratas. Además, su aroma picante puede realzar el sabor de los platos bajos en sodio. Media taza (58 gramos) de rábanos en rodajas aporta: Sodio: 23 mg, Fósforo: 12 mg, Potasio: 135 mg.
- Nabos: Los nabos son una gran alternativa a las verduras ricas en potasio como las patatas y la calabaza de invierno en una dieta renal. Estas hortalizas de raíz son ricas en fibra, vitamina C, manganeso y vitamina B6. Se pueden hervir, asar y hacer puré para obtener una guarnición nutritiva. Media taza (78 gramos) de nabos cocidos aporta: Sodio: 12,5 mg, Fósforo: 20 mg, Potasio: 138 mg.
- Piña: Las frutas tropicales como las naranjas, los plátanos y los kiwis suelen ser ricas en potasio, pero la piña es una opción dulce y baja en potasio para quienes tienen problemas renales. La piña también es rica en fibra, manganeso, vitamina C y bromelina, una enzima antiinflamatoria. Una taza (165 gramos) de trozos de piña aporta: Sodio: 2 mg, Fósforo: 13 mg, Potasio: 180 mg.

- Arándanos rojos: Los arándanos son beneficiosos tanto para las vías urinarias como para los riñones, gracias a unos fitonutrientes denominados proantocianidinas de tipo A que impiden que las bacterias se adhieran a las vías urinarias y al revestimiento de la vejiga. Esto es especialmente importante para las personas con insuficiencia renal, más propensas a las infecciones urinarias. Los arándanos se pueden consumir crudos, secos, cocidos o en zumo, y son bajos en potasio, fósforo y sodio. Una taza (100 gramos) de arándanos frescos aporta: Sodio: 2 mg, Fósforo: 11 mg, Potasio: 80 mg.
- Setas shiitake: Las setas shiitake son una sabrosa opción para quienes siguen una dieta renal y necesitan limitar su ingesta de proteínas. Son una excelente alternativa vegetal a la carne y contienen abundantes cantidades de vitaminas del grupo B, magnesio, manganeso y selenio. Las setas shiitake también son una buena fuente de proteínas vegetales y fibra dietética. Su contenido en potasio es inferior al de los champiñones portobello y las setas de botón blanco, lo que las convierte en una opción adecuada para las personas con problemas renales. Una taza (146 gramos) de setas shiitake cocidas aporta los siguientes nutrientes: Sodio: 6 mg, Fósforo: 42 mg, y Potasio 170 mg.

Alimentos incorrectos que estresan los riñones: Una dieta renal o respetuosa con los riñones requiere que las personas limiten ciertos alimentos y nutrientes en función del nivel de enfermedad renal. Por ejemplo, las personas con insuficiencia renal progresiva en fase inicial pueden tener requisitos dietéticos diferentes a los de las personas con insuficiencia renal o insuficiencia renal terminal. Los pacientes en diálisis con insuficiencia renal terminal se enfrentan a diversos límites dietéticos. La mayoría de las personas con insuficiencia renal en fase tardía o terminal necesitan seguir una dieta adecuada para el riñón a fin de evitar la acumulación de sustancias de desecho o un exceso de nutrientes en la sangre. Las personas con insuficiencia renal crónica pueden tener dificultades para filtrar el material de desecho procedente del metabolismo de las proteínas. En consecuencia, las personas con insuficiencia renal crónica en las fases 1-4 pueden necesitar restringir su ingesta de proteínas. Por otro lado, los pacientes en diálisis con insuficiencia renal terminal pueden requerir una mayor ingesta de proteínas. Una dieta adecuada para el riñón suele limitar el sodio y el potasio a 2.000 mg diarios y el fósforo a 800-1.000 mg diarios. Los 17 alimentos siguientes pueden limitarse en una dieta renal:

Dátiles, pasas y ciruelas pasas: Los frutos secos, como los dátiles, las pasas y las ciruelas pasas, son un tentempié muy popular. Cuando las frutas se secan, sus nutrientes se concentran, incluido su contenido en potasio. Por ejemplo, una taza de ciruelas pasas contiene 1.274 mg de potasio, casi cinco veces más que una taza de ciruelas frescas. Además, cuatro dátiles aportan 668 mg de potasio. Debido a su alto contenido en potasio, es mejor evitar estos populares frutos secos en una dieta renal para mantener unos niveles saludables de potasio.

Refrescos de color oscuro: Los refrescos de color oscuro deben evitarse en una dieta renal debido a sus aditivos que contienen fósforo. Estos aditivos se añaden durante la fermentación para mejorar el sabor, prolongar la vida útil y evitar la decoloración. A diferencia del fósforo natural, que está unido a las proteínas, el fósforo aditivo está presente en la sal y es absorbido fácilmente por el tracto digestivo. Aunque la cantidad exacta de fósforo aditivo no figura en los envases, la mayoría de los refrescos de color oscuro contienen entre 50 y 100 mg por ración de 200 ml. El organismo lo absorbe más fácilmente que el fósforo de origen animal o vegetal. Para minimizar la ingesta de fósforo, es mejor evitar los refrescos de color oscuro en una dieta renal.

Alimentos enlatados: Los alimentos enlatados, como sopas, tomates y judías, son una opción popular por su bajo precio y versatilidad. Sin embargo, muchos productos envasados contienen altos niveles de sodio, ya que la sal se utiliza como conservante para prolongar su vida útil. A menudo se aconseja a las personas con insuficiencia renal que limiten o eviten la ingesta de productos enlatados debido a su alto contenido en sodio. Elegir las variedades bajas en sodio y las que llevan la etiqueta "sin sal añadida" suele ser una mejor opción. Además, escurrir y enjuagar los alimentos enlatados como las alubias y el atún puede reducir su contenido en sodio entre un 33 y un 80%, dependiendo del producto. Los niveles de sodio en los productos enlatados pueden ser excesivos, y lo mejor es minimizar su ingesta de sodio evitándolos o limitándolos, o comprando variedades bajas en sodio.

Pan integral: Elegir el pan adecuado puede ser un reto para las personas con insuficiencia renal. Mientras que las personas sanas pueden preferir el pan integral al pan de harina blanca procesada debido a su mayor contenido en fibra, las personas con insuficiencia renal suelen preferir el pan blanco. Esto se debe a que el pan integral tiene un alto contenido en fósforo y potasio. Cuanto más salvado y cereales integrales contenga el pan, mayores serán sus niveles de fósforo y potasio. Por ejemplo, una ración de 1 onza de pan integral contiene 57 mg de fósforo y 69 mg de potasio, mientras que el pan blanco sólo contiene 28 mg de fósforo y potasio. Hay que tener en cuenta que la mayoría del pan y sus derivados, ya sean blancos o integrales, tienen un alto contenido en sodio. Para tomar una decisión con conocimiento de causa, compare las etiquetas nutricionales de los distintos tipos de pan y opte por una alternativa más baja en sodio si es necesario. También es esencial controlar el tamaño de las porciones. En una dieta renal, se suele preferir el pan blanco al integral por su menor contenido en fósforo y potasio. Como todo el pan contiene sodio, lo mejor es comparar las etiquetas de los alimentos para elegir un producto con menos sodio.

Plátanos: Los plátanos son bien conocidos por su alto contenido en potasio. Un plátano mediano contiene 422 mg de potasio y, si forma parte habitual de su dieta, puede resultar difícil limitar la ingesta diaria de potasio a 2.000 mg. Por desgracia, otras frutas tropicales también son ricas en potasio. Sin embargo, las piñas tienen un contenido de potasio inferior al de otras frutas tropicales, lo que las convierte en un sustituto más adecuado que, además, es delicioso. Si sigue una dieta renal, es mejor evitar los plátanos por su alto contenido en potasio. La piña es una fruta apta para el riñón por su menor contenido en potasio en comparación con otras frutas tropicales.

Arroz integral: El arroz integral, al igual que la harina de trigo integral, es un grano entero con un mayor contenido de potasio y fósforo que el arroz blanco. El arroz integral cocido contiene 150 mg de fósforo y 154 mg de potasio por taza, mientras que el arroz blanco cocido sólo tiene 69 mg de fósforo y 54 mg de potasio por taza. El arroz integral puede incluirse en una dieta renal, pero es necesario controlar el tamaño de las porciones y complementarlo con otros alimentos bajos en fósforo para evitar un consumo excesivo de potasio y fósforo. Entre las alternativas bajas en fósforo al arroz integral se encuentran el bulgur, el trigo sarraceno, el centeno perlado y el cuscús. Dado que el arroz integral es rico en fósforo y potasio, debe consumirse con moderación o evitarse por completo en una dieta renal. Otras opciones son el arroz blanco, el trigo sarraceno, el bulgur y el cuscús.

Aguacates: Los aguacates son famosos por sus numerosos beneficios para la salud, como las grasas cardiosaludables, la fibra y los antioxidantes. Aunque en general su consumo es seguro, las personas con enfermedades renales deben evitarlos debido a su alto contenido en potasio. Los aguacates son una excelente fuente de potasio, con la friolera de 727 mg por taza (150 gramos), el doble que un plátano mediano. Por lo tanto, las personas que siguen una dieta renal, con una ingesta limitada de potasio, deben evitar los aguacates, incluido el guacamole. Los aguacates deben eliminarse de la dieta si se padece una enfermedad renal, ya que tienen un alto contenido en potasio. Una taza de aguacate proporciona aproximadamente el 37% de la ingesta diaria recomendada de potasio de 2.000 mg.

Naranjas y zumo de naranja: Aunque las naranjas y el zumo de naranja son bien conocidos por su alto contenido en vitamina C, también son ricos en potasio. Una naranja grande (184 gramos) contiene 333 mg de potasio, mientras que 1 taza (240 ml) de zumo de naranja contiene 473 mg de potasio. Debido a su alto contenido en potasio, las naranjas y el zumo de naranja deben limitarse o evitarse en una dieta renal. Sin embargo, hay muchas frutas y zumos alternativos que contienen menos potasio, como las uvas, las manzanas, los arándanos y sus respectivos zumos. Estos pueden consumirse en lugar de las naranjas y el zumo de naranja en una dieta renal para ayudar a controlar la ingesta de potasio.

Carnes procesadas: La carne procesada se considera perjudicial por su alto contenido en conservantes y su asociación con enfermedades crónicas. Las carnes secas, saladas, curadas o enlatadas se consideran procesadas. Algunos ejemplos son los perritos calientes, el beicon, la cecina, el pepperoni y las salchichas. La sal se utiliza habitualmente en las carnes procesadas para realzar el sabor y conservar el aroma, por lo que resulta difícil mantener el consumo diario de sodio por debajo de los 2.000 mg si se consumen muchos tipos de carne procesada. Además, las carnes procesadas son ricas en proteínas, por lo que es necesario reducir su consumo si se le ha recomendado vigilar su ingesta de proteínas. Para quienes siguen una dieta renal, las carnes procesadas deben consumirse con moderación debido a sus altos niveles de sal y proteínas.

Tomates: Los tomates son una fruta popular que se utiliza en muchos platos, como salsas y ensaladas. Sin embargo, también tienen un alto contenido en potasio, lo que los hace inadecuados para una dieta renal. Una taza de salsa de tomate puede contener hasta 900 mg de potasio, muy por encima del límite recomendado para las personas con problemas renales. Afortunadamente, existen alternativas sin potasio que pueden utilizarse como sustituto. La salsa de pimiento rojo asado es una opción sabrosa que contiene bastante menos potasio por ración. Si tiene una dieta renal, es mejor evitar los tomates y optar en su lugar por alternativas sin potasio.

Encurtidos, aceitunas y condimentos: Los productos curados o encurtidos, como los pepinillos, las aceitunas procesadas y los condimentos, suelen tener un alto contenido en sodio debido a la cantidad de sal utilizada durante el proceso de curado y encurtido. Por ejemplo, un solo pepinillo puede contener más de 300 mg de sodio, mientras que sólo 2 cucharaditas de condimento de pepinillos dulces pueden tener 244 mg de sodio. Las aceitunas procesadas también son saladas, y sólo cinco aceitunas verdes encurtidas contienen unos 195 mg de sodio, una porción significativa de la ingesta diaria recomendada. Aunque en muchos supermercados hay opciones de encurtidos, aceitunas y condimentos reducidos en sodio, pueden seguir teniendo un alto contenido en sodio, por lo que es importante vigilar las porciones. En una dieta renal, es mejor evitar los encurtidos, los condimentos y las aceitunas procesadas debido a su alto contenido en sodio.

Albaricoques: Los albaricoques son una buena fuente de fibra, vitamina C y vitamina A, y también son ricos en potasio. Una taza de albaricoques frescos contiene 427 mg de potasio, mientras que los albaricoques secos tienen un contenido de potasio aún mayor, con más de 1.500 mg por taza. Esto significa que sólo una taza de albaricoques secos proporciona el 75% del límite diario de ingesta de potasio. Sin embargo, en una dieta renal, los albaricoques deben limitarse o evitarse, especialmente los secos, ya que tienen un alto contenido en potasio. Una taza de albaricoques frescos contiene unos 400 mg de potasio, mientras que una taza de albaricoques secos contiene más de 1.500 mg de potasio, lo que los convierte en una fuente importante de potasio que debe limitarse.

Patatas y boniatos: Las patatas y los boniatos tienen un alto contenido en potasio: una patata asada de tamaño medio (156 g) contiene 610 mg de potasio, y un boniato asado de tamaño normal (114 g), 541 mg. Sin embargo, estas verduras ricas en potasio pueden remojarse o lixiviarse para reducir su contenido de potasio. Hervir las patatas cortadas en trozos finos durante al menos 10 minutos puede reducir su contenido de potasio a la mitad. Se ha demostrado que remojar las patatas en agua durante 4 horas antes de cocinarlas, también conocido como "método de doble cocción" o "lixiviación del potasio", disminuye significativamente sus niveles de potasio. Sin embargo, es importante tener en cuenta que la doble cocción no elimina por completo el potasio, y los niveles pueden seguir siendo altos. Por lo tanto, el control de las porciones es crucial para controlar los niveles de potasio. En una dieta renal, los boniatos y las patatas tienen un alto contenido en potasio, pero pueden prepararse utilizando el método de doble cocción para reducir su contenido en potasio.

Pretzels, patatas fritas y galletas saladas: Los pretzels, las patatas fritas y las galletas saladas son aperitivos listos para el consumo con pocos nutrientes y mucha sal. El consumo excesivo de estos aperitivos es habitual debido a su facilidad de consumo, lo que da lugar a una ingesta de sal superior a la esperada. Además, si las patatas fritas están hechas con patatas, también pueden tener un alto contenido en potasio.

Comidas envasadas, instantáneas y precocinadas: Los alimentos procesados son una fuente importante de sodio en la dieta, sobre todo las comidas envasadas, instantáneas y precocinadas. Estos alimentos altamente procesados, como la pizza congelada, las cenas para microondas y los fideos instantáneos, suelen tener el mayor contenido en sodio. El consumo constante de estos alimentos puede dificultar la limitación de la ingesta diaria de sodio a 2.000 mg. Además, los alimentos muy procesados suelen tener pocos nutrientes. Para mantener una dieta renal saludable, es aconsejable reducir al mínimo el consumo de alimentos muy procesados, sobre todo los envasados, instantáneos y listos para consumir.

Acelgas, espinacas y hojas de remolacha: Las verduras de hoja verde, como las acelgas, las espinacas y las hojas de remolacha, son ricas en nutrientes y contienen varios minerales, entre ellos potasio. El contenido de potasio de una taza de verduras de hoja verde crudas oscila entre 140 y 290 mg. Aunque la ración de verduras de hoja verde cocidas es más pequeña, su contenido en potasio sigue siendo el mismo. Por ejemplo, media taza de espinacas crudas se reduce a una cucharada. Por lo tanto, media taza de espinacas cocidas contiene más potasio que media taza de espinacas frescas. Sin embargo, las verduras de hoja verde cocidas no se recomiendan en una dieta renal debido a su alto contenido en potasio. Las verduras de hoja verde crudas son preferibles, pero deben consumirse con moderación, ya que contienen oxalatos, que pueden aumentar el riesgo de cálculos renales en personas susceptibles.

Lácteos: Se sabe que los productos lácteos son ricos en vitaminas y nutrientes, como proteínas, fósforo y potasio. Sin embargo, para las personas con enfermedad renal, el consumo excesivo de productos lácteos puede ser perjudicial para la salud ósea. Esto se debe a que, cuando se combinan con otros alimentos ricos en fósforo, los productos lácteos pueden provocar una acumulación de fósforo en la sangre, lo que puede hacer que se extraiga calcio de los huesos si los riñones son débiles. Con el tiempo, esto puede provocar el adelgazamiento y debilitamiento de los músculos, aumentando el riesgo de fracturas. Aunque los productos lácteos suelen recomendarse por su contenido en calcio y proteínas, puede ser necesario limitar su consumo en una dieta renal. La leche entera, por ejemplo, contiene 222 mg de fósforo y 349 mg de potasio por taza (240 ml), lo que puede ser significativo cuando se combina con otros alimentos ricos en fósforo. Alternativas como la leche de arroz no enriquecida y la leche de almendras pueden utilizarse como sustitutos, ya que son más bajas en calcio, fosfato y proteínas que la leche de vaca. Por lo tanto, es importante consumir productos lácteos con moderación y trabajar con un profesional sanitario o un dietista titulado para desarrollar un plan de nutrición individualizado que satisfaga las necesidades específicas de una persona con enfermedad renal.

Cambios en el estilo de vida para controlar la insuficiencia renal crónica: Realizar algunas mejoras en el comportamiento puede ayudar a retrasar la progresión de la enfermedad renal crónica (ERC) y evitar problemas de salud relacionados. Dependiendo del nivel de ERC y de cualquier otro problema de salud que pueda tener, las modificaciones del estilo de vida pueden ser esenciales. Su profesional sanitario puede recomendarle lo siguiente:

Cambiar la dieta: La ERC progresa más rápidamente cuando se consumen grandes cantidades de sal de mesa y proteínas nutritivas. Cuando los riñones no funcionan bien, el fósforo, un mineral presente en algunas proteínas, se acumula en la sangre, haciendo que los huesos se vuelvan quebradizos debido a la carencia de calcio. La ERC también puede aumentar la cantidad de grasas en la sangre, lo que puede provocar un infarto de miocardio o un ictus. Su médico puede recomendarle restringir la sal, las proteínas, los productos lácteos, los guisantes, los refrescos de cola, los frutos secos y los alimentos ricos en grasas. Un dietista puede ayudarle a elegir alimentos sanos, sobre todo si no se siente cómodo alimentándose.

Mantener una tensión arterial normal: La hipertensión arterial es una causa frecuente de ERC. Si tiene la tensión arterial elevada, es posible que deba modificar su dieta y tomar medicación para mantener un nivel de tensión arterial saludable.

Control de los niveles de glucosa en sangre: Los niveles elevados de glucosa en sangre pueden empeorar la ERC. Unas pruebas sencillas pueden determinar si padece diabetes y, en caso afirmativo, es posible que deba modificar su dieta y tomar medicación para mantener un nivel de glucosa en sangre saludable.

Hacer ejercicio con regularidad: Un programa de ejercicio puede ayudarle a conseguir o mantener la salud física y a reducir el riesgo de cardiopatía coronaria y depresión, que son problemas de salud frecuentes entre los pacientes con ERC. Su bienestar general se ve influido por lo que consume y bebe. Mantener un peso saludable y consumir una dieta equilibrada, baja en sal y en grasas puede ayudarle a controlar la tensión arterial. Si padece diabetes, ser consciente de lo que consume y bebe puede ayudarle a controlar el azúcar en sangre. Controlar la hipertensión y la diabetes puede ayudar a prevenir la progresión de la enfermedad renal. Una dieta favorable a los riñones también puede prevenir daños renales mayores al restringir ciertos nutrientes que provocan la acumulación de minerales en el organismo.

Dejar de fumar: Fumar puede empeorar la ERC, y un profesional sanitario puede comentarle diversas opciones para ayudarle a dejar de fumar de forma eficaz.

Perder el exceso de peso: La obesidad o el exceso de peso pueden provocar hipertensión arterial y diabetes, que pueden empeorar la ERC. Un profesional sanitario o un dietista pueden ayudarle a determinar métodos saludables para perder peso.

Ejemplo de menú para la primera semana: Plan basado en una dieta de 2.000 calorías al día

Lunes

- ❖ Desayuno: 1 taza de avena cocida con agua, 1 taza de leche desnatada, 1/2 taza de arándanos, 1/2 taza de zumo de naranja natural.
- ❖ Merienda: 1 manzana mediana y 1 taza de yogur desnatado
- ❖ Almuerzo: Sándwich de atún hecho con 2 rebanadas de pan integral, 3 onzas de atún en lata, 1 cucharada de mayonesa, 1,5 tazas de ensalada verde y 1/2 taza de tomates cherry.
- ❖ Merienda: 1 plátano mediano

- ❖ Cena: 3 oz. de pechuga de pollo a la parrilla, 1/2 taza de brócoli y zanahorias cocidas con 1 cucharadita de aceite vegetal y 1 taza de arroz integral cocido.

Martes

- ❖ Desayuno: 2 rebanadas de pan integral con 1 cucharadita de margarina y 1 cucharada de gelatina o mermelada, 1 manzana mediana y 1/2 taza de zumo de naranja natural.
- ❖ Merienda: 1 plátano mediano
- ❖ Almuerzo: Pechuga de pollo a la plancha (3 oz.), 2 tazas de ensalada verde, 1/2 taza de tomates cherry, 1,5 oz. de queso bajo en grasa y 1 taza de arroz integral cocido.
- ❖ Merienda: 1 taza de yogur desnatado y 1/2 taza de melocotones en conserva
- ❖ Cena: 3 oz. de salmón cocido con 1 cucharadita de aceite vegetal, 1,5 tazas de verduras hervidas y 1 taza de patatas hervidas.

Miércoles

- ❖ Desayuno: 1 taza de avena cocida con agua, 1 taza de leche desnatada, 1/2 taza de arándanos y 1/2 taza de zumo de naranja natural.
- ❖ Merienda: 1 naranja mediana
- ❖ Almuerzo: Sándwich de pavo magro (3 oz.) hecho con 2 rebanadas de pan integral, 1,5 oz. de queso bajo en grasa, 1/2 taza de tomates cherry y 1/2 taza de ensalada verde.
- ❖ Merienda: 1/2 taza de piña en conserva, 1,5 onzas de requesón y 4 galletas integrales.
- ❖ Cena: Filete de bacalao de 6 onzas, 1/2 taza de brócoli, 1 taza de puré de patatas y 1/2 taza de guisantes verdes.

Jueves

- ❖ Desayuno: 1 taza de copos de avena cocidos con agua, 1 taza de leche desnatada, 1/2 taza de frambuesas y 1/2 taza de zumo de naranja natural.
- ❖ Merienda: 1 plátano mediano
- ❖ Comida: Ensalada con atún a la plancha (3 oz.), 1 huevo frito, 2 tazas de ensalada verde, 1/2 taza de tomates cherry y 2 cucharadas de aliño bajo en grasas.
- ❖ Merienda: 1/2 taza de peras en conserva y 1 taza de yogur desnatado
- ❖ Cena: 3 oz. filete de cerdo, 1 taza de verduras mixtas, y 1 taza de arroz integral cocido

Viernes

- ❖ Desayuno: 2 tostadas de pan integral con 2 cucharadas de mantequilla de cacahuete, 2 huevos cocidos, 1/2 taza de tomates cherry y 1/2 taza de zumo de naranja natural.
- ❖ Merienda: 1 manzana mediana
- ❖ Almuerzo: Sándwich de pavo y queso bajo en grasa hecho con 2 rebanadas de pan integral, 1,5 onzas de queso bajo en grasa, 1 cucharada de mayonesa baja en grasa, 1/2 taza de ensalada verde y 1/2 taza de tomates cherry.
- ❖ Merienda: 1 taza de macedonia
- ❖ Cena: Espaguetis y albóndigas hechos con 1 taza de espaguetis cocidos y 4 onzas de pavo picado, 1/2 taza de guisantes verdes.

Sábado

- Desayuno: Esta comida contiene hidratos de carbono complejos procedentes de la tostada de pan integral y el plátano, proteínas procedentes de la mantequilla de cacahuete y grasas saludables procedentes de la mezcla de semillas. El zumo de naranja aporta vitamina C. Este desayuno es una buena fuente de fibra, proteínas y grasas saludables.
- Merienda: Las manzanas son una buena fuente de fibra y vitamina C.
- Almuerzo: Las verduras asadas aportan vitaminas y minerales, el pollo es una buena fuente de proteínas y el cuscús es un hidrato de carbono complejo. Esta comida es una buena fuente de fibra, proteínas y vitaminas y minerales.
- Merienda: Las bayas son una buena fuente de fibra y antioxidantes, mientras que el yogur desnatado aporta proteínas y calcio.
- La cena: El filete de cerdo es una buena fuente de proteínas, y el pisto aporta las vitaminas y minerales de las verduras. El arroz integral es un hidrato de carbono complejo, mientras que las lentejas son una buena fuente de proteínas y fibra. El queso bajo en grasa aporta calcio. Esta comida es una buena fuente de fibra, proteínas, vitaminas y minerales.
- Postre: El pudin de chocolate bajo en grasas es una buena fuente de calcio y una opción de postre baja en calorías.

Domingo

- El desayuno: La avena es un hidrato de carbono complejo que aporta fibra, y la leche desnatada aporta proteínas y calcio. El zumo de naranja es una buena fuente de vitamina C, mientras que los arándanos aportan fibra y antioxidantes.
- Merienda: Las peras son una buena fuente de fibra y vitamina C.
- Almuerzo: La pechuga de pollo aporta proteínas, mientras que la ensalada verde y los tomates cherry aportan vitaminas y minerales. Los frutos secos y las galletas integrales aportan grasas saludables y carbohidratos complejos, respectivamente. Esta comida es una buena fuente de fibra, proteínas, vitaminas y minerales.
- Merienda: Los plátanos aportan potasio y fibra, mientras que las almendras aportan grasas saludables y proteínas.
- La cena: La carne asada es una buena fuente de proteínas, mientras que las patatas cocidas aportan hidratos de carbono complejos. Los guisantes verdes y el brécol son buenas fuentes de vitaminas y minerales. Esta comida es una buena fuente de fibra, proteínas, vitaminas y minerales.

Ejemplo de menú para la segunda semana: Sobre la base de una dieta de 1.800 calorías al día, he aquí un ejemplo de plan de comidas revisado para la segunda semana:

Lunes

- Desayuno: Salsa con tostadas de huevo (1 ración), 1 plátano mediano
- Merienda: 1 pera, cortada en rodajas y cubierta de canela
- Almuerzo: Sándwich vegetariano con hummus (1 ración)
- Merienda: 3/4 de taza de frambuesas
- Cena: Caponata y farro con salmón al limón y hierbas (1 ración)

Martes

- Desayuno: Yogur con miel e higos (1 ración) cubre el yogur con higos, miel y semillas de chía.
- Merienda: 1/2 taza de uvas
- Almuerzo: Ensalada de aguacate y judías blancas (1 ración) cubre la ensalada verde con las judías, el aguacate, la vinagreta y las verduras. Mezcla bien.
- Merienda: 1 clementina
- Cena: Arroz rojo y tzatziki con filetes de coliflor al curry (1 ración), bocaditos de mantequilla de frutos secos y chocolate (1 ración) para disfrutar después de la cena.

Miércoles

- Desayuno: Tostadas de canela con mantequilla de cacahuete (1 ración)
- Merienda: 1 taza de frambuesas
- Almuerzo: Sándwich de pita con salmón (1 porción) y uvas 1 taza
- Merienda: 1 pera mediana, cortada en rodajas y cubierta de canela
- Cena: Ensalada de orzo con pollo mediterráneo (1 ración), para disfrutar después de cenar 1 clementina

Jueves

- Desayuno: Nueces y frambuesas con yogur (1 ración) cubre el yogur con frambuesas, nueces y miel.
- Merienda: 1 manzana mediana, cortada en rodajas y espolvoreada con canela
- Almuerzo: Tostada de aguacate y judías blancas (1 ración) cubre la ensalada verde con pepino, zanahoria y vinagreta. Mezcla bien.
- Merienda: 1 ciruela mediana
- Cena: Aderezo de hummus con boniato relleno (1 ración)

Viernes

- Desayuno: Tostadas de canela con mantequilla de cacahuete (1 ración)
- Merienda: 2 clementinas
- Almuerzo: Pan de pita y hummus con ensalada verde (1 ración) cubre las verduras con zanahoria, vinagreta y pepino. Servir con hummus y pan de pita. 1 ciruela mediana
- Merienda: 1 taza de uvas
- Cena: Camote con Chili de Pollo (1 porción) cubre el chili con yogurt y aguacate.

Sábado

- Desayuno: Yogur con miel e higos Yogur con semillas de chía, miel e higos.
- Merienda: 1 taza de frambuesas
- Almuerzo: Pita Melt de Pera y Pavo con Verduras Rellena el bolsillo de pita con pavo, la mitad de rodajas de pera y queso. Tuesta en el horno tostador hasta que el queso se derrita. Añade las verduras y sirve el resto de las rodajas de pera como guarnición.
- Merienda: 1 ciruela mediana y 4 mitades de nueces

- ❖ Cena: Orzo con calabacín y gambas al limón y ajo

Domingo

- ❖ Desayuno: Tostada de huevo con salsa Cubre el pan con huevo y pico de gallo. Espolvorea con sal y pimienta. 1 plátano mediano
- ❖ Merienda: 1/2 pan de pita integral grande, tostado con 2 cucharadas de hummus.
- ❖ Almuerzo: 1 1/2 tazas de batatas y chili de pollo
- ❖ Merienda: 1/2 taza de frambuesas
- ❖ Cena: 1 1/3 tazas de Fettuccine cremoso con champiñones y coles de Bruselas. Disfruta de 14 g de chocolate negro después de cenar.

Ejemplo de menú para la tercera semana

Lunes

- ❖ Desayuno: 1 panecillo integral comprado en la tienda con 2 cucharadas de mantequilla de cacahuete sin sal añadida; 1 naranja mediana; 1 taza de leche descremada; 1 taza de café descafeinado.
- ❖ Almuerzo: Ensalada de espinacas; 1 taza de leche descremada
- ❖ Cena: 80 g de bacalao cocido al horno con costra de hierbas (unas 4 g crudo); 1 taza de menta picada con bayas frescas; 1 taza de té helado de hierbas.
- ❖ Merienda: 4 barquillos de vainilla; 1 taza de yogur desnatado bajo en calorías.

Martes

- ❖ Desayuno: 1 taza de frutas frescas variadas (como melones, plátanos, manzanas y bayas) cubiertas con 1 taza de yogur desnatado bajo en calorías con sabor a vainilla y 1/3 de taza de nueces; 1 cucharadita de margarina sin trans; 1 magdalena de salvado; 1 taza de leche desnatada; 1 taza de té de hierbas.
- ❖ Almuerzo: Envoltura de pollo al curry; 1 taza de leche descremada
- ❖ Cena: 1 taza de espaguetis integrales cocidos con 1 taza de salsa marinara sin sal añadida; 2 tazas de ensalada de verduras mixtas.
- ❖ Merienda: Mezcla de frutos secos hecha con 1/4 de taza de pasas, 1 onza (unas 22) de pretzels retorcidos sin sal y 2 cucharadas de pipas de girasol.

Miércoles

- ❖ Desayuno: 1 taza de copos de avena cocidos a la antigua con canela; 1 rebanada de pan integral tostado; 1 plátano mediano; 1 taza de leche descremada.
- ❖ Almuerzo: Ensalada de atún; 1 taza de leche descremada; 15 uvas
- ❖ Cena: Brocheta de verduras y ternera
- ❖ Merienda: 1 taza de yogur light; 1 melocotón mediano

Jueves

- ❖ Desayuno: 1 panecillo integral comprado en la tienda con 2 cucharadas de mantequilla de cacahuete sin sal añadida; 1 naranja mediana; 1 taza de leche descremada.
- ❖ Almuerzo: Ensalada de espinacas; 1 taza de leche descremada

- ❖ Cena: Bacalao al horno con costra de hierbas; 1 taza de té helado de hierbas.
- ❖ Merienda: 4 barquillos de vainilla; 1 taza de yogur desnatado bajo en calorías.

Viernes

- ❖ Desayuno: 1 taza de frutas frescas variadas (como melones, plátanos, manzanas y bayas) cubiertas con 1 taza de yogur desnatado bajo en calorías con sabor a vainilla y 1/3 de taza de nueces; 1 cucharadita de margarina sin trans; 1 magdalena de salvado; 1 taza de leche desnatada.
- ❖ Almuerzo: Las verduras asadas aportan vitaminas y minerales, el pollo es una buena fuente de proteínas y el cuscús es un hidrato de carbono complejo. Esta comida es una buena fuente de fibra, proteínas y vitaminas y minerales.
- ❖ Cena: 1 taza de espaguetis integrales cocidos con 1 taza de salsa marinara sin sal añadida; 1 taza de ensalada de verduras mixtas.
- ❖ Merienda: Mezcla de frutos secos hecha con 1/4 de taza de pasas, 1 onza (unas 22) de galletas saladas y 2 cucharadas de girasol.

Sábado

- ❖ Desayuno: Yogur con miel e higos Yogur con semillas de chía, miel e higos.
- ❖ Merienda: 1 taza de frambuesas
- ❖ Almuerzo: 1 1/2 tazas de batatas y chili de pollo.
- ❖ Merienda: 1 ciruela mediana y 4 mitades de nueces
- ❖ Cena: Orzo con calabacín y gambas al limón y ajo

Domingo

- ❖ Desayuno: Tostada de huevo con salsa Cubre el pan con huevo y pico de gallo. Espolvorea con sal y pimienta. 1 plátano mediano
- ❖ Merienda: 1/2 pan de pita integral grande, tostado con 2 cucharadas de hummus.
- ❖ Almuerzo: Pita Melt de Pera y Pavo con Verduras Rellena el bolsillo de pita con pavo, la mitad de rodajas de pera y queso. Tuesta en el horno tostador hasta que el queso se derrita. Añade las verduras y sirve el resto de las rodajas de pera como guarnición.
- ❖ Merienda: 1/2 taza de frambuesas
- ❖ Cena: 1 1/3 tazas de Fettuccine cremoso con champiñones y coles de Bruselas. Disfruta de 14 g de chocolate negro después de cenar.

Ejemplo de menú para la cuarta semana: He aquí un ejemplo de plan de comidas para la tercera semana basado en una dieta de 1.900 calorías diarias:

Lunes

- ❖ Desayuno: 3/4 de taza de cereales de copos de salvado con 1 plátano mediano, 1 taza de leche desnatada, 1 taza de zumo de naranja, 1 rebanada de pan integral y 1 cucharadita de margarina sin sal.
- ❖ Almuerzo: Un sándwich hecho con 2 rebanadas de pan integral, 3/4 de taza de ensalada de pollo sin sal, 1 cucharada de mostaza de Dijon y una ensalada compuesta por 1/2 taza de rodajas de pepino fresco, 1/2 taza de rodajas de tomate, 1/2 taza de cóctel de frutas, 1 cucharada de semillas de girasol y 1 cucharadita de aliño italiano bajo en calorías.

- Cena: 3 onzas de ternera (ojo de buey) con 2 cucharadas de salsa de ternera sin grasa, 1 taza de judías verdes salteadas con media cucharadita de aceite de canola, 1 cucharada de crema agria sin grasa, 1 cucharada de cebolletas picadas, 1 patata pequeña asada con 1 cucharada de queso cheddar natural bajo en grasa rallado, 1 panecillo pequeño de trigo integral con una cucharadita de queso cheddar natural bajo en grasa y 1 cucharada de salsa de tomate. de cebolleta picada, 1 patata asada pequeña cubierta con 1 cucharada de queso cheddar natural reducido en grasas rallado, 1 panecillo pequeño integral con 1 cucharadita de margarina blanda sin sal, 1 taza de leche desnatada y 1 manzana pequeña.
- Merienda: 1/3 de taza de almendras sin sal, 1/4 de taza de pasas y 1/2 taza de yogur de frutas sin grasa y sin azúcar añadido.

Martes

- Desayuno: 1 huevo duro, 1-2 lonchas de bacon canadiense y 6 onzas de zumo de tomate bajo en sodio.
- Merienda: Zanahorias baby y 1 palito de queso light.
- Almuerzo: Tomates cherry, albóndigas de quinoa sin carne, una pequeña ensalada con aliño italiano o de aceite y vinagre, y un vaso de gelatina de fresa sin azúcar.
- Cena: Brochetas de pollo al estilo mediterráneo, un vaso de gelatina de frambuesa sin azúcar y 1 taza de una mezcla de zanahorias, coliflor y brócoli al vapor o en el microondas.

Miércoles

- Desayuno: Una tortilla al estilo del suroeste hecha con mini-Egg Beaters, 110-200 gr. de zumo de tomate bajo en sodio.
- Merienda: 6 tomates uva y 1 cuña de queso light.
- Almuerzo: 2-3 roll-ups hechos con lonchas de fiambre de pavo y queso suizo envueltos en lechuga o tortilla integral con mostaza u otros condimentos, 1/2-1 taza de ensalada de col, vaso de gelatina de naranja sin azúcar y tirabeques crudos.
- Cena: Pavo asado en lonchas, zanahorias y cebollas salteadas, una ensalada con aliño italiano como guarnición.

Jueves

- Desayuno: Huevos revueltos, 4-6 oz. de zumo de arándanos dietético y 1-2 lonchas de bacon canadiense.
- Merienda: 4 onzas de yogur light de frambuesa descremado y edulcorado artificialmente y 4-5 almendras sin sal.
- Almuerzo: Pechuga de pollo (frita fría o cocida) con ensalada de col y zanahorias.
- Merienda: 6 tomates uva y 1-2 trozos de queso light.
- Cena: 1 taza de brócoli, hamburguesa de pavo, una ensalada con aliño balsámico y 1-2 vasos de gelatina de fresa sin azúcar.

Viernes

- Desayuno:225 g de leche desnatada, 3/4 de taza de Wheaties, 110-170 g de frambuesas o fresas
- Merienda: Tomates uva, 1-2 trozos de queso light

- Almuerzo: Ciruela pequeña, zanahorias baby, 2-3 rollitos de pavo y queso suizo
- Cena: Tilapia a la sartén: En una sartén, caliente 1 cucharada de aceite de oliva a fuego medio-alto. Cocine cuatro filetes de tilapia de 4 onzas durante 4 minutos por cada lado o hasta que el pescado se desmenuce fácilmente con un tenedor. Antes de terminar, añade alrededor de 1 palmadita de margarina o mantequilla a la sartén y deja que cubra todas las partes. Espárragos frescos Salsa de mango y melón

Sábado

- Desayuno: Chocolate caliente: 6-8 oz. (170-225 gr) Zumo de arándanos light, 1-2 huevos duros, 4-6 oz. (110-170 gr) fresas.
- Merienda: 170 g de yogur light de lima descremado y edulcorado artificialmente, 280 g de almendras.
- Almuerzo: Sándwich de pavo y queso suizo, ensalada de col o ensalada de acompañamiento, tiras de pimiento
- Cena: Quinoa con revuelto de verduras, barra de dulce de leche, ensalada de acompañamiento con aliño italiano, vinagre y aceite o vinagreta.

Domingo

- Desayuno: 1/2 taza de copos de avena cocidos cubiertos con Splenda Brown Sugar Blend, canela o Truvia y 1 cucharada de almendras picadas (opcional), 4-6 onzas (110-170 gr) de zumo de tomate bajo en sodio, ½ plátano mediano o uno grande, leche: 8 onzas (225 gr) desnatada, 2 onzas (55 gr) de café expreso.
- Merienda: Zanahorias baby, 1 palito de queso light
- Almuerzo: Arroz integral con salteado de col rizada de tres judías, pimientos en rodajas, endulzado artificialmente, vaso de gelatina de naranja.
- Cena: Sopa de judías blancas y col, rodajas de tomate, judías verdes con aliño italiano, ensalada de guarnición: 4-6 oz. (110-170 gr).

Ejemplo de menú para la quinta semana

Lunes

- Desayuno Cazuela de desayuno
- Almuerzo: Rollitos de espinacas
- Cena: Garbanzos y verduras del norte de África

Martes

- Desayuno: frittata
- Almuerzo: General Tsao's Dump Chicken
- Cena: Rollitos de pollo

Miércoles

- Desayuno: Delicias de queso feta y espárragos
- Almuerzo: Salmón relleno de gambas
- Cena: Deliciosa cazuela de cordero

Jueves

- Desayuno Huevos al horno
- Almuerzo: Estofado de ternera a la borgoñona
- Cena: Pollo Pad Thai

Viernes

- ❖ Desayuno: Desayuno Fry Mix
- ❖ Almuerzo: Molleja de pollo a la sartén
- ❖ Cena: Sopa filipina Nilaga

Sábado

- ❖ Desayuno Desayuno con salmón ahumado
- ❖ Almuerzo: Pimientos rellenos
- ❖ Cena: Hamburguesas de salmón

Domingo

- ❖ Desayuno Cazuela Mexicana
- ❖ Almuerzo: Zoodles & Beef
- ❖ Cena: Garbanzos picantes e hinojo

Ejemplo de menú para la sexta semana

LUNES

- ❖ Desayuno: Quiche de salchichas
- ❖ Almuerzo: Chuletas de lomo de cerdo con salsa de mango
- ❖ Cena: Ternera y bourguignon

MARTES

- ❖ El desayuno: Plato especial para el desayuno
- ❖ Almuerzo: Verduras asadas con salsa de limón y alcaparras
- ❖ Cena: Cordero y aderezo de naranja

MIÉRCOLES

- ❖ Desayuno: Chorizo y Coliflor
- ❖ Almuerzo: Pollo frito Teriyaki
- ❖ Cena: Sopa de pollo y arroz salvaje a la sartén

JUEVES

- ❖ Desayuno: Gachas de desayuno sencillas
- ❖ Almuerzo: Sardinas enteras a la plancha
- ❖ Cena: Espinacas

VIERNES

- ❖ El desayuno: Granola
- ❖ Almuerzo: Cazuela de ternera y berenjenas
- ❖ Cena: Filete de cerdo a la parrilla

SÁBADO

- ❖ Desayuno: Magdalenas
- ❖ Almuerzo: Rollitos de salmón
- ❖ Cena: Almuerzo sencillo con espárragos

DOMINGO

- ❖ Desayuno: Sandwich
- ❖ Almuerzo: Alfredo vegano
- ❖ Cena: Pollo asado al ajillo

7.11 Ejemplo de menú para la séptima semana

LUNES

- ❖ Desayuno: Galletas con hierbas
- ❖ Almuerzo: Ostras
- ❖ Cena: Coliflor asada sencilla

MARTES

- ❖ Desayuno: Sopa de pollo y arroz salvaje
- ❖ Almuerzo: Hamburguesas de jamón y cerdo
- ❖ Cena: Paella a la parrilla

MIÉRCOLES

- ❖ Desayuno: Muffins de desayuno con bacon y limón
- ❖ Almuerzo: Puré sencillo de coliflor
- ❖ La cena: Sabroso estofado de cordero

JUEVES

- ❖ Desayuno: Muffins de queso y orégano
- ❖ Almuerzo: Estofado de carne cubano
- ❖ Cena Sopa de calabaza

VIERNES

- ❖ Desayuno: Pavo
- ❖ Almuerzo: Pollo Buffalo
- ❖ Cena: Salmón al horno

SÁBADO

- ❖ Desayuno Desayuno Hash
- ❖ Almuerzo: Pollo tailandés
- ❖ Cena: Acelgas salteadas con ajo

DOMINGO

- ❖ El desayuno: Cereal Nibs
- ❖ Almuerzo: Calabaza de invierno asada con tahini y queso feta
- ❖ Cena: Lubina a la sartén con setas silvestres

Ejemplo de menú para la octava semana

LUNES

- ❖ Desayuno: Cereales
- ❖ Almuerzo: Pimientos rellenos
- ❖ Cena: Barbacoa de pollo

MARTES

- ❖ Desayuno: Gachas de huevo
- ❖ Almuerzo: Pollo a la sartén Alfredo
- ❖ Cena: Sorprendente sopa de mero

MIÉRCOLES

- ❖ Desayuno: Tortitas
- ❖ Almuerzo: Cerdo Gingersnap
- ❖ Cena: Col Rizada

JUEVES

- ❖ Desayuno: Tortitas de almendra
- ❖ Almuerzo: Pollo al curry indio frito
- ❖ Cena: Delicias de Almejas Talien

VIERNES

- ❖ Desayuno: Gofres
- ❖ Almuerzo: Ensalada de bacon y fideos de calabacín
- ❖ Cena: Pechugas de pollo a la parmesana

SÁBADO

- ❖ Desayuno: Tortilla de queso feta
- ❖ Almuerzo: Tacos de cerdo a la mexicana
- ❖ Cena: Paella de verduras

DOMINGO

- ❖ Desayuno: Tortilla de pollo frito
- ❖ Almuerzo: Salmón glaseado con mostaza
- ❖ Cena: Sartén de cordero al balsámico

Capítulo 8: Recetas de desayuno para la dieta renal

Las personas con una función renal deficiente deben seguir una dieta renal para reducir la cantidad de residuos en la sangre. Los residuos en la sangre se generan a partir de los líquidos y los alimentos que se consumen. Cuando la función renal disminuye, los riñones no son capaces de filtrar o eliminar adecuadamente los residuos, lo que puede afectar negativamente a los niveles de electrolitos del paciente si quedan residuos en exceso en la sangre. Seguir una dieta renal puede ayudar a mejorar la función renal y ralentizar la progresión de la insuficiencia renal. Una dieta renal suele implicar la restricción de la ingesta de fósforo, proteínas y sodio, al tiempo que hace hincapié en la importancia de consumir proteínas de alta calidad y limitar los líquidos. También puede ser necesario restringir la ingesta de calcio y potasio en determinados pacientes. Dado que el organismo de cada paciente es único, es crucial que los pacientes trabajen con un dietista renal para desarrollar un plan dietético adaptado a sus necesidades específicas. Más de 31 millones de estadounidenses se saltan el desayuno todos los días, pero usted no tiene por qué ser uno de ellos. Empezar el día con un desayuno sano es importante y fácil de hacer. Los huevos son una gran opción, ya que son una fuente segura y fácilmente disponible de proteínas que se pueden preparar de varias maneras: revueltos, escalfados, fritos o en tortilla. Añada queso, tomates, espinacas o pimientos a los huevos para aumentar el valor nutritivo del desayuno. Existen muchas recetas de desayunos sabrosos y nutritivos que te ayudarán a ponerte manos a la obra.

1. Batido de plátano y manzana

Esta receta rinde 1 ración y se prepara en unos 10 minutos.

Ingredientes:

- ❖ 1/2 taza de yogur natural
- ❖ 1/2 plátano, pelado y cortado en trozos
- ❖ 1/4 taza de leche desnatada
- ❖ 1/2 taza de compota de manzana sin azúcar
- ❖ 2 cucharadas de salvado de avena
- ❖ 1 cucharada de miel

Cómo llegar:

Añada el plátano, la leche, el yogur, la miel y el puré de manzana a la batidora. Licuar hasta obtener una mezcla homogénea. Añadir el salvado de avena y batir hasta que la mezcla espese. Servir y disfrutar.

Nutrición por ración: Calorías: 292, Proteínas: 9g, Sodio: 103mg, Fósforo: 140mg, Potasio: 609mg

2. Compota de fruta fresca

8 raciones (ración de 1/2 taza)

Tiempo de preparación: 10 min.

Ingredientes

- ❖ 1/4 taza de frambuesas rojas congeladas o frescas (azucaradas y sin descongelar)
- ❖ 1/2 taza de fresas congeladas o frescas
- ❖ 1/2 taza de melocotones pelados y cortados.
- ❖ 1/2 taza de moras congeladas o frescas
- ❖ 1 manzana cortada en trozos pequeños
- ❖ 1/2 taza de zumo de naranja sin azúcar, en lata o fresco
- ❖ 1/2 taza de arándanos congelados o frescos
- ❖ 1 plátano, cortado en trozos pequeños

Cómo llegar

Vierta el zumo de naranja en un bol o recipiente grande. Añada todas las frutas mencionadas al bol. Remover suavemente las frutas hasta que se mezclen uniformemente. Si utiliza frutas congeladas, déjelas descongelar a temperatura ambiente durante unas cuatro horas antes de mezclarlas. Sirva la macedonia fría o a temperatura ambiente, según prefiera. ¡Que aproveche!

Nutrición por ración: Calorías; 44 Kcal, Proteínas;0,5 g, Sodio; 1 mg, Fósforo; 13 mg, Fibra dietética; 1,6 g, Potasio; 140 mg.

3. Crepes rellenos de manzana

1 porción de crepe

Tiempo de preparación: 20 min.

Ingredientes

- ❖ 2 huevos (enteros)
- ❖ 4 yemas de huevo
- ❖ 1 taza de harina
- ❖ 1/2 taza de azúcar
- ❖ 2 tazas de leche
- ❖ 1/4 taza de aceite
- ❖ 1/2 taza de azúcar moreno
- ❖ 4 manzanas
- ❖ 1/2 cucharadita de nuez moscada
- ❖ 1/2 taza o 1 barrita de mantequilla sin sal
- ❖ 1/2 cucharadita de canela

Cómo llegar

En un bol, mezclar las yemas de huevo, el azúcar, los huevos enteros, el aceite, la harina y la leche hasta obtener una masa homogénea y sin grumos. Calentar una sartén antiadherente pequeña a fuego medio. Rocíe la sartén con aceite en aerosol. Con un cucharón de 55 g o 1/4 de taza, eche una cucharada de masa en la sartén y gírela para extenderla uniformemente por el fondo. Cocine durante aproximadamente 20 segundos, luego use una espátula de goma para dar la vuelta a la crepe y cocine durante otros 10 segundos. Reserve las crepes cocidas mientras prepara el relleno. Pele, corte y despepite las manzanas en 12 trozos cada una. Caliente una sartén, derrita la mantequilla y añada el azúcar moreno. Añada la canela, las manzanas y la nuez moscada. Cocer las manzanas hasta que estén tiernas pero no blandas. Déjelas enfriar. Montar las crepes colocando aproximadamente 2 cucharaditas de relleno de manzana en el centro de cada crepe. Enrolle las crepes formando troncos.

Nutrición por ración: Calorías; 315 Kcal, Proteínas;5 g, Sodio;356 mg, Fósforo; 103 mg, Fibra dietética; 15 g, Potasio; 160 mg.

4. Budín de pan con chocolate

Ingredientes

- ❖ Para el budín de pan
- ❖ 5 tazas de challah o pan challah
- ❖ 1 taza de leche entera
- ❖ 1 taza de nata espesa
- ❖ ¾ tazas de pepitas de chocolate
- ❖ ½ taza de azúcar
- ❖ ¼ taza de cacao amargo en polvo
- ❖ 1 cucharada de mantequilla sin sal
- ❖ 1 cucharadita de canela en polvo
- ❖ ½ cucharadita de sal
- ❖ 1 cucharadita de extracto de vainilla

Cómo llegar:

Cortar el pan en dados pequeños. Si se utiliza pan duro, absorberá mejor los líquidos. Si se trata de pan fresco, tueste ligeramente los dados extendiéndolos en una bandeja de horno y metiéndolos en el horno a 180 °C durante 10 minutos. En un bol grande, mezclar el cacao en polvo, el azúcar, la sal, la canela molida, la nata espesa, la leche entera, el extracto de vainilla y los huevos. Precalentar el horno a 180 °C. Untar una fuente de 25 x 18 cm con mantequilla y verter la mezcla de pan y líquido. Colocar la fuente sobre una bandeja de horno y hornear durante 40 minutos o hasta que la mezcla esté cuajada. Para la cobertura, derrita las pepitas de chocolate en el microondas durante unos segundos y añada la nata hasta obtener una mezcla homogénea. Verter la cobertura sobre el budín de pan y servir caliente o a temperatura ambiente.

5. Receta de tarta de chocolate apta para riñones

Ingredientes

- ❖ Para las masas
- ❖ 300 g de galletas de vainilla
- ❖ 70 g de mantequilla
- ❖ Para el relleno
- ❖ 120 g de cacao amargo en polvo
- ❖ 25 cc de leche
- ❖ 1 cucharada de maicena
- ❖ 6 sobres de edulcorante
- ❖ 20 g de gelatina sin sabor hidratada
- ❖ 300 g de nata ligera o crema ligera
- ❖ 4 sobres de edulcorante

Cómo llegar:

Colocar las galletas de vainilla en un procesador de alimentos y pulsar hasta que se conviertan en migas. Añadir la mantequilla derretida y mezclar bien. Presione la mezcla uniformemente sobre el fondo y los lados de un molde desmontable. Hornear durante 5 minutos a 180°C. Para preparar el relleno de chocolate, mezclar la leche y el cacao en polvo en un cazo y batir hasta obtener una mezcla homogénea. Añadir la mezcla de maicena y remover hasta que quede bien mezclado. Retirar del fuego y añadir los sobres de edulcorante y la gelatina sin sabor (previamente hidratada en agua durante 10 minutos) disuelta en el microondas durante 1 minuto. Mezclar bien y reservar. En un bol aparte, montar la nata o nata líquida con edulcorante hasta que quede semidura. Añadir la mezcla de chocolate a la nata montada y mezclar bien. Verter la mezcla sobre la base de galletas y repartir uniformemente. Dejar enfriar en el frigorífico durante al menos 2 horas antes de servir.

6. Burritos de pavo sencillos

8 raciones (1 ración = 1'6 pulgadas (45 cm) de burrito)

Tiempo de preparación: 15 min.

Ingredientes:

- ❖ 450 g de pavo molido o 450 g de pastel de carne de pavo sobrante, cortado en dados pequeños
- ❖ burritos de harina de 8'6 pulgadas
- ❖ 8 huevos batidos y revueltos
- ❖ ¼ taza de aceite de canola
- ❖ ¼ taza de pimientos (amarillos, verdes o rojos) cortados en dados
- ❖ 2 cucharadas de chiles jalapeños (sin semillas)
- ❖ ¼ taza de cebolla picada
- ❖ 2 cucharadas de cebolletas frescas picadas
- ❖ ½ cucharadita de chile en polvo
- ❖ 2 cucharadas de cilantro fresco picado
- ❖ ½ cucharadita de pimentón ahumado
- ❖ 1 taza de queso Cheddar rallado y Monterey Jack

Cómo llegar

En una sartén grande, cocine el pastel de carne, los pimientos, el cilantro, las cebollas y las cebolletas en la mitad del aceite hasta que las cebollas estén transparentes. Añada las especias y apague el fuego. En otra sartén

grande a fuego medio-alto, añadir el aceite restante y revolver los huevos hasta que estén cocidos. Montar los burritos rellenando cada tortilla con porciones iguales de la mezcla del pastel de carne, los huevos revueltos, las verduras y el queso. Enrollar la tortilla y servir.

Nutrición por ración: Calorías; 407 Kcal, Proteínas; 25 g, Sodio; 513 mg, Fósforo; 359 mg, Fibra dietética; 2 g, Potasio; 285 mg.

7. Desayuno con tortilla mexicana y huevo a la sartén

6 raciones

Tiempo de preparación: 15 min.

Ingredientes

- ❖ 2 cebollas tiernas cortados en rodajas finas
- ❖ 8 huevos
- ❖ 1/4 taza de ketchup (bajo en sal)
- ❖ 1 cucharadita de chile en polvo
- ❖ 1 bolsa (6oz) (170 gr) de totopos rotos y sin sal
- ❖ 2 cucharadas de mantequilla

Cómo llegar

Batir los huevos en un bol hasta que estén bien mezclados. Añadir el ketchup, la cebolla y el chile en polvo a los huevos y mezclar bien. Reservar. Derrita la mantequilla en una sartén a fuego medio. Añadir el salteado y los chips de tortilla y cocinar hasta que se calienten. Verter la mezcla de huevo y revolver hasta que alcance la consistencia deseada. Servir los huevos revueltos inmediatamente en platos calientes.

Nutrición por ración: Calorías; 297 kcals, Proteínas; 11 g, Sodio; 267 mg, Fósforo; 179 mg, Fibra dietética; 2 g, Potasio; 152 mg.

8. Galletas rellenas

12 raciones (1 ración = 1 galleta)

Tiempo de preparación: 20 min.

Ingredientes:

- ❖ tazas de harina
- ❖ ½ cucharadita de bicarbonato sódico
- ❖ 1 cucharada de azúcar o miel
- ❖ 1 cucharada de zumo de limón
- ❖ ¾ de taza de leche
- ❖ 8 cucharadas de mantequilla sin sal

Relleno

- ❖ 1 taza de queso cheddar rallado
- ❖ 110 gr (8 oz) o 1¼ trozos de sodio; tocino
- ❖ 4 huevos
- ❖ ¼ taza de cebolletas (cortadas en rodajas finas)

Cómo llegar

Precalentar el horno a 425 ° F.

Para preparar el relleno: Revuelve los huevos hasta que estén poco hechos. Cocer el bacon hasta que esté crujiente.

Mezclar los huevos, el beicon y el resto de ingredientes del relleno y reservar.

Para preparar la masa: En un bol grande, mezclar todos los ingredientes secos. Cortar la mantequilla sin sal en la mezcla con un tenedor o un cuchillo de repostería hasta que tenga el tamaño de un guisante o más pequeño. Hacer un hueco en el centro de la mezcla e incorporar el zumo de limón y la leche. Prepare los moldes para magdalenas forrándolos con papel vegetal o engrasando el fondo y los laterales con harina. Vierta 1/4 de taza de la masa en cada molde. Hornear durante 10-12 minutos o hasta que estén dorados a 425 ° F.

Nutrición por ración: Calorías; 330 kcal; Proteínas; 11 g, Sodio; 329 mg, Fósforo; 170 mg, Fibra dietética: 1 g, Potasio; 152 mg.

9. Café con sabor a naranja

20 raciones (tamaño de la ración: 2 cucharaditas redondas)

Tiempo de preparación: 10 min.

Ingredientes

* 3/4 de taza de azúcar
* 1/2 taza de café
* 1/2 cucharadita de piel de naranja seca
* 1 taza de Coffee-Mate en polvo

Cómo llegar

Mezcle el café instantáneo, el azúcar y la crema no láctea en una batidora. Bata los ingredientes hasta que estén bien mezclados y espolvoreados. Para servir, añada 2 cucharaditas de la mezcla de café a una taza. Vierte agua hirviendo sobre la mezcla y remueve hasta que se disuelva. ¡Disfruta de tu café instantáneo casero!

Nutrición por ración: Calorías; 42 kcal, Proteínas;0,4 g, Sodio; 4 mg, Fósforo; 14 mg, Fibra dietética; 0 g, Potasio; 99 mg.

10. Tortitas caseras de suero de mantequilla

9 raciones (1 ración = dos tortitas de 10 cm)

Tiempo de preparación: 15 min.

Ingredientes

* 1 cucharadita de crémor tártaro
* 2 tazas de harina (común)
* 1½ cucharadita de bicarbonato sódico
* 2 tazas de suero de leche (bajo en grasas)
* 2 cucharadas de azúcar
* 1 cucharada de aceite de canola (para cocinar) y ¼ de taza de aceite de canola
* 2 huevos

Cómo llegar

Precalentar una sartén a fuego medio. En un bol grande, mezclar los ingredientes secos. En otro bol, mezclar el suero de leche, el huevo y el aceite. Verter la mezcla húmeda en los ingredientes secos y mezclar hasta que se humedezca por completo, utilizando una cuchara o batidor.

Engrasar la sartén con una cucharada de aceite de canola. Utilice una taza medidora de 1/3 de taza para verter la mezcla de las tortitas en la sartén, extendiendo cada tortita a unos 10 cm de ancho. Deje unos 5 cm entre las tortitas para poder darles la vuelta fácilmente. Utilice una espátula para dar la vuelta a las tortitas una vez que aparezcan burbujas en la superficie, y cocine hasta que el otro lado esté dorado y el centro ya no esté húmedo. Pasar las tortitas a una fuente. Sírvalas con una guarnición de huevos o bayas frescas para una comida más sana.

Nutrición por ración: Calorías; 217 Kcal. Proteínas; 6 g, Sodio;330 mg, Fósforo; 100 mg, Fibra dietética; 1 g, Potasio; 182 mg.

11. Tarta de queso y mantequilla de cacahuete

Ingredientes

* 700 g de queso fresco
* 2 tazas de mantequilla de cacahuete derretida
* 1 ½ taza de pepitas de chocolate
* 1½ taza de azúcar 1 taza de azúcar en polvo
* 7 cucharadas de mantequilla derretida
* 10-galletas integrales
* 1 cucharadita de extracto de vainilla

Cómo llegar:

Triturar las galletas integrales hasta hacerlas migas utilizando una bolsa de plástico y un rodillo. Pasar las migas a un bol grande y añadir la mantequilla derretida. Mezclar bien hasta que la mezcla parezca arena. Presione la mezcla en una fuente de horno y compáctela. Refrigerar. En otro bol grande, batir el queso crema hasta que quede suave. Añadir el azúcar y el extracto de vainilla y mezclar bien hasta que no queden grumos. Añadir el chocolate fundido y mezclar hasta que quede suave. Verter la mezcla sobre la base de galletas y extenderla uniformemente. En otro bol, mezclar la mantequilla de cacahuete derretida con el azúcar glas. Vierta la mezcla de mantequilla de cacahuete sobre la capa de chocolate y extiéndala uniformemente con una espátula. Enfríe la tarta de queso con mantequilla de cacahuete en el frigorífico durante al menos cuatro horas.

12. Hueveras de desayuno al horno del suroeste

12 raciones (1 ración = 2,5 oz. o 1 huevera)

Tiempo de preparación: 20 min.

Ingredientes

* 110 g de queso cheddar rallado
* 3 tazas de arroz cocido
* 110 g de chiles verdes cortados en dados
* ½ taza de leche (desnatada)
* 55 g de pimientos picados y escurridos
* ½ cucharadita de comino molido
* 2 huevos batidos spray para cocinar (antiadherente)
* ½ cucharadita de pimienta negra

Cómo llegar

En un bol grande, mezclar el arroz cocido, los chiles verdes picados, la leche, 55 g de queso rallado, los pimientos picados, el comino molido, los huevos y la pimienta negra recién molida. Engrasar un molde para magdalenas con spray antiadherente. Con una cuchara, repartir uniformemente la mezcla de arroz en 12 moldes para magdalenas. Espolvoree los 55 g restantes de queso rallado por encima de cada molde. Hornear las magdalenas en un horno precalentado a 190°C (375°F) durante 20-25 minutos, o hasta que el queso se derrita y las magdalenas estén cuajadas. Dejar enfriar las magdalenas en el molde durante unos minutos antes de sacarlas. Sírvalos calientes.

Nutrición por ración: Calorías; 109 kcal, Proteínas;5 g, Sodio;79 mg, Fósforo; 91 mg, Fibra dietética; 0,5 g, Potasio; 82 mg.

13. Quiche de queso

6 raciones (1 ración = 1/6 de quiche de queso)

Tiempo de preparación: 50 min.

Ingredientes

- ❖ 1 taza de cebollas picadas
- ❖ ½ libra (225 gr) de carne de solomillo desmenuzada y picada en trozos grandes
- ❖ 2 cucharadas de aceite de canola
- ❖ 5 huevos batidos
- ❖ ½ taza de queso pepper jack rallado
- ❖ 2,5 x 23 cm (1 pulg. x 9 pulg.) de masa quebrada preparada, precocinada
- ❖ ½ cucharadita de pimienta negra molida
- ❖ 1 taza de nata

Cómo llegar

Cortar el solomillo en trozos gruesos. En una sartén con aceite, cocinar el solomillo cortado y la cebolla hasta que el solomillo esté dorado. Reservar durante 10 minutos para que se enfríe un poco. Incorporar el queso y dejar que se funda. En un bol grande, bata los huevos, la nata y la pimienta negra hasta que estén bien mezclados. Extienda la mezcla de queso y bistec sobre la masa de tarta precocinada, luego vierta la mezcla de huevo por encima y hornee durante al menos 30 minutos a 350°F. Cubra la quiche con papel de aluminio y apague el horno. Deje reposar la quiche durante 10 minutos antes de servir.

Nutrición por ración: Calorías; 527 Kcal, Proteínas; 22 g, Sodio; 392 mg, Fósforo; 281 mg, Fibra dietética; 1 g, Potasio; 308 mg.

14. Revuelto de tofu picante

2 raciones (1 ración = media taza)

Tiempo de preparación: 30 min.

Ingredientes

- ❖ ¼ cucharadita de ajo en polvo
- ❖ 1 cucharadita de aceite de oliva
- ❖ 1 cucharadita de cebolla en polvo
- ❖ ¼ taza de pimiento verde picado
- ❖ 1 taza de tofu firme
- ❖ ⅛ cucharadita de cúrcuma
- ❖ ¼ taza de pimiento rojo picado
- ❖ 1 diente de ajo picado

Cómo llegar

En una sartén antiadherente mediana, sofría el ajo y dos pimientos en aceite de oliva. Enjuague el tofu y añádalo a la sartén junto con el resto de ingredientes. Mezcle y cocine a fuego bajo a medio hasta que el tofu adquiera un ligero color dorado, aproximadamente 20 minutos. La mezcla soltará agua que se evaporará con el tiempo. Sirva el plato de tofu caliente.

Nutrición por ración: Calorías; 213 Kcal, Proteínas; 18 g, Sodio; 24 mg, Fósforo; 242 mg, Fibra dietética; 2 g, Potasio; 467 mg.

15. Lassi de fruta fresca

2 raciones

Tiempo de preparación: 20 min.

Ingredientes

- ❖ 1/2 taza de leche
- ❖ 1 taza de yogur natural
- ❖ 1-3 cucharadas de azúcar al gusto
- ❖ 1/2 taza de zumo de mango (o néctar de albaricoque o melocotón)
- ❖ 1/2 cucharadita de agua de rosas (opcional)
- ❖ 1/4 cucharadita de cardamomo (opcional)
- ❖ 1/4 de taza de zumo de lima (opcional)

Cómo llegar

Mezclar todos los ingredientes en un robot de cocina o batidora durante 2 minutos. Verter la mezcla en vasos individuales y servir.

Nutrición por ración: Calorías; 169 Kcal, Proteínas; 9 g, Sodio;143 mg, Fósforo; 59 mg, Fibra dietética; 2 g, Potasio; 98 mg.

16. Galletas con Master Mix

12 raciones

Tiempo de preparación: 15 min.

Ingredientes

- ❖ 2/3 taza Agua
- ❖ 3 tazas de Master Mix

Cómo llegar

Precalentar el horno a 230°C (450°F). En un bol, mezclar todos los ingredientes y remover hasta obtener una mezcla homogénea. Dejar reposar la masa durante 5 minutos. Enharinar ligeramente una superficie de trabajo y amasar la masa 15 veces. Estirar la masa hasta que tenga un grosor de 1,25 cm y cortarla en 12 galletas con un cortador enharinado. Coloque las galletas en una bandeja para hornear sin engrasar, separándolas 5 cm. Hornear durante 10-12 minutos, o hasta que las galletas estén doradas. Sírvalas calientes.

Nutrición por ración: Calorías; 174 Kcal, Proteínas;3 g, Sodio;171 mg, Fósforo; 51 mg, Fibra dietética; 10 g, Potasio; 81 mg.

17. Burritos con chorizo mexicano y huevos

3 raciones

Tiempo de preparación: 20 min.

Ingredientes

* ❖ 3 huevos batidos
* ❖ 85 g de chorizo (salchicha mexicana)
* ❖ 3 tortillas de harina

Cómo llegar

Calentar una sartén antiadherente a fuego medio-alto. Añadir el chorizo y freír hasta que esté crujiente y de color oscuro, removiendo de vez en cuando. En un bol, batir los huevos hasta que estén bien batidos. Verter los huevos en la sartén con el chorizo y cocinar, removiendo de vez en cuando, hasta que los huevos estén cuajados y no queden blandos. Calentar las tortillas en una plancha o en el microondas. Pon un poco de la mezcla de chorizo y huevo en cada tortilla, extendiéndola en una línea por el centro. Dobla los lados de la tortilla hacia dentro y, a continuación, enrolla bien la tortilla desde abajo para envolver el relleno. Sirva los burritos de chorizo y huevo calientes, decorados opcionalmente con cilantro, salsa o guacamole.

Nutrición por ración: Calorías; 320 kcals, Proteínas; 16 g, Sodio; 659 mg, Fósforo; 170 mg, Fibra dietética; 1 g, Potasio; 214 mg.

18. Tortitas de chocolate con relleno de tarta de luna

Cremoso, rico y siempre tan achocolatado con 7 gramos de proteína por porción;

1 docena de tortitas de chocolate (10 cm) (1 ración = 1 tortita)

Tiempo de preparación: 20 min.

Ingredientes

Tortitas de chocolate:

* ❖ 3 cucharadas de azúcar
* ❖ 1 taza de harina
* ❖ ½ cucharadita de bicarbonato sódico
* ❖ 3 cucharadas de cacao en polvo (sin azúcar)
* ❖ 1 huevo
* ❖ 1 cucharada de zumo de limón
* ❖ 2 cucharadas de aceite de canola
* ❖ 1 taza de leche al 2%.
* ❖ 2 cucharaditas de extracto de vainilla
* ❖ 2/3 taza de proteína de suero; polvo (vainilla) de Body Fortress

Relleno de Pastel de Luna:

* ❖ ¼ taza de nata espesa
* ❖ 1 cucharada de cacao en polvo (sin azúcar)
* ❖ ½ taza de crema de malvaviscos
* ❖ ½ taza de queso crema ablandado

Cómo llegar

Relleno de tarta de luna:

* ➢ En un bol grande, bata la nata espesa y el cacao hasta que se formen picos firmes.
* ➢ En otro bol, mezclar la crema de malvavisco, el queso crema y la proteína de suero en polvo durante 1 minuto hasta que estén bien combinados. Cubra y refrigere.

Tortitas:

* ➢ En un bol grande, mezclar todos los ingredientes secos y reservar.
* ➢ En un bol mediano, mezclar todos los ingredientes húmedos.
* ➢ Incorporar lentamente los ingredientes secos a los húmedos hasta que se humedezcan, con cuidado de no mezclar demasiado.
* ➢ Calentar una plancha ligeramente engrasada a fuego medio-alto (375°F) y verter 1/8 de taza de masa por cada tortita de 4 pulgadas.
* ➢ Dar la vuelta a las tortitas cuando empiecen a burbujear y cocinar hasta que estén doradas.
* ➢ Para montar las tortitas Moon Pie, repartir el relleno a partes iguales sobre 12 tortitas y cubrir con las 12 tortitas restantes. Espolvorear con azúcar en polvo antes de servir.

Nutrición por ración: Calorías; 194 kcal, Proteínas; 7 g, Fósforo; 134 mg, Fibra dietética; 1 g, Potasio; 135 mg.

19. Magdalenas de arándanos

12 raciones (1 ración = 1 magdalena)

Tiempo de preparación: 45 min.

Ingredientes:

* ❖ ½ taza de mantequilla (sin sal)
* ❖ 2 huevos
* ❖ 2 tazas de leche 1%.
* ❖ 1 ¼ tazas de azúcar
* ❖ 2 cucharaditas de levadura en polvo
* ❖ 2 tazas de harina
* ❖ ½ cucharadita de sal
* ❖ 2 cucharaditas de azúcar (para cubrir)
* ❖ 2 ½ tazas de arándanos

Cómo llegar

Precalentar el horno a 190°C (375°F). En un bol grande, batir el azúcar y la margarina con una batidora a velocidad baja hasta que quede esponjoso y cremoso. Añadir los huevos de uno en uno, removiendo hasta que estén bien mezclados. En otro bol, tamizar la harina y la levadura en polvo. Añadir los ingredientes secos al bol con la mezcla de azúcar y margarina, alternando con la leche. Incorporar 1/2 taza de arándanos a mano, machacándolos ligeramente. Incorporar el resto de los arándanos. Rocíe los moldes para magdalenas con aceite en aerosol y colóquelos en un molde para magdalenas. Repartir uniformemente la mezcla entre los moldes. Espolvorear la parte superior de las magdalenas con azúcar. Hornear durante 25-30 minutos o hasta que un palillo salga limpio. Dejar enfriar las magdalenas en el molde durante 10 minutos antes de sacarlas.

Nutrición por ración: Calorías; 275 kcal, Proteínas; 5 g, Sodio; 210 mg, Fósforo; 100 mg Fibra dietética; 1,3 g, Potasio; 121 mg

20. Barritas energéticas Anytime

8 raciones

Tiempo de preparación: 50 min.

Ingredientes

- ❖ 1/2 cucharadita de canela molida
- ❖ 1 taza de copos de avena
- ❖ 3 cucharaditas de cacahuetes picados sin sal
- ❖ 1/3 taza de coco rallado
- ❖ 1/4 taza de trocitos de chocolate (semidulce)
- ❖ 3 huevos
- ❖ 3 cucharadas de miel
- ❖ 1/3 taza de compota de manzana

Cómo llegar

Precalentar el horno a 325°F y rociar ligeramente un molde para hornear de 9x9 pulgadas (23x23 cm) con aceite en aerosol. En un bol grande, mezclar la canela, la avena, las pepitas de chocolate, el coco y los cacahuetes. En otro bol pequeño, batir los huevos. Añadir la miel y el puré de manzana y mezclar bien. Añadir la mezcla de huevo a la mezcla de avena y remover hasta que todo esté bien combinado. Presionar la mezcla uniformemente en el fondo del molde engrasado de 9x9 pulgadas (23x23 cm). Hornear durante 40 minutos. Dejar enfriar completamente antes de cortar las barritas.

Nutrición por ración: Calorías; 206 Kcal, Proteínas; 7 g, Sodio;35 mg, Fósforo; 163 mg, Fibra dietética; 8 g, Potasio; 182 mg.

21. Barritas de frutas

24 raciones

Tiempo de preparación: 30 min.

Ingredientes

- ❖ 1/2 taza de azúcar
- ❖ 1 cucharadita de levadura en polvo
- ❖ 2 tazas de harina
- ❖ 1/2 taza de aceite vegetal
- ❖ 1/4 de taza de agua
- ❖ 1 huevo
- ❖ 1 taza de mermelada (uva, fresa, mora, frambuesa)
- ❖ 1 cucharadita de extracto de vainilla

Cómo llegar

Precalentar el horno a 205°C (400°F). Engrasar un molde de 20 x 20 ó 23 x 23 cm (8×8 ó 9×9 pulgadas). En un bol, batir el azúcar, la harina y la levadura en polvo. Añadir el aceite y remover hasta que se desmenuce. Añadir el extracto de vainilla, el agua y el huevo y mezclar bien. Vierta 2/3 de la masa en el molde engrasado. Extender la mermelada uniformemente sobre la masa. Utilice el resto de la masa para hacer migas por encima. Hornear durante 25-30 minutos o hasta que se dore. Dejar enfriar en el molde durante 10 minutos antes de cortar en 24 barras.

Nutrición por ración: Calorías; 131 Kcal, Proteínas;1 g, Sodio; 24 mg, Fósforo; 120 mg, Potasio; 14 mg.

22. Magdalenas de salvado y manzana

12 raciones

Tiempo de preparación: 45 min.

Ingredientes

- ❖ 1 1/2 tazas de salvado de trigo
- ❖ 2 tazas de harina de trigo
- ❖ 1 1/4 cucharadita de bicarbonato sódico
- ❖ 1 cucharada de ralladura de naranja
- ❖ 1/2 cucharadita de nuez moscada
- ❖ 1 taza de manzana (picada)
- ❖ 1/2 taza de pipas de girasol o nueces picadas
- ❖ 1/2 taza de pasas
- ❖ 2 tazas escasas de leche agria o suero de mantequilla
- ❖ 1 zumo de naranja
- ❖ 1/2 taza de melaza
- ❖ 1 huevo batido
- ❖ 2 cucharadas de aceite

Cómo llegar

Precalentar el horno a 175°C (350°F). En un bol, mezclar con un tenedor el salvado, la harina, la nuez moscada y el bicarbonato. Añadir las manzanas troceadas, la ralladura de naranja, las pasas y las semillas o frutos secos a la mezcla seca. En una taza medidora de 2 tazas, exprimir el zumo de 1 naranja y añadir suficiente suero de leche para obtener 2 tazas de líquido. En un bol aparte, bata la mezcla de suero de leche, melaza, huevo y aceite hasta obtener una mezcla homogénea. Añadir la mezcla líquida a la mezcla seca y remover con movimientos cortos hasta que esté bien mezclada. Engrasar los moldes para magdalenas con aceite y llenarlos hasta dos tercios con la masa. Hornear durante al menos 25 minutos o hasta que al insertar un palillo en el centro éste salga limpio. Dejar enfriar unos minutos antes de desmoldar y servir.

Nutrición por ración: Calorías; 234 Kcal, Proteínas; 7 g, Sodio;287 mg, Fósforo; 121 mg, Fibra dietética; 6 g, Potasio; 446 mg.

23. Barritas de salvado para el desayuno

12 raciones

Tiempo de preparación: 20 min.

Ingredientes

- ❖ 1/3 taza de dátiles medianos o pasas cortadas en dados
- ❖ 1 taza de agua hirviendo
- ❖ 1/2 taza de harina de trigo
- ❖ 1 taza de avena
- ❖ 1 1/2 tazas de salvado
- ❖ 1/3 taza de aceite (soja, cártamo o maíz)
- ❖ 3 cucharadas de sustituto del azúcar moreno granulado

Cómo llegar

Llenar los dados de fruta con agua caliente y dejar reposar durante al menos 20 minutos. En un bol grande, mezcle la harina, el bicarbonato, la canela, la nuez moscada, la sal y el azúcar. Escurrir la fruta y reservar 1 taza del líquido. Poner el líquido y el aceite en una batidora y batir durante

1 minuto. Verter la mezcla batida en los ingredientes secos y mezclar bien. Añadir la fruta escurrida y mezclar de nuevo. Verter la masa en un molde antiadherente de 20 x 25 cm. Alise la masa con la punta de los dedos o con una espátula y marque la parte superior en cuatro filas estrechas y seis anchas. Hornear a 190°C (375°F) durante 22 minutos. Dejar enfriar sobre una rejilla. Si se va a conservar durante más de 2 días, refrigerar o congelar.

Nutrición por ración: Calorías; 158 Kcal, Proteínas;4 g, Sodio;2 mg, Fósforo; 142 mg, Potasio; 148 mg.

24. Batido de plátano y avena

2 raciones

Tiempo de preparación: 10 min.

Ingredientes

- ❖ 2/3 taza de leche desnatada
- ❖ 1/2 taza de copos de avena cocidos y fríos
- ❖ 1 cucharada de germen de trigo
- ❖ 2 cucharadas de azúcar moreno
- ❖ 1/2 plátano (congelado), cortado en trozos
- ❖ 1 1/2 cucharadita de extracto de vainilla

Cómo llegar

En una batidora, triturar los copos de avena hasta obtener un polvo fino. Añada el azúcar moreno, la leche, la vainilla, el germen de trigo y medio plátano. Licuar hasta que la mezcla quede suave y espesa. Si lo desea, añada hielo a la mezcla antes de servir.

Nutrición por ración: Calorías; 172 Kcal, Proteínas;6 g, Sodio;42 mg, Fósforo; 160 mg, Potasio; 297 mg.

25. Cuarenta y dos tortilla

1 ración

Tiempo de preparación: 15 min.

Ingredientes

- ❖ 2 cucharadas de agua
- ❖ 2 huevos
- ❖ 1/2 taza de relleno (carne, verduras, marisco)
- ❖ 1 cucharada de mantequilla sin sal

Cómo llegar

En un bol, batir los huevos y el agua hasta que estén bien mezclados. Calentar la mantequilla en una sartén antiadherente de 10 pulgadas a fuego medio hasta que se derrita y chisporrotee. Vierta la mezcla de huevo en la sartén y déjela reposar unos segundos hasta que los bordes empiecen a cuajar. Con una espátula, empuje suavemente las porciones cocidas hacia el centro e incline la sartén para que el huevo crudo fluya hacia los bordes. Repita la operación hasta que la parte superior esté casi cuajada. Si lo desea, añada el relleno que prefiera a un lado de la tortilla. Utilice 1/2 taza en total de carne, verduras o marisco cocido. Con una espátula, doble la tortilla por la mitad para cubrir el relleno. Coloque la tortilla en un plato, dándole la vuelta para que el lado doblado quede en la parte inferior. Sírvala caliente.

Nutrición por ración: Calorías; 255 Kcal, Proteínas; 13 g, Sodio; 145 mg, Fósforo; 195 mg, Fibra dietética; 2 g, Potasio; 122 mg.

26. Berrylicious Smoothie

2 raciones

Tiempo de preparación: 15 min.

Ingredientes

- ❖ 2/3 taza de tofu sedoso firme
- ❖ 1/4 taza de cóctel de zumo de arándanos
- ❖ 1/2 taza de arándanos congelados sin azúcar
- ❖ 1/2 taza de frambuesas congeladas sin azúcar
- ❖ 1/2 cucharadita de limonada en polvo
- ❖ 1 cucharadita de extracto de vainilla

Cómo llegar

Vierta el zumo en una batidora. Añada todos los ingredientes restantes. Licuar hasta obtener una mezcla homogénea. Sírvalo inmediatamente y ¡disfrútelo!

Nutrición por ración: Calorías; 115 Kcal, Proteínas;6 g, Sodio;14 mg, Fósforo; 80 mg, Fibra dietética; 1 g, Potasio; 223 mg.

27. Burritos Rápidos

4 raciones

Tiempo de preparación: 25 min.

Ingredientes

- ❖ 1 1/2 cucharadita de aceite de oliva o de canola
- ❖ 1/2 pimiento rojo cortado en dados
- ❖ 4 cebollas verdes cortadas finas (cebolletas)
- ❖ 8 huevos batidos
- ❖ 4 tortillas de maíz de 10 ó 15 cm (6 pulgadas)

Cómo llegar

Calentar el aceite en una sartén mediana a fuego lento. Añadir la cebolla verde picada y el pimiento rojo cortado en dados y cocinar durante unos 3 minutos, hasta que se ablanden. Añadir los huevos batidos y revolver durante unos 5 minutos o hasta que estén bien cocidos. Colocar las tortillas entre dos toallas de papel húmedas en un plato apto para microondas. Caliente las tortillas en el microondas durante unos 2 minutos. Vierte la mezcla de huevos revueltos en las tortillas calientes. Enrolla las tortillas y ¡a disfrutar! Para darle más sabor, espolvorea chile en polvo o añade un chorrito de salsa picante antes de enrollar las tortillas.

Nutrición por ración: Calorías; 232 Kcal, Proteínas; 14 g, Sodio; 152 mg, Fósforo; 207 mg, Fibra dietética; 6 g, Potasio; 211 mg.

Capítulo 9: Recetas de comida para la dieta renal

Eche un vistazo a nuestro menú de mediodía, que incluye una gran variedad de hamburguesas, ensaladas y otras sabrosas opciones. Si opta por una ensalada, considere la posibilidad de añadir un huevo duro, pero no se exceda con el aliño precocinado, ya que puede contener fuentes ocultas de fósforo. Para una alternativa más sana, prepare su propio aliño con vinagre o limón y aceite.

1. Ensalada de Fusilli con Pollo

4 raciones

Tiempo de preparación: 25 min.

Ingredientes

- ❖ Aderezo
  - ➢ 1/4 de taza de vinagre
  - ➢ 1/2 taza de aceite de oliva
  - ➢ ¼ cucharadita de albahaca
  - ➢ 1 cucharadita de azúcar
  - ➢ 1/2 cucharadita de pimienta blanca
- ❖ Ensalada
  - ➢ 225 g de pollo cocido frío cortado en dados
  - ➢ 3 tazas de pasta fusilli cocida
  - ➢ 1/2 taza de pimiento rojo picado
  - ➢ 1/2 taza de guisantes congelados descongelados
  - ➢ 1 zanahoria mediana (cortada en rodajas finas)
  - ➢ 2 tazas de lechuga en tiras
  - ➢ 1 taza de calabacines en rodajas

Cómo llegar

En un tarro, mezcle los ingredientes del aliño, cúbralo con una tapa y agítelo bien para mezclarlos. Enfríelo en el frigorífico durante al menos 2 horas. Agitar de nuevo antes de usar. En un bol grande, mezcla la pasta, los guisantes, el pollo, el calabacín, la zanahoria, el pimiento rojo y el aliño hasta que estén bien mezclados. Repartir la lechuga en 4 platos y cubrir cada uno con la mezcla de ensalada.

Nutrición por ración: Calorías; 477 kcal, Proteínas; 18 g, Sodio; 65 mg, Fósforo; 239 mg, Fibra dietética; 8 g, Potasio; 446 mg.

2. Stromboli de pollo y brócoli

4 raciones (1 ración = ¼ de Stromboli)

Tiempo de preparación: 40 min.

Ingredientes

- ❖ 2 tazas de brécoles frescos escaldados
- ❖ 450 g de masa de pizza
- ❖ 1 taza de queso mozzarella rallado bajo en sal
- ❖ 2 tazas de pechuga de pollo cocida cortada en dados
- ❖ 1 cucharada de orégano fresco picado
- ❖ 1 cucharada de ajo fresco picado
- ❖ 2 cucharadas de harina
- ❖ 1 cucharadita de pimiento rojo triturado
- ❖ 2 cucharadas de aceite de oliva

Cómo llegar

Precalentar el horno a 200°C (400°F). En un bol grande, mezcla el pollo, las hojuelas de pimiento rojo, el queso, el ajo, el orégano y el brócoli. Reservar. Enharine una superficie de trabajo limpia y extienda la masa en forma de rectángulo de aproximadamente 28 x 35 cm. Coloque la

mezcla de pollo en el centro de la masa, dejando un borde de 5 cm a cada lado. Enrolle bien la masa, apretando las costuras y los extremos para sellarla. Unte la parte superior de la masa con aceite de oliva y haga tres pequeñas hendiduras en la superficie. Coloque el rollo en una bandeja de horno ligeramente engrasada y hornéelo de 8 a 12 minutos o hasta que esté dorado. Deje enfriar el rollo de 3 a 5 minutos antes de cortarlo y servirlo.

Nutrición por ración: Calorías; 522 kcal, Proteínas; 38 g, Sodio; 607 mg, Fósforo; 400 mg, Fibra dietética; 2,9 g, Potasio; 546 mg.

3. Veggie Vindaloo con Naan

6 raciones (1 ración = 1 mini pan naan)

Tiempo de preparación: 30 min.

Ingredientes

- ❖ 2 chalotas picadas
- ❖ 2 cucharadas de aceite de ghee, canola o mostaza
- ❖ ¼ taza de calabacín picado en dados
- ❖ ¼ taza de berenjena picada y pelada
- ❖ ½ taza de pimientos verdes y rojos mezclados y cortados en dados
- ❖ ¼ taza de coliflor
- ❖ 2 cucharadas de zumo de lima fresco
- ❖ 1 taza de quinoa cocida
- ❖ ½ taza de queso fresco o paneer
- ❖ 4-6 mini panes naan
- ❖ 2 cucharadas de cilantro fresco picado
- ❖ Mezcla de condimentos:
  - ➢ ½ cucharadita de cúrcuma
  - ➢ 2 cucharaditas de curry en polvo
  - ➢ ¼ cucharadita de jengibre molido
  - ➢ ½ cucharadita de hojuelas de chile rojo molido
  - ➢ ½ cucharadita de comino molido
  - ➢ ¼ cucharadita de clavo molido
  - ➢ ¼ cucharadita de canela molida

Cómo llegar

Calentar el aceite en una sartén grande a fuego medio-alto. Añadir la berenjena, las chalotas, la coliflor, los pimientos mixtos y el calabacín y saltear durante 2-4 minutos hasta que las verduras estén ligeramente translúcidas pero todavía crujientes. Añadir una mezcla de condimentos a la sartén y batir hasta que estén bien combinados. Añada el zumo de lima, la quinoa cocida, el queso y el cilantro, y apague el fuego. El plato se puede servir caliente o frío. Para servir frío: enfriar el relleno y añadirlo uniformemente al pan naan. Para servir caliente: repartir la mezcla de verduras aleatoriamente sobre el pan naan caliente.

Nutrición por ración: Calorías; 306 kcal, Proteínas; 11 g, Sodio; 403 mg, Fósforo; 238 mg, Fibra dietética; 4,7 g, Potasio; 238 mg.

4. Pechugas de pollo asadas a las hierbas

4 raciones (1 ración = 4 oz.) (110 gr)

Tiempo de preparación: 20 min.

Ingredientes

- ❖ 1 cebolla mediana
- ❖ 450 g de pechugas de pollo deshuesadas y sin piel
- ❖ 2 cucharadas de mezcla de condimentos de hierbas y ajo
- ❖ 1-2 dientes de ajo
- ❖ ¼ taza de aceite de oliva
- ❖ 1 cucharadita de pimienta negra molida

Cómo llegar

Marinar:

- ➤ Picar finamente el ajo y la cebolla y colocarlos en una fuente grande. Añade el condimento, el aceite de oliva y la pimienta molida.
- ➤ Añada las pechugas de pollo a la marinada, cúbralas y refrigérelas durante al menos 4 horas o toda la noche.

Hornear:

- ➤ Precalentar el horno a 175°C (350°F).
- ➤ Forre una bandeja de horno con papel de aluminio y coloque las pechugas de pollo marinadas en ella.
- ➤ Vierta el adobo restante sobre las pechugas de pollo.
- ➤ Hornear el pollo durante unos 20 minutos a 175°C (350°F).
- ➤ A continuación, asar durante 5 minutos más hasta que el pollo esté dorado por encima.

Nutrición por ración: Calorías; 270 kcal, Proteínas; 26 g, Sodio; 53 mg, Fósforo; 252 mg, Fibra dietética; 0,6 g, Potasio; 491 mg.

5. Ensalada de primavera de orzo al limón

4 raciones (1 ración = 1 ½ taza)

Tiempo de preparación: 30 min.

Ingredientes

- ❖ ¼ taza de pimientos amarillos frescos cortados en dados
- ❖ ¼ de caja o ¾ de taza de pasta orzo
- ❖ 1 cucharadita de ralladura de limón
- ❖ ¼ taza de pimientos verdes frescos cortados en dados
- ❖ 2 tazas de calabacines frescos cortados en cubos medianos
- ❖ ¼ taza de pimientos rojos frescos cortados en dados
- ❖ 2 cucharadas de romero fresco picado
- ❖ 3 cucharadas de zumo de limón fresco
- ❖ ½ cucharadita de orégano seco
- ❖ ½ taza de cebolla roja o Vidalia fresca cortada en dados
- ❖ ¼ taza y 2 cucharadas de aceite de oliva
- ❖ ½ cucharadita de pimienta negra
- ❖ 3 cucharadas de queso parmesano rallado
- ❖ ½ cucharadita de hojuelas de pimiento rojo

Cómo llegar

Cocer la pasta orzo según las instrucciones del paquete. Escúrrala pero no la enjuague y déjela enfriar. En una sartén grande, saltear las cebollas, el calabacín y los pimientos en 2 cucharadas de aceite de oliva a fuego medio hasta que se ablanden y se doren ligeramente. En un bol grande, bata el zumo y la ralladura de limón, el resto del aceite de oliva, el romero, el queso, el orégano, la pimienta negra y las hojuelas de pimiento rojo. Añadir el orzo cocido

y las verduras salteadas al bol con el aliño y remover suavemente hasta que todo esté bien mezclado. Sirva la ensalada de orzo a temperatura ambiente o fría.

Nutrición por ración: Calorías; 330 kcal, Proteínas; 6 g, Sodio; 79 mg. Fósforo; 134 mg, Fibra dietética; 5 g, Potasio; 376 mg.

6. Hamburguesa de calabacín

4 raciones (1 ración = 1 hamburguesa)

Tiempo de preparación: 20 min.

Ingredientes

- ❖ 1 taza de calabacín rallado
- ❖ 450 g de carne picada de pavo
- ❖ 1 chile jalapeño picado y sin semillas (cortado a lo largo)
- ❖ ½ taza de cebolla picada
- ❖ 1 cucharadita extra de Spicy Blend
- ❖ 1 huevo 1 cucharadita de mostaza (opcional)
- ❖ 2 chiles poblanos frescos sin semillas (cortados por la mitad a lo largo)

Cómo llegar

En un bol, combinar todos los ingredientes y mezclar bien para formar una mezcla uniforme. Dividir la mezcla en 4 porciones iguales y darles forma de hamburguesas. Precalentar una parrilla o plancha eléctrica a fuego medio-alto. Si se desea, asar los pimientos junto a las hamburguesas hasta que la piel esté blanda y con ampollas. Asar las hamburguesas de pavo durante unos 5-6 minutos por cada lado o hasta que la temperatura interna alcance 165 °F y el centro ya no esté rosado. Sirva las hamburguesas en panes de hamburguesa y cubra cada hamburguesa con pimientos asados. ¡Que aproveche!

Nutrición por ración: Calorías; 211 kcal, Proteínas;25 g, Sodio; 128 mg, Fósforo; 280 mg, Fibra dietética; 1,6 g, Potasio; 475 mg

7. Ensalada fresca de pepino crujiente

4 raciones (1 ración = ½ taza)

Tiempo de preparación: 20 min.

Ingredientes

- ❖ 2 cucharadas de aliño para ensalada César o italiana
- ❖ 2 tazas de pepino fresco, cortado en rodajas de ¼ de pulgada (pelarlo es opcional)
- ❖ Pimienta negra molida (al gusto)

Cómo llegar

En un bol mediano con tapa, mezcla el aliño y los pepinos cortados. Cubra el bol con la tapa y agítelo bien para cubrir los pepinos con el aliño. Espolvoree un poco de pimienta negra recién molida por encima. Refrigere la ensalada de pepino durante al menos 30 minutos antes de servirla para que los sabores se mezclen. Sírvala bien fría.

Nutrición por ración: Calorías; 27 kcal, Proteínas; 0 g, Sodio; 74 mg, Fósforo; 14 mg, Fibra dietética; 0 g, Potasio; 90 mg.

8. Arroz frito con huevo

10 raciones (1 ración = ½ taza)

Tiempo de preparación: 30 min.

Ingredientes

- ❖ 2 huevos
- ❖ 2 cucharaditas de aceite de sésamo oscuro
- ❖ 1 cucharada de aceite de canola
- ❖ 2 claras de huevo
- ❖ ⅓ taza de cebollas de verdeo picadas
- ❖ ¼ cucharadita de pimienta negra molida
- ❖ 1 taza de brotes de soja
- ❖ 1 taza de guisantes congelados descongelados
- ❖ 4 tazas de arroz cocido en frío

Cómo llegar

En un bol pequeño, bata los huevos, el aceite de sésamo y las claras de huevo hasta que estén bien mezclados. Reservar. Calentar el aceite de canola en una sartén antiadherente ancha a fuego medio-alto. Añadir la mezcla de huevo a la sartén y saltear hasta que los huevos estén bien cocidos. Añadir las cebolletas y los brotes de soja a la sartén y saltear durante 2 minutos. Añadir los guisantes cocidos y el arroz a la sartén y seguir salteando hasta que estén bien calientes. Sazonar con pimienta negra molida al gusto. Sírvalo inmediatamente.

Nutrición por ración: Calorías; 137 kcal, Proteínas; 5 g, Sodio; 38 mg, Fósforo; 67 mg, Fibra dietética; 1,3 g, Potasio; 89 mg.

9. Dip de salmón ahumado y salado

12 raciones (1 ración = ¼ taza)

Tiempo de preparación: 30 min.

Ingredientes

- ❖ 450 g de salmón fresco deshuesado y sin piel (cortado en 4 trozos)
- ❖ 2 cucharaditas de pimentón ahumado
- ❖ 1 taza de queso crema
- ❖ ¼ taza de alcaparras
- ❖ Ralladura de medio limón (1 cucharadita) y ¼ de taza de zumo de limón
- ❖ 2 cucharaditas de cebolla roja finamente picada
- ❖ 1 cucharadita de pimienta negra molida
- ❖ 1 cucharada de perejil fresco picado

Cómo llegar

En una olla tapada a fuego medio-alto, escalfar el salmón en dos tazas de agua y 1 cucharadita de pimentón ahumado durante 4-6 minutos. No deje que hierva. Retírelo y déjelo enfriar unos 30 minutos. En un bol, mezclar todos los demás ingredientes hasta obtener una mezcla homogénea. Parta el salmón en trozos del tamaño de un bocado e incorpórelos suavemente a la mezcla de queso crema. Enfríe la salsa de salmón en el frigorífico durante 20-30

minutos. Sírvalo con palitos de zanahoria y apio, chips de maíz o envuelto en una hoja de lechuga iceberg.

Nutrición por ración: Calorías; 133 kcal, Proteínas;10 g, Sodio; 147 mg, Fósforo; 110 mg, Fibra dietética; 0 mg, Potasio; 259 mg.

10. Vinagreta de jengibre y lima y ensalada de guisantes

6 raciones (1 ración = ½ taza)

Tiempo de preparación: 15 min.

Ingredientes

- ❖ 1 taza de guisantes dulces descongelados o frescos congelados
- ❖ 1 taza de tirabeques
- ❖ 1 taza de guisantes
- ❖ Vinagreta:
  - ➢ ¼ taza de zumo de lima, fresco
  - ➢ 1 cucharadita de salsa de soja reducida en sodio
  - ➢ 2 cucharaditas de jengibre fresco picado
  - ➢ 1 cucharada de semillas de sésamo
  - ➢ 1 cucharadita de ralladura de lima fresca
  - ➢ 1 cucharada de aceite de sésamo picante
  - ➢ ½ taza de aceite de canola

Cómo llegar

Calentar una sartén a fuego medio y tostar suavemente las semillas de sésamo, dándoles la vuelta continuamente durante unos 3-5 minutos hasta que se doren. Reservar. Poner una olla grande con agua a hervir a fuego fuerte. Añadir los tres tipos de guisantes y escaldarlos durante 2 minutos. Escúrralos y aclárelos con agua fría. Páselos a un colador y sacuda el exceso de agua. En un bol pequeño, bata la pimienta negra, la salsa de soja, la ralladura de lima y el zumo de lima hasta que se mezclen bien durante 1-2 minutos. Siga batiendo, añada el jengibre y, a continuación, vierta poco a poco el aceite de semilla de uva o de canola. Añadir el aceite de sésamo y batir hasta que esté bien mezclado. En un bol grande, mezcle la mezcla de guisantes y el aliño de ensalada. Añada las semillas de sésamo y pimienta negra al gusto. Servir inmediatamente.

Nutrición por ración: Calorías; 225 kcal, Proteínas; 3 g, Sodio;70 mg, Fósforo; 40 mg, Fibra dietética; 1,8 g, Potasio; 117 mg.

11. Taco de ternera desmenuzado

Tiempo de preparación 30 min | Raciones: 2

Ingredientes

- ❖ 900 g de bistec de falda
- ❖ 1 cucharada de aceite de oliva
- ❖ 1 cebolla blanca o amarilla cortada
- ❖ 2 dientes de ajo machacados
- ❖ sal y pimienta, al gusto
- ❖ 1 cucharadita de comino molido
- ❖ 1/2 cucharadita de estofado en polvo
- ❖ 1/4 de taza de salsa Verde
- ❖ 1/4 taza de caldo de pollo
- ❖ 1 cucharada de pasta de tomate

- ❖ 1/8 cucharadita de pimienta de cayena (opcional para el picante)

Cómo llegar

Enciende la olla Instant Pot y ponla en modo "saltear". Añade aceite al fondo de la olla y, una vez caliente, sofríe las cebollas con una pizca de sal y pimienta hasta que estén blandas, durante unos 5 minutos. Añadir el ajo y cortar la arrachera en trozos más pequeños (unos 15 cm) y salpimentar bien. Mientras sigue en la función "rehogar", añade el filete y dóralo por cada lado durante 2-3 minutos. Añade la salsa Verde, el caldo, el chile en polvo, el comino y la pasta de tomate. Usa utensilios para revolver y combinar bien. Pulse el botón "Mantener caliente". Pulsa el botón "Manual" y ajusta el temporizador a 45 minutos a alta presión. Una vez transcurrido el tiempo, gire con cuidado la válvula de liberación de presión de sellado a ventilación para liberar rápidamente la presión. Utiliza utensilios para transferir la carne a una tabla de cortar y desmenúzala utilizando dos tenedores. Deseche todo excepto 1/4 de taza del líquido sobrante de la olla instantánea. Vuelva a colocar la carne desmenuzada en la olla instantánea y mézclala con el líquido restante hasta que se absorba por completo. Sírvelo en ensalada de taco, en tacos, en nachos, relleno en pimientos, ¡o como más te guste! ¡Que aproveche!

12. Hamburguesa de lima y jalapeño y mozzarella ahumada

8 raciones (1 ración = 1 hamburguesa)

Tiempo de preparación: 30 min.

Ingredientes

- ❖ ralladura de 1 lima y zumo de 2 limas
- ❖ 2 cucharadas de jalapeño picado
- ❖ 1 cucharada de salsa Worcestershire (reducida en sodio)
- ❖ 1 cucharada de pimienta negra molida, fresca
- ❖ 8 lonchas de queso mozzarella y leche desnatada
- ❖ 4 cucharadas de aceite de oliva
- ❖ 8 panes de hamburguesa tostados
- ❖ 900 g de pavo picado

Cómo llegar

En un bol mediano, mezcle los ingredientes con 2 cucharaditas de aceite de oliva. Forme 8 hamburguesas de pavo del mismo tamaño y úntelas ligeramente con otras 2 cucharaditas de aceite de oliva. Caliente la mitad del aceite de canola en una sartén antiadherente grande a fuego medio-alto. Añada las hamburguesas de pavo a la sartén y cocínelas durante 5-7 minutos por cada lado, dándoles la vuelta una vez, o hasta que alcancen una temperatura interna de 165 °F medida con un termómetro de lectura instantánea. Una vez que las hamburguesas estén bien cocidas, espolvoree aproximadamente 2 cucharadas de queso sobre cada hamburguesa y colóquelas en un horno a la parrilla o en un horno tostador para derretir el queso. Sirva cada hamburguesa de pavo en un panecillo tostado.

Nutrición por ración: Calorías; 407 kcal, Proteínas; 32 g, Sodio; 435 mg, Fósforo; 399 mg, Fibra dietética; 0,9 g, Potasio; 378 mg.

13. Ensalada crujiente de quinoa

8 raciones (1 ración = ½ taza)

Tiempo de preparación: 35 min.

Ingredientes

- ❖ 1 taza de quinoa (enjuagada)
- ❖ 2 tazas de agua
- ❖ 5 tomates cherry cortados en dados
- ❖ ¼ taza de queso parmesano rallado
- ❖ ½ taza de pepinos cortados en dados y sin pepitas
- ❖ 3 cebollas verdes picadas
- ❖ ¼ taza de menta fresca picada
- ❖ 4 cucharadas de aceite de oliva
- ❖ ½ taza de perejil de hoja plana picado
- ❖ 2 cucharadas de zumo de limón fresco
- ❖ 1 cucharada de ralladura de limón
- ❖ ½ cabeza de lechuga Bibb o Boston (separada en tazas)

Cómo llegar

Enjuagar la quinoa bajo el grifo hasta que el agua salga clara y escurrirla bien. Coloca la quinoa en una sartén a fuego medio-alto y tuéstala durante 2 minutos, removiendo de vez en cuando. Añade 2 tazas de agua y llévala a ebullición. Reduce el fuego a bajo, tapa la cacerola y cuece durante 8-10 minutos. Retirar del fuego y dejar reposar 5 minutos antes de esponjar con un tenedor. En un bol aparte, mezcle el zumo de limón, las hierbas, el aceite de oliva y la ralladura con las cebollas, los tomates y los pepinos. Añada la quinoa enfriada a la mezcla y remuévala bien. Vierta la mezcla de ensalada de quinoa en tazas de lechuga y espolvoree queso parmesano por encima.

Nutrición por ración: Calorías; 158 kcal, Proteínas; 5 g, Sodio;46 mg, Fósforo; 129 mg, Fibra dietética; 2,3 g, Potasio; 237 mg.

14. Ensalada de naranja y sándwich de pollo

6 raciones

Tiempo de preparación: 30 min.

Ingredientes

- ❖ 1/2 taza de apio cortado en dados
- ❖ 1 taza de pollo cocido picado
- ❖ 1/4 taza de cebolla cortada en rodajas finas
- ❖ 1/2 taza de pimiento verde picado
- ❖ 1/3 taza de mayonesa
- ❖ 1 taza de naranjas mandarinas

Cómo llegar

En un bol, mezclar el apio, el pollo, la cebolla y el pimiento verde. Añada la mayonesa y las mandarinas al bol. Mezcle suavemente todos los ingredientes hasta que se distribuyan uniformemente. Servir la mezcla sobre pan o como se desee.

Nutrición por ración: Calorías; 162 kcal, Proteínas;12 g, Sodio; 93 mg, Fósforo; 106 mg, Potasio; 241 mg

15. Asado de cerdo con arándanos

12 raciones (1 ración = 4 oz.)

Tiempo de preparación: 50 min.

Ingredientes

- ❖ ½ cucharadita de sal
- ❖ 4 lb. (1,8 kg) de asado de cerdo, corte central
- ❖ 1 taza de arándanos picados
- ❖ ⅛ cucharadita de nuez moscada
- ❖ 1 cucharadita de pimienta negra
- ❖ ¼ taza de miel
- ❖ 1 cucharada de azúcar moreno
- ❖ ⅛ cucharadita de clavo molido
- ❖ 1 cucharadita de cáscara de naranja rallada

Cómo llegar

Salpimienta el asado de cerdo y colócalo en una olla de cocción lenta. Añada los ingredientes restantes a la olla, vertiéndolos sobre el asado. Tapa la olla de cocción lenta y cocina a fuego lento durante 8-10 horas. Una vez cocido, saque el asado de cerdo de la olla y córtelo en 24 trozos. Rocíe un poco del jugo de cocción sobre los trozos de cerdo antes de servir.

Nutrición por ración: Calorías; 287 kcal, Proteínas;30 g, Sodio; 190 mg, Fósforo; 240 mg, Fibra dietética; 0,4 g, Potasio; 406 mg.

16. Ensalada fría de fideos con verduras y gambas

10 raciones (1 ración = 1 3/4 de taza)

Tiempo de preparación: 30 min.

Ingredientes

- ❖ 4 tazas de gambas cocidas, peladas y desvenadas, sin las colas y cortadas por la mitad; o un paquete de 400 g de gambas cocidas para ensalada
- ❖ 450 g de fideos espagueti secos, cocidos según las instrucciones del paquete y enfriados (no enjuagar)
- ❖ 2 tazas de ramilletes de brécol fresco
- ❖ 1 taza de cebolletas frescas, cortadas en diagonal
- ❖ 2 tazas de setas shiitake frescas, picadas
- ❖ 2 cucharadas de aceite de sésamo
- ❖ 1 taza de zanahorias frescas ralladas
- ❖ 1/2 taza de vinagre de vino de arroz
- ❖ 2 cucharaditas de aceite de chile
- ❖ 1 cucharada de jengibre fresco picado
- ❖ 2 cucharadas de ajo fresco picado
- ❖ 1/4 de taza de zumo de lima (de 2 limas) y ralladura de 1 lima (1 cucharada)
- ❖ 1/4 de taza de sucedáneo de salsa de soja bajo en sodio

Bajo en sodio; sustituto de la salsa de soja (1 taza):

- ❖ 1 cucharadita de salsa de soja baja en sodio
- ❖ 4 cucharaditas de base de pollo baja en sodio Better Than Bouillon
- ❖ 2 cucharaditas de melaza oscura
- ❖ 4 cucharaditas de vinagre balsámico
- ❖ ¼ cucharadita de pimienta blanca
- ❖ ¼ cucharadita de jengibre molido
- ❖ 1½ tazas de agua

- ❖ ¼ cucharadita de ajo en polvo

Cómo llegar

En un cazo pequeño, mezclar los ingredientes del sucedáneo de la salsa de soja. Calentar la mezcla a fuego medio, removiendo de vez en cuando, hasta que espese y se reduzca a aproximadamente 1 taza. Guarde la salsa restante en el frigorífico. En un bol grande, mezclar la pasta y los demás ingredientes. En una batidora, mezcle bien el resto de ingredientes durante aproximadamente 1 minuto. Vierta la mezcla de aderezo sobre la mezcla de pasta y revuelva hasta que esté bien cubierta. Sirva y disfrute.

Nutrición por ración: Calorías; 254 kcal, Proteínas;13 g, Sodio; 433 mg, Fósforo; 229 mg, Fibra dietética; 3 g, Potasio; 325 mg.

17. Queso con Macarrones Bajos en Sal

4 raciones

Tiempo de preparación: 15 min.

Ingredientes

- ❖ 2 a 3 tazas de agua hirviendo
- ❖ 2 tazas de fideos
- ❖ 1 cucharadita de mantequilla o margarina sin sal
- ❖ 1/2 taza de queso cheddar rallado
- ❖ 1/4 cucharadita de mostaza seca,

Cómo llegar

En una olla, ponga agua a hervir. Añade los fideos y cuécelos durante 5-7 minutos o hasta que estén blandos. Escurrir los fideos y devolverlos a la olla. Mientras los fideos están calientes, añadir la mantequilla o margarina y remover hasta que se derrita. Añadir el queso rallado y la mostaza seca, y remover hasta que el queso se funda y los ingredientes estén bien combinados. Opcional: Para darle un toque crujiente, pasar la mezcla a una fuente de horno y hornear durante 10-15 minutos a 350°F o hasta que la superficie esté dorada. Sirva y disfrute.

Nutrición por ración: Calorías; 163 kcal, Proteínas; 6 g, Sodio; 114 mg, Fósforo; 138 mg, Fibra dietética; 3 g, Potasio; 39 mg.

18. Ensalada italiana de berenjenas

4 raciones

Tiempo de preparación: 20 min.

Ingredientes

- ❖ 1 cebolla pequeña picada
- ❖ 1 tomate mediano picado
- ❖ 3 tazas de berenjena cortada en dados
- ❖ 1 diente de ajo picado
- ❖ 2 cucharadas de vinagre de vino blanco
- ❖ 1/4 cucharadita de pimienta negra
- ❖ 1/2 cucharadita de orégano
- ❖ 3 cucharadas de aceite de oliva

Cómo llegar

En una cacerola, poner agua a hervir. Añada las berenjenas cortadas en dados y reduzca el fuego a fuego lento. Tapar y cocer durante unos 10 minutos hasta que estén tiernas. Escúrralas y enjuáguelas. En una fuente de cristal, mezclar las berenjenas cocidas y las cebollas cortadas. En un bol pequeño, mezcle el ajo, la pimienta negra y el vinagre. Verter la mezcla sobre las berenjenas y las cebollas y remover para cubrirlas. Justo antes de servir, añada el aceite de oliva.

Nutrición por ración: Calorías; 69 kcal, Proteínas;1 g, Sodio;2 mg, Fósforo; 15 mg, Potasio; 118 mg

19. Tacos de pescado en lata

2 raciones

Tiempo de preparación: 20 min.

Ingredientes

* ❖ 2 cucharaditas de aceite
* ❖ 2 cucharadas de cebolla picada
* ❖ 1/2 taza de maíz congelado o enlatado
* ❖ 1 lata de atún enjuagado y escurrido
* ❖ 1/2 cucharadita de chile en polvo
* ❖ 1/4 taza de tomates enlatados cortados en dados (sin sal añadida)
* ❖ 4 tortillas de maíz

Cómo llegar

Calentar el aceite en una sartén a fuego medio. Añadir la cebolla picada y cocinar hasta que esté transparente. Añade a la sartén el maíz, el atún, el chile en polvo y los tomates cortados en dados. Cocine de 3 a 5 minutos hasta que todo esté bien caliente. Servir con tortillas calientes y cualquier aderezo deseado (lechuga, crema agria, salsa picante). Si utiliza pollo o salmón en conserva, puede sustituir el atún. Si no tiene cebolla fresca, puede utilizar 1/2 cucharadita de cebolla en polvo en su lugar.

Nutrición por ración: Calorías; 215,8 kcal, Proteínas; 12 g, Sodio; 477 mg, Fósforo; 5,7 mg, Fibra dietética; 1,5 g, Potasio; 121 mg.

20. Pasta con lazo y pollo

6 raciones

Tiempo de preparación: 25min.

Ingredientes

* ❖ 225 g de pechuga de pollo
* ❖ 3 tazas de pasta para pajaritas, cocida
* ❖ 1/4 taza de aceite de oliva
* ❖ 2 dientes de ajo
* ❖ 1/2 taza de cebollas verdes picadas
* ❖ 1-1/2 tazas de brécol congelado y picado
* ❖ 1 cucharadita de albahaca molida
* ❖ 1 taza de pimiento rojo picado
* ❖ 1 taza de caldo de pollo bajo en sodio o casero sin sal
* ❖ 3/4 de taza de vino blanco
* ❖ 1/4 cucharadita de pimienta de cayena

Cómo llegar

Calentar el aceite en una sartén grande a fuego medio. Añadir el ajo y saltear hasta que esté fragante. Añada las tiras de pechuga de pollo y dórelas unos minutos. Vierta el resto de los ingredientes y déjelo cocer a fuego lento durante 15 minutos. Remueva de vez en cuando. Servir caliente con pasta de pajarita cocida.

Nutrición por ración: Calorías; 258 kcal, Proteínas; 13 g, Sodio; 50 mg, Fósforo; 173 mg, Fibra dietética; 5 g, Potasio; 338 mg.

21. Tilapia al horno con verduras asadas

Tiempo Activo: 15 Mins | Tiempo Total: 30 Mins | Rinde: 4 porciones (tamaño de la porción: 1 filete y aproximadamente 1 taza de verduras)

Ingredientes

* ❖ 1 cucharada de pasta para untar
* ❖ 1 diente de ajo, picado
* ❖ 2 onzas de pan integral de masa madre,
* ❖ 65 g de harina común finamente molida (aproximadamente 1/2 taza)
* ❖ 1 huevo, batido suavemente 4 filetes de tilapia de 110-170 gr. (6 onzas)
* ❖ 3/1 de cucharadita de sal kosher, aislada
* ❖ 1/2 cucharadita de pimienta negra recién molida, partida 1/2 cucharada de aceite de oliva
* ❖ 1 paquete de 340 g de brócoli nuevo envasado al vapor
* ❖ 2 zanahorias medianas, peladas y cortadas en diagonal Salpicón de cocina 1 limón, cortado en gajos

Instrucciones:

Precalentar el horno a 400°F y forrar una bandeja para hornear con papel pergamino. En una sartén a fuego medio-alto, derrita la mantequilla. Añadir el ajo picado y cocinar durante 30 segundos. Añadir el pan rallado y cocinar durante 5 minutos o hasta que se dore. Preparar 3 platos llanos: uno para la harina, otro para el huevo (batido) y otro para la mezcla de pan rallado. Sazone los filetes de tilapia con 1/2 cucharadita de sal y 1/4 de cucharadita de pimienta negra. Rebozar cada filete en la harina, pasarlos por el huevo batido y rebozarlos con la mezcla de pan rallado. En un bol, mezcle el brócoli, las zanahorias, el 1/4 de cucharadita restante de sal, el 1/4 de cucharadita restante de pimienta negra y el aceite de oliva. Distribuya la mezcla uniformemente en la bandeja para hornear preparada y coloque encima los filetes de tilapia recubiertos. Hornee durante 15 minutos o hasta que el pescado esté bien cocido y las verduras estén tiernas. Servir con gajos de limón.

22. Sartén de pasta con pollo

Preparación/Tiempo total: 30 min. | Rinde: 2 porciones

Ingredientes

* ❖ 170 g de espaguetis integrales sin cocer
* ❖ 2 cucharaditas de aceite de canola
* ❖ 1 manojo (280 g) de guisantes tiernos, cortados en tiras finas
* ❖ 2 tazas de zanahorias cortadas en juliana (unas 8 onzas)
* ❖ 2 tazas de pollo cocido desmenuzado
* ❖ 1 taza de salsa de nueces tailandesa

- 1 pepino mediano, partido a lo largo, cultivado y cortado oblicuamente
- Cilantro nuevo picado, a discreción

Cómo llegar

Cocer los espaguetis según las instrucciones del paquete; escurrirlos. Mientras tanto, en una sartén grande, calentar el aceite a fuego medio-alto. Añadir los guisantes y las zanahorias y saltear durante 6-8 minutos o hasta que estén tiernos y crujientes. Añada el pollo cocido y la salsa de cacahuete a la sartén. Remover para mezclar. Añada los espaguetis cocidos a la sartén y mézclelos con las verduras y la salsa. Póngalos en un plato. Cubra con rodajas de pepino y, si lo desea, cilantro fresco. Consejo sobre salud: Aunque mucha gente asocia las frutas con la vitamina C, los guisantes tirabeques también son una gran fuente de este nutriente antioxidante.

23. Pollo crujiente al limón y hierbas

4 raciones (1 ración = 3 onzas)

Tiempo de preparación: 30 min.

Ingredientes

- 4 cucharadas de mantequilla fría sin sal
- 6 filetes de pollo de 55 g
- Ralladura de 1 limón o ¼ de taza de zumo de limón
- ½ taza de pan rallado (panko)
- 1 cucharada de orégano fresco picado
- 3 cucharadas de agua (2 cucharadas para terminar la salsa y 1 cucharada para el baño de huevo)
- 1 yema de huevo
- 1 cucharada de tomillo fresco picado
- 1 cucharada de albahaca fresca picada

Cómo llegar

Precalentar 2 cucharadas de mantequilla a fuego medio-bajo en una sartén. En un bol, mezcle la mitad de las hierbas y la ralladura de 1 limón con el pan rallado, y reserve las hierbas restantes para la salsa de limón. En otro bol, bata 1 yema de huevo y 1 cucharada de agua. Coloque los filetes de pollo entre 2 hojas de envoltorio de plástico y aplástelos hasta que queden finos y sin rasgaduras, utilizando el lado estriado pequeño de un mazo. Sumerja los filetes de pollo en la mezcla de huevo y, a continuación, páselos por el pan rallado con hierbas. Resérvelos. Precaliente otras 2 cucharadas de mantequilla a fuego medio en la misma sartén. Añada los filetes de pollo empanados a la sartén y cocínelos durante 2-3 minutos por cada lado hasta que estén dorados. Retire el pollo de la sartén y colóquelo en una bandeja para hornear. Añadir el zumo de limón y las hierbas restantes a la misma sartén y calentar hasta que hierva a fuego lento. Apague el fuego y añada las 2 cucharadas de mantequilla restantes para hacer la salsa de limón. Corte los filetes de pollo en rodajas y colóquelos en un plato. Vierta la salsa de limón sobre el pollo y adorne con más hierbas y gajos de limón, si lo desea.

Nutrición por ración: Calorías; 277 kcal, Proteínas;22 g, Sodio; 141 mg, Fósforo; 226 mg, Fibra dietética; 0,9 g, Potasio; 347 mg

24. Ensalada de pollo al curry

8 raciones

Tiempo de preparación: 20 min.

Ingredientes

- 1/2 taza de pasas
- 1 cucharadita de curry en polvo
- 3/4 de taza o 1 1/2 taza de crema agria ligera o mayonesa
- 2 tazas de pollo o pavo cocido
- 1/2 taza de chutney de mango reducido en sodio (como Major Grey)
- 3 tallos de apio picados 1/2 taza de frutos secos (avellanas, anacardos, almendras fileteadas o pacanas)
- 4 cebollas verdes picadas

Cómo llegar

En un bol pequeño, mezcle el curry en polvo, el chutney y la mayonesa para hacer el aliño. En un bol grande, mezclar las cebollas de verdeo, el pollo, las nueces, el apio y las pasas. Remover para mezclar. Vierta el aliño sobre la mezcla de pollo y remueva hasta que todo quede bien cubierto. Cubra el bol y póngalo a enfriar en el frigorífico durante al menos 30 minutos, o toda la noche para que tenga más sabor.

Nutrición por ración: Calorías; 304 kcal, Proteínas; 21 g, Sodio; 231 mg, Fósforo; 65 mg, Potasio; 361 mg.

25. Ensalada de arroz con manzana

4 raciones

Tiempo de preparación: 30 min.

Ingredientes

- 1 cucharada de aceite de oliva
- 2 cucharadas de vinagre balsámico
- 2 cucharaditas de mostaza de Dijon o marrón
- 2 cucharaditas de miel
- 1/4 cucharadita de ajo en polvo
- 1 cucharada de piel de naranja finamente rallada
- 2 tazas de manzanas troceadas (unas 2 medianas)
- 2 tazas de arroz cocido (frío)
- 2 cucharadas de pipas de girasol sin cáscara y sin sal
- 1 taza de apio cortado en rodajas finas

Cómo llegar

Mezcle el aceite de oliva, el vinagre, la mostaza, la miel, el ajo en polvo y la piel de naranja en un bol pequeño. Mezclar bien y reservar. En un bol grande, mezcle el apio, las manzanas, el arroz, las semillas de girasol y el aceite de girasol. Después de mezclarlos bien, remuévalos. Mezclar la mezcla de ensalada de arroz con el aliño hasta que esté bien sazonada. Sírvala inmediatamente o cúbrala y refrigérela hasta 24 horas.

Nutrición por ración: Calorías; 238 kcal, Proteínas; 4 g, Sodio;227 mg, Fósforo; 82 mg, Fibra dietética; 3 g, Potasio; 238 mg

26. Pollo al limón cocinado a fuego lento

4 raciones (1 ración = 4 oz.)

Tiempo de preparación: 20 min.

Ingredientes

* ❖ ¼ cucharadita de pimienta negra molida
* ❖ 1 cucharadita de orégano seco
* ❖ 450 g de pechuga de pollo deshuesada y sin piel
* ❖ 2 cucharadas de mantequilla sin sal
* ❖ 1 cucharadita de albahaca fresca picada
* ❖ ¼ taza de agua
* ❖ ¼ taza de caldo de pollo bajo en sodio
* ❖ 2 dientes de ajo picados
* ❖ 1 cucharada de zumo de limón

Cómo llegar

Mezclar el orégano y la pimienta negra en un bol pequeño. Frote la mezcla sobre el pollo. Derretir la mantequilla a fuego medio en una sartén mediana. Dorar el pollo en la mantequilla derretida antes de transferirlo a una olla de cocción lenta. En una sartén, combina el agua, el caldo de pollo, el ajo, el zumo de limón y el ajo. Llévelo a ebullición para que suelte los trozos dorados de la sartén. Ponlo encima del pollo. Tapar la olla de cocción lenta y programar 5 horas a fuego lento o 2 12 horas a fuego máximo. El pollo debe untarse con la albahaca combinada. Cocina el pollo tapado durante 15-30 minutos, o hasta que esté tierno.

Nutrición por ración: Calorías; 197 kcal, Proteínas;26 g, Sodio; 57 mg, Fósforo; 251 mg, Fibra dietética; 0,3 g, Potasio; 412 mg

27. Nachos con Kimchi

Tiempo Activo: 15 Mins | Tiempo Total: 20 Mins | Rinde: 6 porciones

Ingredientes

* ❖ 12 onzas de tortilla chips
* ❖ 2 cucharaditas de aceite de sésamo
* ❖ 12 onzas de carne picada de cerdo
* ❖ 2 cucharadas de chalota picada
* ❖ 2 dientes de ajo picados
* ❖ 1 cucharadita de jengibre fresco rallado
* ❖ 1 1/2 cucharaditas de salsa de pescado
* ❖ 1 taza de kimchi, escurrido y cortado en rodajas finas
* ❖ 5 cucharadas de yogur griego natural de leche entera
* ❖ 2 cucharaditas de salsa de chile Sriracha
* ❖ 2 cucharaditas de agua
* ❖ 1 cucharadita de vinagre de arroz sazonado
* ❖ 1/2 cucharadita de azúcar
* ❖ 1/4 cucharadita de sal kosher
* ❖ 1/4 cucharadita de pimienta negra recién molida
* ❖ 1/2 taza de cebolla tierna cortada en rodajas finas
* ❖ 1/4 taza de rábano sandía cortado en rodajas finas

Cómo llegar:

Distribuya los chips de tortilla uniformemente en un molde de media hoja. Colocar en un lugar seguro. En una sartén antiadherente grande a fuego medio, caliente el aceite. Cocine de 3 a 4 minutos, rompiendo la carne de cerdo con una cuchara de madera a medida que se cocina, añadiendo la chalota y la carne de cerdo. Cocine de 2 a 3 minutos,

hasta que la carne de cerdo esté dorada y el ajo aromático, después de añadir el ajo, el jengibre y la salsa de pescado. Saque la carne de cerdo del recipiente con una cuchara abierta y distribúyala uniformemente sobre las patatas fritas. Distribuya el kimchi uniformemente sobre el cerdo. Mezcle bien el yogur griego, la Sriracha, el agua, el vinagre, el azúcar, la sal y la pimienta en un bol pequeño. Distribuya la mezcla de yogur uniformemente sobre los nachos. Añadir la cebolla verde y el rábano sandía por encima.

28. Ensalada de orzo

8 raciones (1 ración = ½ taza)

Tiempo de preparación: 20 min.

Ingredientes

* ❖ 1 taza de arándanos secos
* ❖ 4 tazas de orzo cocido refrigerado (orzo seco, aproximadamente 1 2/3 tazas)
* ❖ ¼ taza de aceite de oliva virgen extra
* ❖ 2 tazas de manzana fresca cortada en dados
* ❖ ¼ taza de almendras blanqueadas picadas
* ❖ ½ cucharadita de pimienta negra recién molida
* ❖ ¼ taza de zumo de limón fresco
* ❖ ½ taza de queso azul desmenuzado
* ❖ 2 cucharadas de albahaca fresca picada

Cómo llegar

En un bol mediano, añadir todos los ingredientes (excepto el queso azul y las almendras) y remover suavemente hasta que se mezclen. Transfiera la mezcla a un plato de servir, cubra con almendras, cubra con queso azul desmenuzado y luego sirva.

Nutrición por ración: Calorías; 289 kcal, Proteínas;6 g, Sodio;100 mg, Fósforo; 94 mg, Fibra dietética; 3 g, Potasio; 127 mg

29. Sopa de cebada y ternera

10 raciones

Tiempo de preparación: 30 min.

Ingredientes

* ❖ 2 libras de carne de vacuno para estofado (cortada en dados de 2,5 cm)
* ❖ 1/2 cucharadita de pimienta negra
* ❖ 1 taza de cebolla picada
* ❖ 1/4 taza de aceite vegetal (dividido)
* ❖ 2 zanahorias cortadas en dados
* ❖ 1/2 taza de champiñones laminados
* ❖ 1/4 cucharadita de tomillo seco
* ❖ 1/2 cucharadita de ajo picado
* ❖ 3 tazas de agua
* ❖ 1/2 taza de cebada
* ❖ 1 lata (410 gr) de caldo de pollo bajo en sodio
* ❖ 2 patatas cortadas en dados y remojadas
* ❖ 1 paquete congelado (450 g) de verduras

Cómo llegar

Carne de vacuno sazonada con pimienta. En una cazuela, añadir 2 cucharaditas de aceite y rehogar durante 5 minutos. Añadir 2 cucharaditas más de aceite junto con algunas zanahorias, cebollas y champiñones. Durante 5 minutos, remover a menudo mientras se saltean. Durante 3 minutos, añadir el ajo y el tomillo. Se añaden a la olla el agua y el caldo de pollo. Añadir las patatas, las verduras y la cebada mezclada. Mezclar y llevar a ebullición. Tapar, bajar el fuego y cocer a fuego lento durante una hora u hora y media.

Nutrición por ración: Calorías; 270 kcal, Proteínas; 23 g, Sodio; 105 mg, Fósforo; 250 mg, Fibra dietética; 10 g, Potasio; 678 mg.

30. Cazuela verde

6 raciones (1 ración = 3 oz.)

Tiempo de preparación: 30 min.

Ingredientes

- ❖ 2 cucharadas de salsa picante
- ❖ 340 g de judías verdes en rama, frescas
- ❖ ½ taza de chips de tortilla triturados, sin sal
- ❖ 2 cucharadas de mantequilla derretida sin sal
- ❖ ¼ taza de queso cheddar afilado o gorgonzola desmenuzado o rallado
- ❖ 2 cucharadas de cebollas de verdeo picadas
- ❖ ½ taza de pan rallado

Cómo llegar

Precalentar el horno a 375 grados F. Cortar las judías verdes en trozos de 2" (cocer al vapor en un plato apto para microondas durante 5-7 minutos, con una toalla de papel húmeda y empapada). Mezcle la salsa picante con las judías verdes cortadas. Vierta la mezcla en la cazuela. En un bol pequeño, mezcle el resto de ingredientes. Esparza la mezcla uniformemente sobre las judías verdes en ristra y, a continuación, hornee sin tapar; la cazuela de judías verdes en el horno durante 12-15 minutos o hasta que estén crujientes y, a continuación, sírvalas.

Nutrición por ración: Calorías; 122 kcal, Proteínas;4 g, Sodio;221 mg, Fósforo; 49 mg, Fibra dietética; 2,4 g, Potasio; 219 mg

31. Ensalada Waldorf de pollo

4 raciones (tamaño de la ración: 3/4 de taza)

Tiempo de preparación: 20 min.

Ingredientes

- ❖ 225 g de pollo o pavo cocido cortado en dados
- ❖ 1/2 taza de manzana picada
- ❖ 1/2 taza de apio picado
- ❖ 2 cucharadas de pasas
- ❖ 1/2 cucharada de jengibre molido
- ❖ 1/2 taza de Miracle Whip

Cómo llegar

Los componentes deben combinarse bien. Para que los sabores se mezclen, se recomienda guardarlo en el frigorífico durante algún tiempo.

Nutrición por ración: Calorías; 224 kcals, Proteínas; 14 g, Sodio; 233 mg, Fósforo; 129 mg, Fibra dietética; 0,7 g, Potasio; 234 mg.

32. Caviar vaquero Ensalada de judías con arroz

6 raciones

Tiempo de preparación: 40 min.

Ingredientes

- ❖ 3 tazas de arroz cocido
- ❖ 1/2 taza de maíz cocido, congelado o fresco
- ❖ 1/2 taza de aceite de canola o de oliva
- ❖ 1/4 de taza de zumo de lima
- ❖ 1 cucharada de mostaza de Dijon
- ❖ 2 cucharadas de azúcar moreno
- ❖ 1/2 taza de pimiento rojo cortado en dados
- ❖ 1/2 taza de cilantro picado
- ❖ 1/2 cucharadita de pimienta negra
- ❖ 1 jalapeño sin semillas y picado
- ❖ 1/2 taza de frijoles negros enlatados, enjuagados y escurridos, bajos en sodio

Cómo llegar

Se prepara el arroz y el maíz y se deja enfriar. Para hacer el aliño, bata el zumo de lima, el azúcar moreno, el aceite, la pimienta negra y la mostaza. En un bol grande, mezcle todos los ingredientes adicionales. Vierta el aliño sobre la ensalada, mezcle y deje enfriar durante una hora en el frigorífico.

Nutrición por ración: Calorías; 237 kcal, Proteínas;4 g, Sodio;101 mg, Fósforo; 40 mg, Potasio; 195 mg.

33. Asado bávaro

12 raciones (1 ración = 4 oz.)

Tiempo de preparación: 45 min.

Ingredientes

- ❖ 1 cucharadita de aceite vegetal
- ❖ 1,3 kg de asado de ternera
- ❖ ½ cucharadita de pimienta
- ❖ ½ cucharadita de jengibre fresco molido
- ❖ 2 tazas de manzanas en rodajas
- ❖ 3 clavos enteros
- ❖ ½ taza de agua o zumo de manzana
- ❖ ½ taza de cebollas cortadas
- ❖ 4 cucharadas de agua
- ❖ 4 cucharadas de harina
- ❖ Guarnición opcional: rodajas de manzana, frescas

Cómo llegar

Quite el exceso de grasa del asado de ternera, enjuáguelo y séquelo. Unte la parte superior del asado con aceite, espolvoréelo con pimienta y jengibre, y presione los clavos enteros sobre el asado. En una sartén caliente con aceite, dorar el asado por ambos lados. Pon las cebollas y las manzanas en una olla de cocción lenta o crock-pot, luego añade el asado y vierte el zumo de manzana por encima. Tapa y cocina a fuego lento durante 10-12 horas, o a fuego fuerte durante al menos 5-6 horas. Retira el asado de la olla de cocción lenta, resérvalo y mantenlo caliente. Cuela los jugos del asado y devuélvelos a la olla de cocción lenta. Para espesar el líquido, pon el fuego a tope y mezcla una pasta suave con harina y agua, luego añádela a la olla de cocción lenta y remueve bien. Tapa y cocina a fuego lento hasta que la salsa espese. Justo antes de servir, vierte la salsa sobre el asado. Opcional: decorar con manzanas frescas cortadas en rodajas.

Nutrición por ración: Calorías; 313 kcal, Proteínas;22 g, Sodio; 73 mg, Fósforo; 202 mg, Fibra dietética; 1 g, Potasio; 373 mg.

34. Fideos al huevo con Stroganoff de ternera

6 raciones (1 ración = 10 oz.)

Tiempo de preparación: 30 min.

Ingredientes

- ❖ 1 huevo batido
- ❖ 1 taza de cebollas finamente picadas
- ❖ ¼ taza de pan rallado
- ❖ 2 cucharadas de salsa Worcestershire French's reducida en sodio
- ❖ 1 cucharada de salsa de tomate (sin sal)
- ❖ 1 cucharada de mayonesa
- ❖ 3 cucharadas de aceite de canola
- ❖ 450 g de carne picada de vacuno
- ❖ 3 tazas de agua
- ❖ 2 cucharadas de harina
- ❖ 4 cucharaditas de carne reducida en sodio Better Than Bouillon
- ❖ 1 cucharadita de pimienta negra molida
- ❖ 2 cucharadas de cebollino
- ❖ ¼ taza de nata agria
- ❖ 2 cucharadas de mantequilla sin sal, cortada en dados y fría
- ❖ ½ paquete de fideos de huevo cocidos anchos (paquete de 340 g)
- ❖ 1 cucharada de romero picado
- ❖ ¼ taza de perejil

Cómo llegar

En un bol ancho, mezcle la mitad de la pimienta negra y los seis primeros ingredientes. Añadir la carne y mezclar bien. Formar 16 albóndigas del mismo tamaño. Calentar una sartén grande a fuego medio y cocinar las albóndigas stroganoff hasta que estén doradas. Apartar todas las albóndigas a un lado de la sartén y añadir la harina y el aceite, removiendo hasta que se mezclen bien. Añadir el resto de la pimienta negra, el caldo y el agua, y cocer durante unos 10 minutos, removiendo de vez en cuando, hasta que la mezcla espese. Retire la sartén del fuego y añada el cebollino y la nata agria, removiendo hasta que se mezclen bien. Servir las albóndigas sobre fideos de huevo cocidos. Para cocer los fideos de huevo, añádalos y 2 cucharadas de agua a una sartén u olla grande. Calentar y remover hasta que los fideos estén calientes y apagar el fuego. Añadir el perejil, el romero y la mantequilla, y remover hasta que todo se distribuya uniformemente.

Nutrición por ración: Calorías; 490 kcal, Proteínas; 20 g, Sodio; 598 mg, Fósforo; 230 mg, Fibra dietética; 1,8 mg, Potasio;423 mg

35. Burritos Rápidos, Fajitas

4 raciones

Tiempo de preparación: 20 min.

Ingredientes

- ❖ 1/2 taza de pimiento verde o rojo cortado en dados
- ❖ 4 tortillas de maíz
- ❖ 2 huevos o restos de pescado, pollo o carne
- ❖ 1/2 taza de cebolla blanca o verde cortada en dados
- ❖ Aderezos:
  - ❖ queso cheddar (rallado), lechuga, crema agria y salsa fresca

Cómo llegar

Rocíe una sartén con spray antiadherente. Añadir las cebollas y los pimientos y cocinar a fuego medio hasta que las cebollas estén translúcidas y los pimientos tengan un color brillante. Añadir la carne o los huevos a la sartén y cocer a fuego lento hasta que estén totalmente cocidos, removiendo de vez en cuando. Mientras la carne o los huevos se cocinan, cubrir las tortillas de maíz con una toalla de papel húmeda y calentar en el microondas durante aproximadamente 1 minuto. Servir la carne o los huevos cocidos en las tortillas calientes con los ingredientes deseados.

Nutrición por ración: Calorías; 93 kcal, Proteínas;8 g, Sodio;59 mg, Fósforo; 139 mg, Fibra dietética; 2 g, Potasio; 177 mg.

36. Carne salteada con especias

4 raciones (1 ración = 1 taza)

Tiempo de preparación: 30 min.

Ingredientes

- ❖ ¼ cucharadita de aceite de sésamo
- ❖ 2 cucharadas de fécula de maíz separada
- ❖ 2 cucharadas de agua, separadas
- ❖ ½ cucharadita de azúcar
- ❖ 3 cucharadas de aceite de canola, separadas
- ❖ 1 huevo grande batido
- ❖ 1 pimiento verde en rodajas
- ❖ 340 gr. de punta redonda de vacuno en lonchas
- ❖ ¼ cucharadita de guindilla roja molida
- ❖ 1 taza de cebollas en rodajas
- ❖ 2 cucharaditas de salsa de soja reducida en sodio
- ❖ 1 cucharada de jerez
- ❖ Decoración opcional: perejil

Cómo llegar

En un bol grande, bata 1 cucharada de almidón de maíz, 1 cucharada de agua, 1 huevo grande y 1 cucharada de aceite de canola. Añada la carne y déjela marinar durante 20 minutos. En un bol aparte, mezcle el resto del almidón de maíz y el agua y reserve. Caliente las 2 cucharadas restantes de aceite de canola en una sartén a fuego medio-alto. Añadir la mezcla de carne y cocinar hasta que se dore. Añada los pimientos verdes, la guindilla y la cebolla a la sartén. Añada el jerez y cocine durante 1 minuto. Añada la salsa de soja, el aceite de sésamo y el azúcar. Espesar la mezcla con la mezcla de almidón de maíz y agua. Opcional: Decorar el salteado de ternera con perejil.

Nutrición por ración: Calorías; 261 kcal, Proteínas;21 g, Sodio;169 mg, Fósforo; 167 mg, Fibra dietética; 1,5 g, Potasio; 313 mg

37. Verdes salteadas con chuletas de cerdo asadas

6 raciones (1 ración = 1 chuleta de cerdo, 1/6 de verduras salteadas)

Tiempo de preparación: 60 min.

Ingredientes

* Chuletas de cerdo asadas:
  - 1 cucharada de pimienta negra
  - 6 chuletas de lomo de cerdo con hueso, naturales, cortadas en el centro
  - 2 cucharaditas de cebolla en polvo granulada
  - 2 cucharaditas de pimentón
  - 1 taza y 2 cucharadas de harina
  - 2 cucharaditas de ajo en polvo granulado
  - 2 tazas de caldo de carne, bajo en sodio;
  - ½ taza de aceite de canola
  - ½ taza de cebolletas frescas cortadas al bies
  - 1 ½ tazas de cebollas frescas cortadas en rodajas
* Verdes salteados:
  - 2 cucharadas de aceite de oliva
  - 8 tazas de berza fresca cortada y escaldada
  - ¼ taza de cebollas picadas
  - 1 cucharada de mantequilla sin sal
  - 1 cucharadita de pimiento rojo triturado
  - 1 cucharada de ajo fresco picado
  - 1 cucharadita de vinagre (opcional)
  - 1 cucharadita de pimienta negra

Cómo llegar

Precaliente el horno a 350°F. Chuletas de cerdo:

- En un bol pequeño, mezcle el pimentón, la pimienta negra, el ajo en polvo y la cebolla en polvo. Sazona ambos lados de las chuletas de cerdo con la mitad de la mezcla y combina la otra mitad con 1 taza de harina.
- Reservar 2 cucharadas de la mezcla de harina para su uso posterior.
- Rebozar ligeramente las chuletas de cerdo con la harina sazonada.
- Calentar 2 cucharadas de aceite en una olla grande o sartén apta para horno a fuego medio-alto.
- Freír las chuletas de cerdo por cada lado durante 2-4 minutos o hasta que estén doradas. Retirar de la sartén y reservar.
- Añadir las cebollas a la misma sartén y cocinar durante 4-6 minutos hasta que estén translúcidas.
- Incorporar la mezcla de harina reservada y cocer durante 1 minuto aproximadamente.
- Añadir poco a poco el caldo de carne, removiendo constantemente hasta que espese.
- Vuelva a poner las chuletas de cerdo en la sartén y cúbralas con la salsa. Cubrir con papel de aluminio y hornear durante 30-45 minutos.
- Retirar del horno y dejar reposar de 5 a 10 minutos antes de servir.

Verdes salteados:

- Pon a hervir agua en una olla y añade las verduras durante 30 segundos para escaldarlas.
- Escurrir el agua hirviendo y transferir las verduras a un recipiente con agua helada para que se enfríen.
- Escurrir y secar las verduras y reservar.
- En una sartén grande, derrita el aceite y la mantequilla a fuego medio-alto. Añadir el ajo y la cebolla y cocinar durante 4-6 minutos o hasta que estén ligeramente dorados.
- Añadir la berza y la pimienta roja y negra, y cocer a fuego fuerte durante 5-8 minutos, removiendo constantemente.
- Retire del fuego y añada vinagre si lo desea. Remover para mezclar.

Nutrición por ración: Calorías; 464 kcal, Proteínas;27 g, Sodio; 108 mg, Fósforo; 289 mg, Fibra dietética; 1,3 g, Potasio; 604 mg

38. Cazuela de chile con pan de maíz

8 raciones (1 ración = 8 oz.)

Tiempo de preparación: 30 min.

Ingredientes

* Chili:
  - ½ taza de cebolla picada
  - 450 g de carne picada de vacuno
  - 2 cucharadas de chiles jalapeños picados
  - ¼ taza de apio cortado en dados
  - 1 cucharada de chile en polvo
  - ½ taza de pimientos verdes o rojos picados
  - 2 cucharadas de copos de cebolla secos
  - 1 cucharada de comino
  - 1 cucharada de ajo en polvo granulado
  - ½ taza de salsa de tomate (sin sal añadida)
  - 1 cucharadita de pimienta negra
  - ¼ taza de salsa Worcestershire French's reducida en sodio
  - ¼ taza de agua
  - 1 taza de queso cheddar rallado
  - 1 taza de alubias rojas secas y enjuagadas
* Pan de maíz:
  - ¾ de taza de harina
  - ¼ taza de harina de maíz
  - ¾ de taza de leche
  - ½ cucharadita de crémor tártaro
  - ¼ cucharadita de bicarbonato sódico
  - 1 huevo batido
  - ½ taza de azúcar
  - ¼ taza de aceite de canola
  - 1½ cucharadas de mantequilla derretida sin sal

Cómo llegar

En una cacerola grande, dore la carne picada junto con los jalapeños, los pimientos, el apio y las cebollas. Escurra el exceso de aceite. Añada el ajo en polvo, el chile en polvo, las hojuelas de cebolla, la salsa de tomate, el comino, la pimienta negra, la salsa Worcestershire, los frijoles y el agua. Cocine durante 10 minutos más. Retirar del fuego y pasar a un molde para hornear de 23 x 23 cm. Cubrir con una capa de queso. En un bol mediano, mezclar la harina, la harina de maíz, el bicarbonato, el cremor tártaro y el azúcar. En un bol pequeño, batir el huevo, el aceite, la mantequilla derretida y la leche. Añadir la mezcla de harina a la de huevo y mezclar (no pasa nada si quedan grumos, no hay que mezclar demasiado). Verter la mezcla sobre el chile en el molde. Hornear sin tapar durante 25 minutos a 175°C (350°F), luego tapar y hornear durante 20 minutos más. Apagar el horno y dejar reposar 5 minutos antes de servir.

Nutrición por ración: Calorías; 392 kcal, Proteínas; 17 g, Sodio; 335 mg, Fósforo; 239 mg, Fibra dietética; 2,9 g, Potasio; 441 mg

Capítulo 10: Recetas de cenas para la dieta renal

1. Vinagre de frutas Pollo

6 raciones

Tiempo de preparación: 35 min.

Ingredientes

- ❖ 1/2 taza de vinagre de bayas o frutas
- ❖ 900 g de pollo
- ❖ 1/2 cucharadita de estragón
- ❖ 1/4 de taza de zumo de naranja
- ❖ 1/4 de taza de aceite
- ❖ 1/2 cucharadita de albahaca
- ❖ 1/2 cucharadita de mejorana

Cómo llegar

Consiga una temperatura de horno de 350°F. Mezcle todos los ingredientes en una bolsa grande con cierre. Dejar marinar de 15 a 20 minutos en la nevera. Coloque el pollo en una fuente de horno después de sacarlo de la bolsa. Hornee el pollo durante unos 30 minutos, o hasta que la temperatura interna supere los 165 grados.

Nutrición por ración: Calorías; 413 kcal, Proteínas; 28 g, Sodio; 106 mg, Fósforo; 227 mg, Potasio; 335 mg.

2. Relleno de pan de maíz y pollo

4 raciones

Tiempo de preparación: 30 min.

Ingredientes

- ❖ 2 cucharadas + 1 1/2 cucharaditas divididas de Mrs. Dash Original Blend
- ❖ 1 cucharada de perejil fresco
- ❖ 4 (4 oz. o 110 gr) trozos de pechuga de pollo sin piel y deshuesada en mitades
- ❖ 1 taza de caldo de pollo bajo en sodio y sin grasa
- ❖ 1 cucharada de mezcla para asar pollo (Mrs. Dash)
- ❖ 1 taza de apio picado
- ❖ 1 cucharada de mantequilla sin sal
- ❖ 2 cucharaditas de salvia molida
- ❖ 1/2 taza de cebolla picada
- ❖ 2 tazas de picatostes sin condimentar
- ❖ 2 tazas (7 oz. o 200 gr.) de pan de maíz desmenuzado grueso

Cómo llegar

Pique el perejil. En un bol pequeño, mezcle 1 cucharada de Mrs. Dash Original Blend con Chicken Grilling Blend y el perejil picado. Mezcle ligeramente. Cubra las pechugas de pollo con la mezcla de condimentos por ambos lados. Rocíe una sartén antiadherente grande con aceite en aerosol. Caliente la sartén a fuego medio hasta que esté caliente. Añada las pechugas de pollo a la sartén y cocínelas de 3 a 5 minutos por cada lado, o hasta que estén ligeramente doradas. Reservar. Precalentar el horno a 350°F. En otra sartén, derrita la mantequilla a fuego lento. Añadir 1 cucharada + 1 1/2 cucharadita de Mrs. Dash Original Blend, la cebolla, el apio y la salvia. Cocine de 5 a 7 minutos a fuego medio, o hasta que las verduras estén blandas. Retire del fuego. En un bol, mezcle los picatostes y las migas de pan de maíz. Añadir la mezcla de verduras y caldo al bol y remover para mezclar. Vierta la mezcla de aliño en una fuente de horno y rocíela con spray antiadherente. Coloque las pechugas de pollo sobre la mezcla de aliño. Cubra con papel de aluminio y hornee durante 45 minutos a 350 °F. Retire el papel de aluminio y continúe horneando de 5 a 10 minutos más, o hasta que las pechugas de pollo alcancen una temperatura interna de 170°F. Adorne con hojas de apio, si lo desea.

Nutrición por ración: Calorías; 372 kcal, Proteínas; 28 g, Sodio; 478 mg, Fósforo; 204 mg, Potasio; 414 mg

3. Bistec de falda glaseado al bourbon

8 raciones (1 ración = 3 oz.)

Tiempo de preparación: 30 min.

Ingredientes

- ❖ Glaseado de bourbon:
  - ➢ 3 cucharadas de mantequilla sin sal cortada en dados y enfriada
  - ➢ ¼ taza de chalotas picadas
  - ➢ ¼ taza de azúcar moreno
  - ➢ 1 taza de bourbon
  - ➢ 1 cucharada de pimienta negra
  - ➢ 2 cucharadas de mostaza de Dijon
- ❖ Filete de falda:
  - ➢ ½ cucharadita de orégano seco
  - ➢ 2 cucharadas de aceite de semilla de uva
  - ➢ 1 cucharadita de pimienta negra
  - ➢ ½ cucharadita de pimentón ahumado
  - ➢ 450 g de filete de falda
  - ➢ 1 cucharada de vinagre de vino tinto

Cómo llegar

Glaseado de bourbon:

- ➢ Derrita 1 cucharada de mantequilla en una cacerola pequeña a fuego medio-alto. Añadir las chalotas y cocinar hasta que se doren.
- ➢ Bajar el fuego, retirar el cazo del fuego y añadir el bourbon. Volver a poner el cazo al fuego y cocer durante 10-15 minutos, o hasta que el volumen se reduzca un tercio.
- ➢ Batir la mostaza, la pimienta negra y el azúcar moreno hasta que la mezcla empiece a burbujear.
- ➢ Apague el fuego e incorpore las 2 cucharaditas restantes de mantequilla fría cortada en dados hasta que se mezclen bien.

Filete de falda:

> En una bolsa de un galón con cierre hermético, mezcle los ingredientes de la marinada. Añadir los filetes y mezclar bien.
> Deje marinar los filetes en la bolsa durante 30-45 minutos a temperatura ambiente.
> Saque los filetes de la bolsa y áselos por cada lado durante 15-20 minutos. Retirar del fuego y dejar reposar 10 minutos.
> Sírvalo tal cual o úntelo con el glaseado de bourbon y colóquelo en una parrilla precalentada durante 4-6 minutos, o hasta que esté al punto deseado.

Nutrición por ración: Calorías; 409 kcal, Proteínas; 24 g, Sodio; 152 mg, Fósforo; 171 mg, Fibra dietética; 0,5 g, Potasio; 283 mg.

4. Sopa de patata, Irish Baked

6 raciones

Tiempo de preparación: 30 min.

Ingredientes

❖ 2 patatas grandes
❖ 1/3 taza de harina
❖ 4 tazas de leche desnatada
❖ 1/2 cucharadita de pimienta
❖ 4 oz. de queso en cubos
❖ 1/2 taza de nata agria sin grasa

Cómo llegar

Las patatas se pueden meter en el microondas o cocer en el horno a 400 grados hasta que estén blandas. Dejar enfriar antes de cortarlas longitudinalmente y retirar la pulpa. En un quemador medio, tueste la harina hasta que adquiera un color marrón claro mientras bate poco a poco la leche hasta que esté bien mezclada. Añadir la pimienta y la pulpa de patata, y remover regularmente mientras se cocina la mezcla a fuego medio hasta que esté burbujeante y espesa. Se añade el queso y se remueve hasta que se derrita. Se retira del fuego y se añade la nata agria.

Nutrición por ración: Calorías; 275 kcal, Proteínas;14 g, Sodio;226 mg, Fósforo; 261 mg, Fibra dietética; 7 g, Potasio; 800 mg

5. Tilapia a la naranja picante

4 raciones (1 ración = 4 oz.)

Tiempo de preparación: 30 min.

Ingredientes

❖ 1 taza de zanahorias en juliana
❖ 450 g de tilapia
❖ 1 cucharadita de pimienta negra molida
❖ ½ taza de cebollas verdes cortadas
❖ ¾ taza de apio en juliana
❖ 4 cucharaditas de zumo de naranja
❖ 2 cucharaditas de cáscara de naranja rallada

Cómo llegar

Precalentar el horno a 450°F. En un bol pequeño, mezcla el apio, las zanahorias, la ralladura de naranja y las cebollas de verdeo. Corte la tilapia en 4 porciones iguales. Corte 4 cuadrados grandes de papel de aluminio y úntelos con spray antiadherente. Coloque 1/4 de la mezcla de verduras ligeramente fuera del centro en cada hoja de papel de aluminio y cubra con un trozo de tilapia. Rocíe cada porción con 1 cucharadita de zumo de naranja y sazone con pimienta negra. Doble el papel de aluminio sobre el pescado y las verduras para crear una bolsa, doblando bien los bordes. Coloque los paquetes de papel de aluminio en una bandeja para hornear y hornee durante aproximadamente 12 minutos (añada de 3 a 5 minutos si el pescado es grueso). El pescado debe desmenuzarse fácilmente con un tenedor cuando esté hecho. Saque los paquetes de papel de aluminio del horno y colóquelos directamente en los platos. Tenga cuidado al abrirlos debido al vapor.

Nutrición por ración: Calorías; 133 kcal, Proteínas;24 g, Sodio; 97 mg, Fósforo; 214 mg, Fibra dietética; 1,7 g, Potasio; 543 mg

6. Pan de calabacín al horno con nueces

Ingredientes:

❖ 3 huevos grandes
❖ ½ taza de aceite de oliva
❖ 1 cucharadita de extracto de vainilla
❖ 2 1/2 tazas de harina de almendras
❖ 1 1/2 tazas de eritritol
❖ ½ cucharadita de sal
❖ 1 1/2 cucharaditas de levadura en polvo
❖ ½ cucharadita de nuez moscada
❖ 1 cucharadita de canela en polvo
❖ ¼ cucharadita de jengibre en polvo
❖ 1 taza de calabacín rallado
❖ ½ taza de nueces picadas

Cómo llegar:

Ajustar la temperatura del horno a 350 °F. Se baten los huevos, el aceite y la esencia de vainilla. Se reservan. La harina de almendra, el eritritol, la sal, la levadura en polvo, la nuez moscada, la canela y el jengibre se mezclan en un recipiente aparte. Reservar. Exprima el exceso de agua del calabacín con una gasa o papel de cocina. Después, bata el calabacín en el bol de los huevos y las verduras. Con una batidora de mano, añadir poco a poco los ingredientes secos a la mezcla de huevo y mezclar hasta obtener una masa homogénea. Rocíe un molde para pan de 9x5 con aceite en aerosol antes de añadir la mezcla del pan de calabacín. A continuación, cubra el pan de calabacín con las nueces picadas. Con una espátula, incorpore las nueces a la masa. Hornee las nueces a 350 °F de 60 a 70 minutos, o hasta que se vean doradas por encima.

7. Albóndigas y pollo

8 raciones

Tiempo de preparación: 30 min.

Ingredientes

❖ 2 tazas de agua o caldo de pollo bajo en sodio;
❖ 1,35 kg de pollo troceado o 1 pollo entero

- ❖ 2-3 zanahorias en rodajas
- ❖ 1 tallo de apio con hojas (cortado fino)
- ❖ 1/2 cucharadita de macis o nuez moscada
- ❖ 1/2 cucharadita de pimienta negra
- ❖ 2 huevos
- ❖ 1/4 taza de harina
- ❖ 3 cucharaditas de levadura en polvo
- ❖ 2/3 de taza de leche
- ❖ 2 cucharadas de margarina o mantequilla sin sal
- ❖ 2 tazas de harina

Cómo llegar

En una olla de cocción lenta, añade las verduras, el agua o el caldo, las especias y el pollo. Vierta suficiente agua en la olla de cocción lenta para cubrir el pollo por alrededor de 1 pulgada. Pon la olla a fuego lento y cocina durante 6-8 horas. Saque el pollo de la olla de cocción lenta y colóquelo en una fuente apta para el horno. Si lo desea, retire los huesos del pollo (pueden desprenderse fácilmente). Cubra el pollo y manténgalo caliente. Aumenta el fuego de la olla de cocción lenta a alto. Para evitar grumos, añadir 1/4 de taza de harina y remover rápidamente. Cortar la mantequilla en trozos pequeños con dos cuchillos, un robot de cocina o un cortapastas. Añadir la mantequilla a la mezcla de harina y remover hasta que quede como migas gruesas. Mezcle los ingredientes húmedos hasta obtener una masa y vierta cucharadas de la mezcla en el caldo hirviendo. Tape la olla de cocción lenta, reduzca el fuego a bajo y cocine durante 15 minutos sin quitar la tapa. Sirve el pollo en una fuente grande con las albóndigas y vierte la salsa espesada por encima.

Nutrición por ración: Calorías; 401 kcal, Proteínas; 45 g, Sodio; 146 mg, Fósforo; 584 mg, Fibra dietética; 2 g, Potasio; 940 mg

8. Estofado de pollo

8 raciones (1 ración = 1 porción de taza)

Tiempo de preparación: 30 min.

Ingredientes

- ❖ 2 tazas de caldo de pollo bajo en sodio;
- ❖ 1½ lb. (680 gr) de pechuga de pollo fresca natural deshuesada y sin piel
- ❖ ½ taza de harina
- ❖ ½ taza de cebollas frescas picadas
- ❖ ¼ taza de aceite de canola
- ❖ ½ taza de zanahorias frescas cortadas en dados
- ❖ ½ cucharadita de pimienta negra
- ❖ ¼ taza de apio fresco cortado en dados
- ❖ 2 cucharaditas de caldo bajo en sodio; Bette; Than Bouillon Chicken Base
- ❖ 1 cucharada de condimento italiano sin sodio (por ejemplo, McCormick)
- ❖ ½ taza de nata espesa
- ❖ ½ taza de guisantes dulces frescos congelados y descongelados
- ❖ 1 taza de queso Cheddar bajo en grasas
- ❖ 1 masa quebrada congelada y cocida, cortada en trozos pequeños

Cómo llegar

Ablandar el pollo machacándolo y cortarlo en dados pequeños. En una olla ancha, mezclar el pollo y el caldo y cocer a fuego medio-alto durante 30 minutos. Mientras se cuece el pollo, mezclar la harina y el aceite hasta obtener una mezcla homogénea. Verter lentamente la mezcla de harina y aceite en el caldo de pollo sin dejar de remover hasta que la mezcla espese ligeramente. Reducir el fuego a medio-bajo y continuar la cocción durante 15 minutos. Añadir las cebollas, las zanahorias, la pimienta negra, el apio, el caldo y el condimento italiano. Dejar cocer otros 15 minutos. Apagar el fuego y añadir la nata y los guisantes hasta que estén bien mezclados. Sirva la sopa en tazas y cubra cada ración con la misma cantidad de queso y una corteza de hojaldre.

Nutrición por ración: Calorías; 388 kcal, Proteínas; 26 g, Sodio; 424 mg, Fósforo; 290 mg, Fibra dietética; 2 g, Potasio; 209 mg.

9. Salsa Marinara fresca

16 raciones

Tiempo de preparación: 30 min.

Ingredientes

- ❖ 1 olla de agua hirviendo
- ❖ 2,7 kg (6 libras) o 15 tomates medianos maduros o 2 latas de 55-790 gr (28 onzas) de tomates bajos en sodio;
- ❖ 2 cebollas grandes picadas
- ❖ 6 dientes de ajo picados
- ❖ 1/3 taza de aceite de oliva
- ❖ 1 cucharadita de pimienta
- ❖ 3-4 zanahorias grandes ralladas
- ❖ 1 cucharada de orégano seco o 3 cucharadas de orégano fresco
- ❖ 1/3 taza de albahaca fresca picada o 2 cucharadas de seca

Cómo llegar

Si utiliza tomates frescos, añada unos cuantos a una olla con agua hirviendo y tápelos durante al menos 1 minuto. Utilizar una espumadera para transferirlos a un recipiente con agua fría. Quíteles la piel y trocéelos para obtener de 11 a 12 tazas. Si se utilizan tomates en conserva, picarlos en trozos grandes. En una olla de 5 cuartos o más, calentar aceite a fuego medio y cocinar las cebollas, las zanahorias y el ajo hasta que las cebollas estén transparentes, removiendo de vez en cuando. Añadir los tomates, la pimienta, la albahaca y el orégano. Llevar a ebullición, luego reducir el fuego y cocer a fuego lento, sin tapar y removiendo con frecuencia, hasta que la salsa espese. Sirva la salsa sobre la pasta y congele la salsa sobrante en bolsas o recipientes de congelación para su uso posterior.

Nutrición por ración: Calorías; 80 kcal, Proteínas;2 g, Sodio;25 mg, Fósforo; 46 mg Potasio; 341 mg

10. Tacos de pescado en lata

2 raciones

Tiempo de preparación: 25 min.

Ingredientes

- ❖ 2 cucharaditas de aceite
- ❖ 2 cucharadas de cebolla picada
- ❖ 1/2 taza de maíz congelado o enlatado
- ❖ 1 lata de atún enjuagado y escurrido
- ❖ 1/2 cucharadita de chile en polvo
- ❖ 1/4 taza de tomates enlatados cortados en dados (sin sal añadida)
- ❖ 4 tortillas de maíz

Cómo llegar

Antes de que se hagan visibles, cocina las cebollas en el aceite en una sartén a fuego medio. Añade los tomates, el maíz, el chile picante y el atún. Cocina de 3 a 5 minutos, o hasta que esté bien cocido. Servir con tortillas calientes. Añada lechuga, crema agria y salsa picante si es necesario. Puede usar atún enlatado en lugar de pollo enlatado, salmón o ambos. Considere añadir 1/2 cucharadita de cebolla en polvo en lugar de cebolla fresca.

Nutrición por ración: Calorías; 215,8 kcal, Proteínas; 12 g, Sodio; 477 mg, Fósforo; 5,7 mg, Fibra dietética; 1,5 g, Potasio; 121 mg.

11. Asado bávaro

12 raciones (1 ración = 4 oz.)

Tiempo de preparación: 300 min.

Ingredientes

- ❖ 1 cucharadita de aceite vegetal
- ❖ 1,35 kg de asado de ternera
- ❖ ½ cucharadita de pimienta
- ❖ ½ cucharadita de jengibre fresco molido
- ❖ 2 tazas de manzanas en rodajas
- ❖ 3 clavos enteros
- ❖ ½ taza de agua o zumo de manzana
- ❖ ½ taza de cebollas cortadas
- ❖ 4 cucharadas de agua
- ❖ 4 cucharadas de harina
- ❖ Guarnición opcional: rodajas de manzana, frescas

Cómo llegar

Elimine el exceso de grasa del asado de ternera, enjuáguelo y séquelo. Unte la parte superior del asado con aceite y espolvoréelo con pimienta negra y jengibre. Presione los clavos enteros en el asado. Calentar el aceite en una sartén grande a fuego medio-alto y dorar el asado por ambos lados. Poner las cebollas y las manzanas en la olla de cocción lenta o crock-pot y, a continuación, añadir el asado chamuscado. Vierta el zumo de manzana sobre el asado. Tapa y cocina a fuego lento durante 10-12 horas, o a fuego fuerte durante 5-6 horas. Retira el asado de la olla de cocción lenta y mantenlo caliente. Cuela los jugos del asado y devuélvelos a la olla de cocción lenta. Aumenta el fuego a alto para reducir y espesar el líquido. En un bol aparte, crea una pasta suave con harina y agua. Añadir la pasta a la olla de cocción lenta, removiendo constantemente. Tapar y cocer a fuego lento hasta que la salsa espese. Verter sobre el asado justo antes de servir. Opcional: Decorar con rodajas de manzana fresca.

Nutrición por ración: Calorías; 313 kcal, Proteínas; 22 g, Sodio; 73 mg, Fósforo; 202 mg, Fibra dietética; 1 g, Potasio; 373 mg.

12. Baby Back Ribs BBQ, sin salsa

12 raciones (1 ración = 1/3 de libra o 1/6 de losa con hueso en peso crudo)

Tiempo de preparación: 45 min.

Ingredientes

- ❖ 1 porción de aliño
- ❖ 12 mini mazorcas de maíz congeladas o frescas
- ❖ 2 costillas de cerdo (aproximadamente 3½ libras)
- ❖ BBQ Spice Rub (mezclar todos los ingredientes):
  - ➢ 1 cucharadita de pimienta negra
  - ➢ 1 taza de azúcar moreno compacto
  - ➢ 1 cucharadita de pimentón ahumado
  - ➢ 2 cucharaditas de chile oscuro en polvo
  - ➢ 1 cucharadita de hojuelas de pimiento rojo
  - ➢ 2 cucharaditas de copos de cebolla deshidratados
  - ➢ 2 cucharaditas de ajo granulado

Cómo llegar

Precalentar el horno a 400°F. Aplique una mezcla de aliño seco a ambos lados de las costillas. Colocar las costillas sobre una rejilla de alambre en una fuente de horno. Cúbralas bien con papel de aluminio y hornee de 1½ a 2 horas. Retirar el papel de aluminio y sacar las costillas del horno. Utiliza unas pinzas para pasar las costillas a una bandeja limpia. Vierte el líquido de la bandeja y vuelve a colocar las costillas en la rejilla. Hornear 15 minutos más o hasta que estén crujientes. Deje reposar las costillas de 5 a 10 minutos antes de cortarlas y servirlas. Para calentar las mazorcas en el microondas, utilice una cazuela de 9" x 9" apta para microondas. Coloque las mini mazorcas en la cazuela y añada unos 2,5 cm de agua. Cúbralas bien con film transparente. Métalo en el microondas a potencia alta durante 5-7 minutos.

Nutrición por ración: Calorías; 324 kcal, Proteínas; 18 g, Sodio; 102 mg, Fósforo; 198 mg, Fibra dietética; 2,3 g, Potasio; 453 mg.

13. Pesto asado con pimientos rojos

2 raciones

Tiempo de preparación: 30 min.

Ingredientes

- ❖ 1 tarro (unas 7-8 oz. o 200-225 gr) de pimientos rojos asados, escurridos.
- ❖ 2 dientes de ajo (cortados por la mitad)
- ❖ ¼ taza de albahaca fresca
- ❖ ¼ taza de aceite de oliva
- ❖ pimienta al gusto
- ❖ 1 cucharadita de vinagre balsámico
- ❖ Tortellini o raviolis rellenos de carne.

Cómo llegar

Todos los ingredientes, excepto la pasta, deben combinarse en un procesador de alimentos y batirse durante 30 segundos o hasta obtener la consistencia deseada. Pruebe y ajuste los sabores a su gusto. Cueza los raviolis o la pasta rellena siguiendo las instrucciones del envase. Los raviolis y la salsa contienen mucho sodio; evite añadir sal al agua de la pasta; cubra inmediatamente los raviolis calentados con pesto y a comer.

Nutrición por ración: Calorías; 526 kcal, Proteínas;17 g, Sodio;487 mg, Fósforo; 186 mg, Fibra dietética; 2 g, Potasio; 394 mg

14. Arroz aromático con hierbas

6 raciones (1 ración = ½ taza)

Tiempo de preparación: 30 min.

Ingredientes

- ❖ 3 tazas de arroz cocido (sin pasarse)
- ❖ 2 cucharadas de aceite de oliva
- ❖ 2 cucharadas de cilantro fresco picado
- ❖ 4-5 dientes de ajo fresco cortados en láminas finas
- ❖ 2 cucharadas de cebollino fresco picado
- ❖ 2 cucharadas de orégano fresco picado
- ❖ 1 cucharadita de vinagre de vino tinto
- ❖ ½ cucharadita de hojuelas de pimiento rojo

Cómo llegar

Se sofríe el ajo en aceite de oliva calentado a temperatura media-alta en una sartén grande. Se cuecen los copos de arroz, el pimiento rojo y las hierbas durante 2-4 minutos, o hasta que todo esté bien mezclado. Apague el fuego, remueva bien y añada el vinagre. Sirva

Nutrición por ración: Calorías; 134 kcal, Proteínas;2 g, Sodio;6 mg, Fósforo; 15 mg, Fibra dietética; 1,8 g, Potasio; 56 mg.

15. Relleno dulce de manzana y lomo asado con tarta

6 raciones (1 ración = 2,5-3 oz. o 1/6 de lomo)

Tiempo de preparación: 30 min.

Ingredientes

- ❖ Glaseado de mermelada de cereza:
  - ➢ ¼ taza de zumo de manzana
  - ➢ 1/8 cucharadita de nuez moscada
  - ➢ ½ taza de mermelada de naranja sin azúcar
  - ➢ 1/8 cucharadita de canela
  - ➢ ¼ taza de cerezas secas
- ❖ Relleno de manzana:
  - ➢ 2 tazas de panecillos hawaianos, cortados en dados y envasados
  - ➢ 2 cucharadas de aceite de canola
  - ➢ 2 cucharadas de mantequilla sin sal
  - ➢ ½ taza de manzana Macintosh, Honey Crisp o Granny Smith cortada en dados finos
  - ➢ 2 cucharadas de apio finamente picado
  - ➢ ½ taza de caldo de pollo bajo en sodio;
  - ➢ 2 cucharadas de cebollas finamente picadas
  - ➢ 1 cucharadita de pimienta negra
  - ➢ ½ cucharadita de tomillo seco o 1 cucharada de tomillo fresco
- ❖ Lomo de cerdo asado:
  - ➢ 2 cordeles de carnicero en trozos de 18 pulgadas
  - ➢ 450 g de lomo de cerdo natural Hormel deshuesado

Cómo llegar

Glaseado de mermelada de cerezas: En una cacerola mediana a fuego medio-alto, mezcle todos los ingredientes del glaseado hasta que la mermelada se derrita y comience a hervir a fuego lento. Apague el fuego y reserve. Precalentar el horno a 400°F. En una sartén grande a fuego medio-alto, saltear todos los ingredientes del relleno (excepto el caldo de pollo) en aceite de canola durante 2-3 minutos. Añada poco a poco el caldo de pollo hasta que esté húmedo, pero no demasiado (puede que no lo necesite todo, dependiendo de la jugosidad de las manzanas). Retire el relleno del fuego y déjelo enfriar a temperatura ambiente. Haga cinco cortes de unos 2,5 cm a lo largo del lomo de cerdo, creando bolsillos. Rellene cada bolsillo con aproximadamente 2 cucharaditas de relleno (puede sobrar un poco). Ate un trozo largo de cordel a lo largo del lomo y otro cordel alrededor del trozo más corto para mantener el relleno en su sitio. Coloque el cerdo relleno atado en una bandeja para hornear y esparza el resto del relleno sobre la bandeja. Hornee a 400°F durante 45 minutos o hasta que la temperatura interna alcance 160°F. Vierta el glaseado de mermelada de cerezas secas sobre el lomo de cerdo, apague el horno y déjelo enfriar durante 10-15 minutos en el horno. Corte el lomo en rodajas y sírvalo.

Nutrición por ración: Calorías; 263 kcal, Proteínas;14 g, Sodio;137 mg, Fósforo; 154 mg, Fibra dietética; 1 g, Potasio; 275 mg.

16. Gulash húngaro

6 raciones

Tiempo de preparación: 20 min.

Ingredientes

- ❖ 900 g de filete redondo de ternera
- ❖ 1/4 taza de harina
- ❖ 1/4 de taza de aceite o mantequilla
- ❖ 1 1/2 tazas de cebollas picadas
- ❖ 1 taza de caldo de carne, bajo en sodio;
- ❖ 2 cucharaditas de pimentón dulce
- ❖ 1 cucharada de vinagre de vino o vino tinto

Cómo llegar

Cortar la carne en trozos de 2,5 cm y espolvorearlos con harina. Dorar la carne por ambos lados en aceite caliente o mantequilla en una olla grande. Combinar con la cebolla y cocinar. Incluir el caldo. Añadir más si es necesario. Debe quedar espeso, como un guiso, y se puede remover. Cerrar la olla. La carne debe cocinarse durante 1 hora y media. La carne debe sacarse de la olla y mantenerse caliente. Añadir pimentón al caldo y utilizar harina o maicena para espesarlo. Añadir vino o vinagre. Servir el gulash con ensalada, fideos o spaetzle.

Nutrición por ración: Calorías; 450 kcal, Proteínas;37 g, Sodio; 200 mg, Fósforo; 300 mg, Fibra dietética; 30 g, Potasio; 700 mg

17. Medley de col, cebolla y pimiento dulce

4 raciones (1 ración = ¼ de receta)

Tiempo de preparación: 25 min.

Ingredientes

- ❖ ½ taza de pimiento verde fresco
- ❖ ½ taza de pimiento rojo fresco
- ❖ ½ taza de cebollas frescas picadas
- ❖ ½ taza de pimiento amarillo fresco
- ❖ 3 cucharadas de vinagre blanco
- ❖ 2 tazas de col fresca rallada
- ❖ 1 ½ cucharadita de azúcar moreno
- ❖ 1 cucharada de aceite de canola
- ❖ 1 ½ cucharadita de pimienta
- ❖ 1 ½ cucharadita de mostaza de Dijon

Cómo llegar

Cortar los pimientos en trozos finos de 2 pulgadas de largo. En una sartén antiadherente grande, mezcle suavemente la cebolla, los pimientos y la col. En un recipiente, mezcle el vinagre y los demás ingredientes. Tápelo bien y agítelo. Añadir mientras se remueve suavemente la mezcla de verduras. A fuego medio, saltear la col hasta que esté blanda, removiendo de vez en cuando.

Nutrición por ración: Calorías; 70 kcal, Proteínas;1 g, Sodio;52 mg, Fósforo;29 mg, Fibra dietética; 2 g, Potasio; 208 mg.

18. Chili Con Carne con Arroz

7 raciones

Tiempo de preparación: 30 min.

Ingredientes

- ❖ 1 taza de cebolla picada
- ❖ 450 g de carne picada magra
- ❖ 1 lata (170 g) de pasta de tomate sin sal añadida
- ❖ 1 taza de pimiento verde picado
- ❖ 1 cucharadita de comino molido
- ❖ 2 cucharaditas de ajo en polvo
- ❖ 1/2 taza de judías pintas cocidas (sin sal)
- ❖ 1 cucharadita de pimentón
- ❖ 3-1/2 tazas de arroz cocido
- ❖ 3 tazas de agua

Cómo llegar

Se dora la carne picada y se escurre la grasa en una olla grande. Se añaden el pimiento verde y la cebolla y se cuecen hasta que la cebolla esté translúcida. Se añaden los demás ingredientes y se deja cocer 1 hora y media. Servir con arroz al vapor.

Nutrición por ración: Calorías; 260 kcal, Proteínas;15 g, Sodio;63 mg, Fósforo; 144 mg, Fibra dietética; 2 g, Potasio; 497 mg

19. Pierna de cordero asada con costra de hierbas

12 raciones (1 ración = 110 g)

Tiempo de preparación: 60 min.

Ingredientes

- ❖ 3 cucharadas de zumo de limón
- ❖ 1 pierna de cordero de 1800 gr.

- ❖ 2 dientes de ajo picados
- ❖ ½ taza de vermut seco
- ❖ 1 cucharada de curry en polvo
- ❖ 1 taza de cebollas en rodajas
- ❖ ½ cucharadita de pimienta negra molida

Cómo llegar

Ponga el horno a 400°F para precalentarlo. En la bandeja de asar, poner la pierna de cordero. Añada 1 cucharadita de zumo de limón. Para elaborar la pasta, combine las especias restantes con 2 cucharaditas de zumo de limón. Aplique la pasta o mezcla sobre el cordero. Escurrir la grasa y añadir las cebollas y el vermut después de asar el cordero durante 30 minutos a 400°F. Se necesitan otras 13,5-2 horas de cocción a fuego lento a 325 °F. Untar regularmente la pierna de cordero. Cuando la temperatura interna alcance 145 °F, retirar del horno y dejar reposar durante al menos 3 minutos antes de servir.

Nutrición por ración: Calorías; 292 kcal, Proteínas;24 g, Sodio; 157 mg, Fósforo; 232 mg, Fibra dietética; 0 g, Potasio; 419 mg

20. Ensalada de orzo

8 raciones (1 ración = ½ taza)

Tiempo de preparación: 25 min.

Ingredientes

- ❖ 1 taza de arándanos secos
- ❖ 4 tazas de orzo cocido refrigerado (orzo seco, aproximadamente 1 2/3 tazas)
- ❖ ¼ taza de aceite de oliva virgen extra
- ❖ 2 tazas de manzana fresca cortada en dados
- ❖ ¼ taza de almendras blanqueadas picadas
- ❖ ½ cucharadita de pimienta negra recién molida
- ❖ ¼ taza de zumo de limón fresco
- ❖ ½ taza de queso azul desmenuzado
- ❖ 2 cucharadas de albahaca fresca picada

Cómo llegar

En un bol mediano, añadir todos los ingredientes (excepto el queso azul y las almendras) y remover suavemente hasta que se mezclen. Transfiera la mezcla a un plato de servir, cubra con almendras, cubra con queso azul desmenuzado y luego sirva.

Nutrición por ración: Calorías; 289 kcal, Proteínas;6 g, Sodio;100 mg, Fósforo; 94 mg, Fibra dietética; 3 g, Potasio; 127 mg

21. Ensalada de guisantes y vinagreta de jengibre y lima

6 raciones (1 ración = ½ taza)

Tiempo de preparación: 20 min.

Ingredientes

- ❖ 1 taza de guisantes dulces descongelados o frescos congelados
- ❖ 1 taza de tirabeques
- ❖ 1 taza de guisantes

❖ Vinagreta:
  ➢ ¼ taza de zumo de lima, fresco
  ➢ 1 cucharadita de salsa de soja reducida en sodio
  ➢ 2 cucharaditas de jengibre fresco picado
  ➢ 1 cucharada de semillas de sésamo
  ➢ 1 cucharadita de ralladura de lima fresca
  ➢ 1 cucharada de aceite de sésamo picante
  ➢ ½ taza de aceite de canola

Cómo llegar

Las semillas de sésamo deben tostarse suavemente de 3 a 5 minutos en una sartén caliente, dándoles la vuelta regularmente. Los tres tipos de guisantes deben escaldarse durante 2 minutos a fuego fuerte en una olla grande con agua hirviendo, luego enjuagarse y agitarse en un bol con agua fría. Escurrirlos completamente y pasarlos a un colador. En un bol pequeño, mezcle el zumo de lima, la pimienta negra, la salsa de soja, la ralladura y durante aproximadamente un minuto. Se sigue batiendo a medida que se añade el jengibre. El aceite de sésamo debe añadirse en último lugar, y debe rociarse ligeramente después del aceite de semilla de uva o canola. En un bol grande, mezclar el aliño de ensalada con la mezcla de guisantes. Añadir la pimienta negra y las semillas de sésamo, y servir.

Nutrición por ración: Calorías; 225 kcal, Proteínas; 3 g, Sodio;70 mg, Fósforo; 40 mg, Fibra dietética; 1,8 g, Potasio; 117 mg.

22. Cazuela de judías verdes

6 raciones (1 ración = 85 g)

Tiempo de preparación: 30 min.

Ingredientes

❖ 2 cucharadas de salsa picante
❖ 340 g de judías verdes en rama, frescas
❖ ½ taza de chips de tortilla triturados, sin sal
❖ 2 cucharadas de mantequilla derretida sin sal
❖ ¼ taza de queso cheddar afilado o gorgonzola desmenuzado o rallado
❖ 2 cucharadas de cebollas de verdeo picadas
❖ ½ taza de pan rallado

Cómo llegar

Calentar el horno a 375 grados Fahrenheit. Cortar las judías verdes en trozos de 5 cm. Cuézalas al vapor en un plato apto para microondas durante 5-7 minutos. Mézclelas con la salsa picante. Llene la cacerola con la mezcla. Mezcle los ingredientes restantes en un bol pequeño. Extienda la mezcla uniformemente sobre las judías verdes y, a continuación, hornee la cazuela sin tapar de 12 a 15 minutos, o hasta que estén crujientes, antes de servir.

Nutrición por ración: Calorías; 122 kcal, Proteínas;4 g, Sodio;221 mg, Fósforo; 49 mg, Fibra dietética; 2,4 g, Potasio; 219 mg

23. Stroganoff de ternera con fideos al huevo

6 raciones (1 ración = 280 g)

Tiempo de preparación: 50 min.

Ingredientes

❖ 1 huevo batido
❖ 1 taza de cebollas finamente picadas
❖ ¼ taza de pan rallado
❖ 2 cucharadas de salsa Worcestershire French's reducida en sodio
❖ 1 cucharada de salsa de tomate (sin sal)
❖ 1 cucharada de mayonesa
❖ 3 cucharadas de aceite de canola
❖ 450 g de carne picada de vacuno
❖ 3 tazas de agua
❖ 2 cucharadas de harina
❖ 4 cucharaditas de carne reducida en sodio Better Than Bouillon
❖ 1 cucharadita de pimienta negra molida
❖ 2 cucharadas de cebollino
❖ ¼ taza de nata agria
❖ 2 cucharadas de mantequilla sin sal, cortada en dados y fría
❖ ½ paquete de fideos de huevo cocidos anchos (paquete de 12 onzas)
❖ 1 cucharada de romero picado
❖ ¼ taza de perejil

Cómo llegar

En un bol ancho, mezcle la mitad de la pimienta negra y los seis primeros ingredientes. Añadir la carne y mezclar bien. Formar 16 albóndigas del mismo tamaño. Dorar las albóndigas stroganoff en una cacerola grande a fuego medio. Apartar todas las albóndigas y añadir la harina y el aceite a la sartén, removiendo bien hasta que se mezclen bien. Añadir el resto de la pimienta negra, el caldo y el agua, y cocer durante unos 10 minutos, removiendo de vez en cuando, hasta que la salsa espese. Apague el fuego y añada el cebollino y la nata agria. Servir las albóndigas stroganoff sobre los fideos de huevo. Para la pasta, añade los fideos de huevo y 2 cucharadas de agua a una sartén/cacerola grande. Calentar y remover hasta que estén calientes, luego apagar el fuego. Añada el perejil, el romero y la mantequilla hasta que estén bien mezclados.

Nutrición por ración: Calorías; 490 kcal, Proteínas; 20 g, Sodio; 598 mg, Fósforo; 230 mg, Fibra dietética; 1,8 mg, Potasio;423 mg

24. Verdes salteadas con chuletas de cerdo asadas

6 raciones (1 ración = 1 chuleta de cerdo, 1/6 de verduras salteadas)

Tiempo de preparación: 45 min.

Ingredientes

❖ Chuletas de cerdo asadas:
  ➢ 1 cucharada de pimienta negra
  ➢ 6 chuletas de lomo de cerdo con hueso, naturales, cortadas en el centro
  ➢ 2 cucharaditas de cebolla en polvo granulada
  ➢ 2 cucharaditas de pimentón
  ➢ 1 taza y 2 cucharadas de harina
  ➢ 2 cucharaditas de ajo en polvo granulado
  ➢ 2 tazas de caldo de carne, bajo en sodio;
  ➢ ½ taza de aceite de canola
  ➢ ½ taza de cebolletas frescas cortados al bies
  ➢ 1 ½ tazas de cebollas frescas cortadas en rodajas

- ❖ Verdes salteados:
  - ➢ 2 cucharadas de aceite de oliva
  - ➢ 8 tazas de berza fresca cortada y escaldada
  - ➢ ¼ taza de cebollas picadas
  - ➢ 1 cucharada de mantequilla sin sal
  - ➢ 1 cucharadita de hojuelas de pimiento rojo trituradas
  - ➢ 1 cucharada de ajo fresco picado
  - ➢ 1 cucharadita de vinagre (opcional)
  - ➢ 1 cucharadita de pimienta negra

Cómo llegar

Precalentar el horno a 350°F. Para las chuletas de cerdo, mezcle el pimentón, la pimienta negra, el ajo en polvo y la cebolla en polvo. Sazone ambos lados de las chuletas de cerdo con la mitad de la mezcla y combine la otra mitad con 1 taza de harina. Reserve 2 cucharadas de la mezcla de harina para más tarde. Cubra ligeramente las chuletas de cerdo con la harina sazonada. Caliente el aceite en un horno holandés grande a fuego medio-alto o utilice una sartén apta para horno (sin asas de goma). Freír las chuletas de cerdo por cada lado durante 2-4 minutos o hasta que estén crujientes. Sáquelas de la sartén y vierta todo el aceite menos 2 cucharadas. Cocine las cebollas en el aceite restante durante unos 4-6 minutos hasta que estén translúcidas. Incorpore la mezcla de harina reservada y cocine durante aproximadamente 1 minuto con las cebollas. Añada lentamente el caldo de carne y mezcle hasta que la salsa espese. Vuelva a poner las chuletas de cerdo en la sartén y cúbralas con la salsa. Cúbralas con papel de aluminio y hornéelas a 350°F durante al menos 30-45 minutos. Retirar del horno y dejar reposar durante al menos 5-10 minutos antes de servir. Para las verduras salteadas, blanquear las verduras en agua hirviendo durante 30 segundos. Escurrir el agua y transferir las verduras rápidamente a un recipiente con agua helada. Una vez frías, escúrralas, séquelas y resérvelas. Derrita el aceite y la mantequilla en una sartén grande a fuego medio-alto. Añadir el ajo y la cebolla y cocinar durante unos 4-6 minutos hasta que estén ligeramente dorados. Añadir la berza, el pimiento rojo y la pimienta negra, y cocinar a fuego fuerte durante 5-8 minutos, removiendo continuamente. Retirar del fuego y añadir el vinagre, si se desea. Remover y servir.

Nutrición por ración: Calorías; 464 kcal, Proteínas;27 g, Sodio; 108 mg, Fósforo; 289 mg, Fibra dietética; 1,3 g, Potasio; 604 mg

25. Cerdo asado a fuego lento, estilo hawaiano

16 raciones (1 ración = 110 g)

Tiempo de preparación: 30 min.

Ingredientes

- ❖ ½ cucharadita de pimienta negra molida
- ❖ 1,8 kg de asado de cerdo
- ❖ 1 cucharadita de cebolla en polvo
- ❖ ½ cucharadita de pimentón
- ❖ 2 cucharadas de humo líquido
- ❖ ½ cucharadita de ajo en polvo

Cómo llegar

Precalentar una olla de cocción lenta a fuego alto. En un bol pequeño, mezcle el pimentón, la pimienta negra, el ajo en polvo y la cebolla en polvo. Frote la mezcla de condimentos por ambos lados de la carne de cerdo. Coloque la carne de cerdo en la olla de cocción lenta y rocíe con humo líquido. Añada suficiente agua a la olla de cocción lenta para cubrir la carne de cerdo hasta 1/4-1/2 de pulgada de profundidad. Cocine el cerdo a fuego alto durante 4-5 horas hasta que esté tierno y fácil de desmenuzar. Desmenuce el cerdo con dos tenedores y sáquelo del líquido de cocción. Opcional: adorne con rábanos en rodajas o cebollas rojas encurtidas. Para preparar cebollas rojas encurtidas rápidamente, deje marinar las cebollas en rodajas en una mezcla de 1/3 de taza de vinagre blanco y 1/4 de cucharadita de azúcar durante una hora, luego enjuáguelas y utilícelas como guarnición. Nota: la carne de cerdo desmenuzada puede utilizarse de varias formas, como añadirla a sopas, servirla sobre arroz o añadirla a huevos revueltos para un desayuno rico en proteínas.

Nutrición por ración: Calorías; 285 Kcal, Proteínas; 20 g, Sodio; 54 mg, Fósforo; 230 mg, Fibra dietética; 0 g, Potasio; 380 mg

26. Lomo de cerdo a las hierbas

14 raciones (1 ración = 110 g)

Tiempo de preparación: 30 min.

Ingredientes

- ❖ 2 cucharadas de salsa de soja baja en sodio
- ❖ 1 asado de lomo de cerdo deshuesado (3½ libras o 1,6 kg)
- ❖ 2 cucharadas de semillas de hinojo
- ❖ 2 cucharadas de semillas de anís
- ❖ 2 cucharadas de semillas de eneldo
- ❖ 2 cucharadas de semillas de alcaravea

Cómo llegar

Se añade salsa de soja al asado, cubriéndolo bien. Se combinan las semillas de hinojo, anís, eneldo y alcaravea en un molde para hornear de 13" x 10" x 1". Pase el asado de cerdo por las fuentes para cubrirlo uniformemente. Coloque la carne en el frigorífico durante dos horas o toda la noche después de envolverla en papel de aluminio. Retire el papel de aluminio y encienda el horno a 325 °F. En una fuente de horno poco profunda y ancha, coloque la carne con la grasa hacia arriba sobre la rejilla. Coloque el termómetro para carne en la parte más gruesa con la punta en el centro. Ase el lomo de cerdo de 35 a 40 minutos por libra en la bandeja para horno. El termómetro para carne debe marcar 145 grados Fahrenheit cuando el asado esté terminado. Déjelo reposar tres minutos. Córtelo en rebanadas y luego emplátelo.

Nutrición por ración: Calorías; 224 kcal, Proteínas;24 g, Sodio; 134 mg, Fósforo; 225 mg, Fibra dietética; 1,0 g, Potasio; 405 mg

27. Pesto-Crusted Catfish

6 raciones (1 ración = 140 g)

Tiempo de preparación: 30 min.

Ingredientes

- ❖ 4 cucharaditas de pesto
- ❖ 2 cucharadas de aceite de oliva
- ❖ 900 g de bagre (fileteado y deshuesado), 6 trozos de 140 g
- ❖ ½ taza de queso mozzarella
- ❖ ¾ taza de pan rallado, panko
- ❖ Mezcla de condimentos del Chef McCargo:
  - ➢ 1 cucharadita de cebolla en polvo
  - ➢ ½ cucharadita de hojuelas de pimiento rojo
  - ➢ ½ cucharadita de orégano seco
  - ➢ 1 cucharadita de ajo en polvo
  - ➢ ½ cucharadita de pimienta negra

Cómo llegar

Consiga una temperatura de horno de 400° F. Todos los ingredientes deben combinarse en una taza pequeña antes de espolvorearlos uniformemente por los dos lados del pescado. Los filetes deben tener una capa uniforme de pesto (1 cucharadita por filete), luego deben dejarse a un lado. En un bol mediano, mezcle el queso, el pan rallado y el aceite. Reboce el pescado en la mezcla para cubrir completamente la parte del pesto. Coloque el pescado al pesto en el lado de la bandeja, dejando espacio entre los filetes, y rocíe generosamente o engrase ligeramente la bandeja para hornear. Para obtener el nivel adecuado de dorado, hornear en la rejilla inferior durante 15-20 minutos a 400 °F. Para evitar que el pescado se rompa después de la cocción, déjelo reposar durante 10 minutos antes de sacarlo de la bandeja.

Nutrición por ración: Calorías; 321 kcal, Proteínas;26 g, Sodio; 272 mg, Fósforo; 417 mg, Fibra dietética; 0,8 g, Potasio; 576 mg.

28. Pollo crujiente al limón y hierbas

4 raciones (1 ración = 85 g)

Tiempo de preparación: 30 min.

Ingredientes

- ❖ 4 cucharadas de mantequilla fría sin sal
- ❖ 6 filetes de pollo de 55 g
- ❖ Ralladura de 1 limón o ¼ de taza de zumo de limón
- ❖ ½ taza de pan rallado (panko)
- ❖ 1 cucharada de orégano fresco picado
- ❖ 3 cucharadas de agua (2 cucharadas para terminar la salsa y 1 cucharada para el baño de huevo)
- ❖ 1 yema de huevo
- ❖ 1 cucharada de tomillo fresco picado
- ❖ 1 cucharada de albahaca fresca picada

Cómo llegar

Precalentar 2 cucharadas de mantequilla a fuego medio-bajo. En un bol, mezclar la ralladura de limón y la mitad de las hierbas con el pan rallado. Reservar las hierbas restantes para la salsa de limón. En otro bol, bata la yema de un huevo con 1 cucharada de agua. Coloque los filetes de pollo entre dos hojas de envoltorio de plástico y aplástelos con un mazo de ranura pequeña hasta que queden finos y no rasgados. Sumerja cada filete de pollo en la mezcla de huevo y, a continuación, páselo por el pan rallado con hierbas. Reserve. Precaliente 2 cucharadas de

mantequilla en una sartén a fuego medio. Coloque los filetes de pollo empanados en la sartén y cocínelos durante 2-3 minutos por cada lado. Retire los filetes de pollo de la sartén y déjelos reposar en una bandeja para hornear. Añada el zumo de limón y las hierbas restantes a la misma sartén y caliente hasta que hierva a fuego lento. Apague el fuego. Añada las 2 cucharadas restantes de mantequilla a la salsa y remueva enérgicamente. Corte los filetes de pollo en rodajas y colóquelos en un plato. Vierta la salsa de limón sobre las rodajas de pollo y añada la guarnición.

Nutrición por ración: Calorías; 277 kcal, Proteínas;22 g, Sodio; 141 mg, Fósforo; 226 mg, Fibra dietética; 0,9 g, Potasio; 347 mg

29. Bacon, Egg, and Shrimp Grit Cakes with Cheese Sauce

6 raciones (1 ración = 7 oz.)

Tiempo de preparación: 60 min.

Ingredientes

- ❖ 2 cucharadas de mantequilla sin sal
- ❖ 4 huevos batidos
- ❖ 4 lonchas de bacon, cortado en dados de ½ pulgada (1,3 cm), reducido en sodio;
- ❖ ½ taza de cebolla picada
- ❖ 1 cucharadita de condimento Old Bay, bajo en sodio;
- ❖ 12 gambas 16/20 unidades, picadas, peladas, crudas y desvenadas
- ❖ ½ taza de caldo de pollo (sin sal añadida)
- ❖ ¼ taza de cebollino picado
- ❖ 1 taza de leche (½ taza para la salsa y ½ taza de sémola)
- ❖ 2 cucharaditas de caldo reducido en sodio sabor pollo
- ❖ 2 cucharadas de aceite de canola
- ❖ ½ taza de sémola
- ❖ ½ cucharadita de pimentón ahumado
- ❖ ½ cucharadita de pimienta negra molida
- ❖ ¼ taza de queso Monterrey jack, provolone o Havarti
- ❖ ¼ taza de queso cheddar afilado rallado
- ❖ 1 cucharada de harina
- ❖ ¼ taza de aceite de canola

Cómo llegar

En una sartén antiadherente grande a fuego medio, calentar el aceite de canola y revolver los huevos en un bol mediano hasta que estén ligeramente cocidos pero todavía húmedos. Reservar. Añadir mantequilla a la misma sartén y saltear el bacon, las cebollas, las gambas, la mitad del cebollino y el condimento Old Bay hasta que las gambas estén ligeramente rosadas. Añadir esta mezcla al bol con los huevos revueltos. En la misma sartén, añadir la leche, el caldo de pollo, la sémola y el caldo y cocer según las instrucciones del envase hasta que esté hecho. Apague el fuego e incorpore el beicon, las gambas y la mezcla de huevo. Vierta la mezcla en un molde de 9" x 9" ligeramente engrasado, distribúyala uniformemente, cúbrala y refrigérela hasta que esté firme. Saque la sémola del frigorífico y córtela en 6 cuadrados. En una cacerola, caliente la leche para la salsa hasta que esté tibia, luego bata la pimienta negra, el queso, el pimentón y el cebollino restante hasta que se derrita. Reservar la salsa. En una sartén ancha, calentar la mitad del aceite de canola. Espolvorear los pastelitos con harina y saltearlos hasta que estén dorados. Emplatar las tortas y cubrirlas con la misma cantidad de salsa de queso ahumado. Sírvalos calientes.

Nutrición por ración: Calorías; 390 kcal, Proteínas;15 g, Sodio;831 mg, Fósforo; 240 mg, Fibra dietética; 1,1 g, Potasio; 230 mg

30. Gambas marinadas

12 raciones (ración de 6 gambas)

Tiempo de preparación: 50 min.

Ingredientes

- ❖ 1 1/2 taza de aceite
- ❖ 230 g de gambas grandes
- ❖ 8 hojas de laurel
- ❖ 2 1/2 cucharaditas de alcaparras sin escurrir
- ❖ 3/4 de taza de vinagre blanco
- ❖ 1 cucharadita de sal
- ❖ 1 1/2 cucharadita de semillas de apio
- ❖ 1 diente de ajo picado
- ❖ 1 cucharadita de clavos enteros
- ❖ 2 tazas de cebollas peladas y cortadas en rodajas finas
- ❖ Dos pizcas de salsa o pimienta roja

Cómo llegar

Para crear una combinación, combine todos los materiales indicados anteriormente. Tome dos camarones grandes, desvenados y de media libra que hayan sido cocidos en un hervor de cangrejo. Ponga la mezcla. Ponga la mezcla de camarones, cebollas y hojas de laurel en capas en un recipiente de vidrio y refrigere por 24 horas. Disfrute.

Nutrición por ración: Calorías; 188 kcal, Proteínas;17 g, Sodio;180 mg, Fósforo; 162 mg, Potasio; 187 mg

31. Kielbasa y verduras

Tiempo total: 1 hr. | Preparación: 20 min. Hornear: 40 min. | Rinde: 6 porciones

Ingredientes

- ❖ 3 boniatos medianos, pelados y cortados en trozos de 1 pulgada
- ❖ 1 cebolla dulce grande, cortada en trozos de 2 cm
- ❖ 4 zanahorias medianas, cortadas en trozos de 1 pulgada
- ❖ 2 cucharadas de aceite de oliva
- ❖ 450 g de kielbasa ahumada o salchicha polaca, partida por la mitad y cortada en trozos de 2,5 cm
- ❖ 1 calabaza de verano amarilla mediana, cortada en trozos de 2,5 cm (1 pulgada)
- ❖ 1 calabacín mediano, cortado en trozos de 2,5 cm
- ❖ 1/4 cucharadita de sal
- ❖ 1/4 cucharadita de pimienta
- ❖ Mostaza de Dijon, opcional

Cómo llegar

Precalentar el horno a 400 grados. Divida los boniatos, la cebolla y las zanahorias en dos bandejas para horno aceitadas de 38 x 25 x 2,5 cm. Verter el aceite por encima y remover para cubrir. Asar durante 25 minutos, removiendo de vez en cuando. La calabaza, el calabacín y

la kielbasa se añaden a las sartenes junto con sal y pimienta. Cocer las verduras otros 15-20 minutos o hasta que estén blandas. Colocar en una fuente de servir y remover. Añadir mostaza si se desea.

32. Puré de zanahorias y jengibre

3 raciones (1 ración = 1/3 de la receta)

Tiempo de preparación: 30 min.

Ingredientes

- ❖ 1/2 cucharadita de jengibre fresco picado
- ❖ 2 tazas de zanahorias baby
- ❖ 1/2 cucharadita de extracto de vainilla
- ❖ 1/2 cucharadita de pimienta negra
- ❖ 1/2 cucharadita de miel
- ❖ Guarnición opcional: 1 cucharada de cebollino fresco picado

Cómo llegar

Las zanahorias deben cocerse al vapor o a fuego fuerte hasta que estén bastante blandas. Bajar el fuego y triturar las zanahorias con un pasapurés. Remover para mezclar bien antes de añadir el resto de ingredientes (extracto de vainilla, miel, pimienta y jengibre). Decorar opcionalmente con cebollino picado y servir. Utilizar una batidora o un robot de cocina para triturar las zanahorias más suavemente.

Contenido en nutrientes por ración 30 kcal de calorías, 1 g de proteínas, 55 mg de sodio, 21 mg de fósforo, 2 g de fibra alimentaria y 174 mg de potasio.

33. Hamburguesa de frijoles negros y ensalada de cilantro

6 raciones (1 ración = 1 hamburguesa)

Tiempo de preparación: 60 min.

Ingredientes

- ❖ 1/2 taza de trigo bulgur (para prepararlo, mezcle 1/2 taza de trigo bulgur con 1/2 taza de agua caliente y déjelo reposar durante al menos 30 minutos)
- ❖ 1/2 taza de alubias negras secas, escurridas, enjuagadas y machacadas con bajo contenido en sodio
- ❖ 1 cucharadita de ajo granulado
- ❖ 1 cucharadita de pimienta negra molida
- ❖ 1 cucharada de salsa Worcestershire French's reducida en sodio
- ❖ 1/2 cucharadita de pimentón ahumado
- ❖ 1 cucharada de carne reducida en sodio Better Than Bouillon
- ❖ 1 cucharadita de copos de cebolla
- ❖ 1/4 taza de cebolletas
- ❖ 1/2 taza de cebollas (rehogadas hasta que estén transparentes)
- ❖ 3 tazas de ensalada de repollo, bolsa de 10 onzas (280 gr)
- ❖ 2 cucharadas de harina
- ❖ 2 cucharadas de cilantro
- ❖ 1/4 taza de vinagre balsámico
- ❖ 2 cucharadas de aceite de canola para dorar
- ❖ 2 cucharadas de aceite de sésamo

- ❖ ralladura de una lima
- ❖ ¼ taza de zumo de lima
- ❖ 6 panecillos de hamburguesa
- ❖ ¼ taza de mayonesa

Cómo llegar

Precalentar el horno a 400°F. En un tazón mediano, mezcle el trigo bulgur, los frijoles negros, la pimienta negra, el pimentón ahumado, el ajo en polvo, las hojuelas de cebolla, la salsa Worcestershire, el caldo de res y media taza de cebollines y cebollas. Mezclar bien. Divida la mezcla en hamburguesas, de media taza cada una, y refrigere o congele hasta que estén firmes. En un bol pequeño, mezcle el aceite de sésamo, el zumo de lima, el vinagre y una cucharada de cilantro para hacer una vinagreta. Reserve dos cucharadas de la vinagreta para más tarde. Añada la vinagreta restante a un bol con la ensalada y remuévala suavemente. Refrigérela hasta el momento de usarla. En otro bol pequeño, mezcle la mayonesa y la vinagreta reservada. Reservar. Espolvoree las hamburguesas con harina y elimine el exceso. Colóquelas en una bandeja para hornear rociada con aceite en aerosol y rocíe también la parte superior de las hamburguesas. Hornear durante 14 minutos, dando la vuelta a las hamburguesas a la mitad.

- ❖ Tostar los panecillos y untar cada mitad con la misma cantidad de la mezcla de mayonesa.
- ❖ Añadir las hamburguesas de judías negras a los panecillos y cubrir con 1/4 de taza (o la cantidad deseada) de ensalada.
- ❖ Opcional: Si tienes prisa, puedes asar las hamburguesas de judías negras con un poco de aceite de canola por ambos lados durante 3-4 minutos a fuego medio-alto.
- ❖ Nota: También puede servir estas hamburguesas de frijoles negros con rodajas de aguacate o sus ingredientes favoritos.

Nutrición por ración: Calorías; 380 kcal, Proteínas; 9 g, Sodio;520 mg, Fósforo; 129 mg, Fibra dietética; 5 g, Potasio; 313 mg

34. Hojas de berza salteadas

6 raciones (1 ración = 1/6 de porción)

Tiempo de preparación: 30 min.

Ingredientes

- ❖ 2 cucharadas de aceite de oliva
- ❖ 8 tazas de berza fresca, escaldada y troceada
- ❖ ¼ taza de cebollas picadas
- ❖ 1 cucharadita de pimienta negra molida
- ❖ 1 cucharada de mantequilla sin sal
- ❖ 1 cucharadita de hojuelas de pimiento rojo triturado
- ❖ 1 cucharada de ajo fresco picado
- ❖ Opcional: 1 cucharada de vinagre

Cómo llegar

Poner la berza en una olla con agua caliente durante 30 segundos para aligerarla. Escurrir la berza del agua hirviendo y colocarla lo antes posible en un plato grande con agua helada. Deje que se enfríen antes de colarlas, secarlas y reservarlas. Calentar la mantequilla y el aceite en una sartén grande a fuego medio-alto. Añadir el ajo y la cebolla durante unos 4-6 minutos, hasta que estén bien dorados. Añadir la berza y la pimienta roja y negra, remover regularmente y hervir a fuego fuerte durante 5-8 minutos. Retire la sartén del fuego y, si es necesario, añada el vinagre.

Nutrición por ración: Calorías; 79 kcal, Proteínas;2 g, Sodio;9 mg, Fósforo; 18 mg, Fibra dietética; 2,2 g, Potasio; 129 mg

35. Arroz frito con huevo

10 raciones (1 ración = ½ taza)

Tiempo de preparación: 230 min.

Ingredientes

- ❖ 2 huevos
- ❖ 2 cucharaditas de aceite de sésamo oscuro
- ❖ 1 cucharada de aceite de canola
- ❖ 2 claras de huevo
- ❖ ⅓ taza de cebollas de verdeo picadas
- ❖ ¼ cucharadita de pimienta negra molida
- ❖ 1 taza de brotes de soja
- ❖ 1 taza de guisantes congelados descongelados
- ❖ 4 tazas de arroz cocido en frío

Cómo llegar

Se combinan las claras de huevo, el aceite de sésamo y los huevos en un bol pequeño. Las claras, el aceite de sésamo y los huevos se combinan hasta formar un pequeño arco. Se apartan después de removerlos bien. Se calienta el aceite de canola en una sartén antiadherente grande a fuego medio-alto. Se añade la mezcla de huevo y se sofríe hasta que esté hecha. Añadir los brotes de soja y las cebolletas. Saltee durante dos minutos. Incorpore el arroz y los guisantes. Saltee hasta que todo esté bien caliente. Servir con pimienta negra para darle sabor y enseguida.

Nutrición por ración: Calorías; 137 kcal, Proteínas; 5 g, Sodio; 38 mg, Fósforo; 67 mg, Fibra dietética; 1,3 g, Potasio; 89 mg.

36. Albóndigas italianas

12 raciones (dos albóndigas cada una)

Tiempo de preparación: 60 min.

Ingredientes

- ❖ 2 huevos grandes batidos
- ❖ 680 g de carne picada de vacuno
- ❖ 1/2 cucharadita de pimienta negra
- ❖ 3 cucharadas de queso parmesano
- ❖ 1/2 taza de copos de avena, secos
- ❖ 1/2 cucharada de ajo en polvo
- ❖ 1/2 cucharada de aceite de oliva
- ❖ 1/2 taza de cebolla picada
- ❖ 1 cucharadita de orégano seco

Cómo llegar

Encienda el horno a 375°F. Combine todos los ingredientes y mézclelos en un recipiente grande. Enrolle cada uno en una bola de 1 pulgada, luego coloque en una bandeja para hornear. Para cocinar bien las albóndigas, hornéelas de 10 a 15 minutos. Para servir las albóndigas a fuego lento, colóquelas en una fuente para calentar o en una olla de cocción lenta. Añada también 2 cucharaditas de salsa aparte.

Nutrición por ración: Calorías; 163 kcal, Proteínas;13 g, Sodio;72 mg, Fósforo; 125 mg, Potasio; 199 mg

37. Pavo al curry con arroz

6 raciones

Tiempo de preparación: 30 min.

Ingredientes

- ❖ 450 g de pechuga de pavo cortada en ocho chuletas (56 g)
- ❖ 1 cucharadita de aceite vegetal
- ❖ 1 cucharada de margarina sin sal
- ❖ 2 tazas de arroz blanco cocido
- ❖ 1 cebolla mediana picada
- ❖ 2 cucharadas de harina
- ❖ 1 taza de caldo de pollo bajo en sodio;
- ❖ 2 cucharaditas de curry en polvo
- ❖ 1 cucharadita de azúcar
- ❖ 1/2 taza de crema no láctea

Cómo llegar

Calentar el aceite en una sartén grande. Añadir el pavo y cocinarlo durante al menos 10 minutos, dándole la vuelta una vez, hasta que ya no esté rosado. Colocar el pavo en un plato. Para mantenerlo caliente, envolverlo en papel de aluminio. Derretir la margarina en la misma sartén. Añadir la cebolla y el curry en polvo. Hervir durante al menos cinco minutos y, a continuación, añadir la harina sin dejar de batir. Añadir la crema no láctea, el caldo y el azúcar y remover. hasta que espese, removiendo a menudo. Coloque el pavo en la sartén. Saltéelo, dándole la vuelta para cubrirlo, durante unos 2 minutos, o hasta que esté bien cocido. Sirva el arroz con la salsa y el pavo por encima.

Nutrición por ración: Calorías; 154 kcals, Proteína; 8 g, Sodio; 27 mg, Fósforo; 88 mg, Fibra dietética; 1 g, Potasio; 156 mg

38. Pasta con salsa de carne y queso

6 raciones (1 ración = 8 oz.)

Tiempo de preparación: 30 min.

Ingredientes

- ❖ 450 g de carne picada de vacuno
- ❖ ½ caja de pasta grande
- ❖ 1 cucharada de copos de cebolla
- ❖ ½ taza de cebolla picada
- ❖ 1 cucharada de caldo de carne Better Than Bouillon (sin sal)
- ❖ 1½ tazas de caldo de carne reducido en sodio o sin sodio
- ❖ ¾ taza de queso pepper jack o Monterey rallado
- ❖ 1 cucharada de salsa de tomate (sin sal)
- ❖ ½ cucharadita de condimento italiano
- ❖ 225 g de queso crema ablandado

- ❖ 2 cucharadas de salsa Worcestershire French's reducida en sodio
- ❖ ½ cucharadita de pimienta negra molida

Cómo llegar

Preparar los fideos de pasta siguiendo las instrucciones del paquete. En una sartén grande, cocine la cebolla, la carne picada y los copos de cebolla hasta que la carne esté dorada. Después de aclararla, mezcle el caldo, la salsa de tomate y el consomé. Llevar a ebullición removiendo de vez en cuando. Después de añadir el queso crema, los condimentos (pimienta negra, salsa Worcestershire y condimento italiano) y el queso rallado, incorporar la pasta cocida y apagar el fuego. Añada la mezcla de espaguetis y remueva hasta que el queso esté completamente fundido. Consejo: Se puede sustituir el pavo por carne picada.

Nutrición por ración: Calorías; 502 kcal, Proteínas;23 g, Sodio; 401 mg, Fósforo; 278 mg, Fibra dietética; 1,7 g, Potasio; 549 mg.

39. Judías verdes mediterráneas

4 raciones (1 ración = 1 taza)

Tiempo de preparación: 20 min.

Ingredientes

- ❖ ¾ de taza de agua
- ❖ 450 g de judías verdes, cortadas en trozos de 5 cm
- ❖ 3 dientes de ajo fresco picado
- ❖ 2 ½ cucharaditas de aceite de oliva
- ❖ 1/8 cucharadita de pimienta negra
- ❖ 3 cucharadas de zumo de limón fresco

Cómo llegar

En una sartén antiadherente grande, llevar el agua a ebullición. Añadir las alubias; cocer a fuego lento durante 3 minutos, escurrir y reservar. A fuego medio-alto, calentar la sartén, añadir el aceite, las alubias y el ajo; añadir la pimienta y el zumo; y saltear durante al menos un minuto. CONSEJO: Para mejorar el sabor de la cocina, añade zumo de limón en lugar de sal.

Nutrición por ración: Calorías; 71 kcal, Proteínas; 2 g, Sodio; 2 mg, Fósforo; 37 mg, Fibra dietética; 3,7 g, Potasio; 186 mg

40. Chuletas de cerdo a la parrilla y glaseado de melocotón

8 raciones (1 ración = 4 onzas o 110 gramos)

Tiempo de preparación: 35 min.

Ingredientes

- ❖ 1 taza de conservas de melocotón
- ❖ 8 chuletas de cerdo de 110 g, cortadas en el centro (elegir chuletas deshuesadas)
- ❖ ralladura de 1 lima y ¼ de taza de zumo de lima
- ❖ 2 cucharadas de cilantro
- ❖ 1 cucharadita de pimentón ahumado
- ❖ 1 cucharada de salsa de soja baja en sodio;
- ❖ ½ cucharadita de hojuelas de pimiento rojo

- ❖ 2 cucharaditas de copos de cebolla secos
- ❖ ¼ taza de aceite de oliva
- ❖ ½ cucharadita de pimienta negra

Cómo llegar

Encienda la plancha eléctrica a temperatura alta o precaliente la parrilla. En un bol mediano, mezcle todos los ingredientes (excepto las chuletas de cerdo) y remuévalos bien. Tome una cuarta parte de la mezcla, resérvela y deje marinar las chuletas de cerdo en la marinada restante durante al menos 4 horas, preferiblemente toda la noche. Las chuletas de cerdo deben asarse durante 6-8 minutos por cada lado, luego se sacan de la parrilla y se dejan reposar de 7 a 10 minutos antes de servirlas.

Nutrición por ración: Calorías; 357 kcal, Proteínas;23 g, Sodio; 158 mg, Fósforo; 188 mg, Fibra dietética; 0 g, Potasio; 363 mg.

41. Arroz pilaf al horno con calabaza

8 raciones (2/3 de taza cada una)

Tiempo de preparación: 30 min.

Ingredientes

- ❖ 3 tazas de arroz cocido (sin sal)
- ❖ 1 calabaza cruda -3-5 lbs. (1,35-2,25 kg)
- ❖ 2 tallos de apio cortados en dados (o personalizar con calabacín, pimientos, verduras o quingombó)
- ❖ 2 cebollas pequeñas picadas
- ❖ 2 dientes de ajo picados
- ❖ 2 cucharadas de aceite de canola
- ❖ 2 zanahorias peladas y cortadas en dados
- ❖ Hierbas frescas de su preferencia (cilantro, perejil, albahaca), pimienta negra o hierbas secas
- ❖ 1 taza de arándanos rojos, secos o frescos

Cómo llegar

Puedes preparar el arroz pilaf y la cáscara de calabaza con antelación y guardarlos por separado en el frigorífico hasta que vayas a hornearlos. A continuación te explicamos cómo preparar la cáscara de calabaza: Corta con cuidado la parte superior de la calabaza para hacer una tapa. Asegúrate de que quede bien ajustada y resérvala. Retira todas las semillas y el material fibroso del interior de la calabaza para dejarla hueca. Coloca la calabaza en una bandeja de horno forrada con papel de aluminio. Si la preparas con antelación, guarda la calabaza en la nevera. A continuación te explicamos cómo preparar el relleno: Nota: Si utilizas una calabaza grande, tendrás que duplicar los ingredientes del arroz pilaf. Prepara el arroz pilaf si aún no lo has hecho y resérvalo. En una cacerola, sofríe las verduras (apio, cebolla, ajo y zanahorias) en aceite de canola hasta que estén tiernas. Añade los arándanos, los condimentos y el arroz a las verduras y mezcla bien. Para hornear: Precalentar el horno a 350°F. Vierta suavemente la mezcla de arroz pilaf en la cáscara de calabaza y vuelva a colocar la tapa. Si no utiliza una calabaza, coloque la calabaza rellena en una cazuela. Hornear durante unos 60 minutos o hasta que un tenedor o cuchillo atraviese fácilmente la cáscara de calabaza. Si utiliza una cazuela, cúbrala y hornee durante 30 minutos o hasta que esté bien cocida. Deje enfriar la calabaza durante al menos 15 minutos. Para servir, utilice una cuchara grande para sacar porciones del

pilaf de la cáscara de calabaza. También puede cortar la calabaza en 8 o 12 trozos y servirlos con el pilaf. La pulpa de la calabaza estará tierna pero firme, y podrá quitarle la piel dura antes de comerla.

Nutrición por ración: Calorías; 460 kcal, Proteínas; 5 g, Sodio;40 mg, Fósforo; 110 mg, Potasio; 426 mg.

42. Hamburguesa de calabacín

4 raciones (1 ración = 1 hamburguesa)

Tiempo de preparación: 40 min.

Ingredientes

- ❖ 1 taza de calabacín rallado
- ❖ 450 g de carne picada de pavo
- ❖ 1 chile jalapeño picado y sin semillas (cortado a lo largo)
- ❖ ½ taza de cebolla picada
- ❖ 1 cucharadita de mezcla extra picante
- ❖ 1 huevo
- ❖ 1 cucharadita de mostaza (opcional)
- ❖ 2 chiles poblanos frescos sin semillas cortados por la mitad a lo largo)

Cómo llegar

Mezcla bien los ingredientes. Haz 4 hamburguesas con la mezcla de carne para las hamburguesas de pavo. Puede asar las hamburguesas de pavo en una barbacoa o en una plancha eléctrica. Los pimientos se pueden cocinar con las hamburguesas de pavo hasta que el centro ya no esté rosado y la piel esté ampollada y blanda a 165 °F. Coloque la hamburguesa en un pan de hamburguesa, cubra con pimiento asado picado y sirva.

Nutrición por ración: Calorías; 211 kcal, Proteínas;25 g, Sodio; 128 mg, Fósforo; 280 mg, Fibra dietética; 1,6 g, Potasio; 475 mg

43. Costillas BBQ con adobo

16 raciones

Tiempo de preparación: 70 min.

Ingredientes

- ❖ 2 cucharadas de azúcar moreno
- ❖ 1/4 de taza de miel
- ❖ 2 cucharadas de cebolla dulce picada fina
- ❖ 1/4 de taza de vinagre de sidra de manzana
- ❖ 1 diente de ajo rallado o picado
- ❖ 1 vaso de agua
- ❖ 2 cucharadas de pasta de tomate
- ❖ 2 cucharaditas de mostaza seca
- ❖ 1 cucharada de harina común
- ❖ 1 cucharadita de salsa marrón
- ❖ 1 cucharadita de salsa de pimiento picante
- ❖ 1/4 cucharadita de sal
- ❖ 1-1/2 cucharadas de mantequilla sin sal

Cómo llegar

Costillas marinadas en salsa barbacoa. Se pica el diente de ajo y se corta la cebolla en rodajas finas. Se derrite la mantequilla en una sartén a fuego lento. Añadir el ajo y la cebolla y cocinar hasta que empiecen a dorarse. Añadir todos los ingredientes, excepto la harina. Se sigue calentando y removiendo hasta que todo esté mezclado y la salsa empiece a hervir a fuego lento. Se añade la harina y se reduce el amor. Remover todo junto mientras la salsa sigue espesando. Para adobar las costillas para la barbacoa, tape la olla y déjela aparte. Si no se usa inmediatamente, guárdela en el frigorífico durante unos 7 días o congélela hasta que esté lista para descongelarla o usarla. Pautas de preparación: Saque el costillar del envase. (Sólo si el carnicero no lo ha hecho ya, raspe la piel de la parte posterior del costillar). Coloque la parte inferior del costillar sobre el papel de aluminio. Déle la vuelta después de añadir la marinada a la parte inferior. Añada un poco de adobo en la parte superior de la rejilla y, con cuidado, dé la vuelta al papel de aluminio, cubriendo la parte superior y los lados para evitar que se salga el adobo. Guarde algo del adobo restante para mojar o para la fase final de caramelización del asado. Mientras prepara la parrilla, coloque las costillas envueltas en papel de aluminio en el frigorífico para que se marinen.

Nutrición por ración: Calorías; 626 kcal, Proteínas;50 g, Sodio; 118 mg, Fósforo; 309 mg, Fibra dietética; 0 g, Potasio; 490 mg

44. Asado de cerdo con arándanos

12 raciones (1 ración = 110 g)

Tiempo de preparación: 75 min.

Ingredientes

- ❖ ½ cucharadita de sal
- ❖ 4 lb. (1,8 kg) de asado de cerdo, corte central
- ❖ 1 taza de arándanos picados
- ❖ ⅛ cucharadita de nuez moscada
- ❖ 1 cucharadita de pimienta negra
- ❖ ¼ taza de miel
- ❖ 1 cucharada de azúcar moreno
- ❖ ⅛ cucharadita de clavo molido
- ❖ 1 cucharadita de cáscara de naranja rallada

Cómo llegar

Salpimienta el asado de cerdo. Póngalo en una olla de cocción lenta o crock pot. Vierte sobre el asado después de añadir el resto de ingredientes. Déjalo de 8 a 10 horas a fuego bajo, tápalo y cuécelo a fuego lento. Saca el asado de la olla de cocción lenta o crockpot y córtalo en 24 trozos. Añade una cucharadita de goteo para cubrirlo.

Nutrición por ración: Calorías; 287 kcal, Proteínas;30 g, Sodio; 190 mg, Fósforo; 240 mg, Fibra dietética; 0,4 g, Potasio; 406 mg.

45. Enchiladas de pollo

7 raciones

Tiempo de preparación: 30 min.

Ingredientes

- ❖ Salsa de enchilada:
  - ➢ 2 dientes de ajo picados

- ➢ 1 cucharada de aceite de oliva
- ➢ 1/2 cucharadita de orégano seco
- ➢ 1 cucharadita de cebolla picada
- ➢ 1/2 cucharadita de albahaca seca
- ➢ 1 vaso de agua
- ➢ 2 1/2 cucharaditas de chile en polvo
- ➢ 1/2 cucharadita de comino molido
- ➢ 1/2 cucharadita de pimienta negra molida
- ➢ Lata de 170 g de salsa de tomate sin sal
- ➢ 2 cucharaditas de perejil picado
- ❖ Enchiladas:
  - ➢ 2 cucharadas de aceite de canola
  - ➢ 225 g de pollo hervido desmenuzado (2 pechugas de pollo)
  - ➢ Lata de 200 g de chiles verdes cortados en dados
  - ➢ 1 taza de queso Monterrey jack rallado
  - ➢ 1 cebolla mediana picada
  - ➢ 225 g de nata agria
  - ➢ 225 g de caldo de pollo bajo en sodio;
  - ➢ 7 6" (15 cm)- tortillas de harina
  - ➢ 3 cebollas verdes picadas

Cómo llegar

Salsa para enchiladas: En una cacerola, caliente el aceite a fuego medio. Añada la cebolla y el ajo y sofríalos durante 2 minutos. Añadir el resto de ingredientes de la salsa y llevar a ebullición. Baje el fuego y deje cocer a fuego lento durante 15-20 minutos. Reservar.

Enchiladas: Precaliente el horno a 350°F. Caliente el aceite a fuego medio en una sartén grande. Agregue las cebollas y cocine por 5 minutos. Añada los chiles verdes, el caldo de pollo y el pollo. Lleve a ebullición, luego reduzca el fuego y cocine durante 15 minutos. En un bol pequeño, mezcle la mitad de las cebollas verdes con la nata agria. Vierta 1/3 de taza de la mezcla de pollo en cada tortilla. Enrolle la tortilla y colóquela con la costura hacia abajo en una sola capa en una fuente para hornear de 9x9 pulgadas. Repita la operación con el resto de las tortillas y el relleno. Vierta la salsa de enchilada sobre las tortillas enrolladas y espolvoree el queso rallado y las cebollas de verdeo restantes. Hornee durante 30 minutos, hasta que el queso esté derretido y burbujeante. Sirva caliente.

Nutrición por ración: Calorías; 351 kcal, Proteínas;17 g, Sodio;347 mg, Fósforo; 238 mg, Fibra dietética; 3 g, Potasio; 474 m

46. Carne picante salteada

4 raciones (1 ración = 1 taza)

Tiempo de preparación: 60 min.

Ingredientes

- ❖ ¼ cucharadita de aceite de sésamo
- ❖ 2 cucharadas de fécula de maíz separada
- ❖ 2 cucharadas de agua, separadas
- ❖ ½ cucharadita de azúcar
- ❖ 3 cucharadas de aceite de canola, separadas
- ❖ 1 huevo grande batido
- ❖ 1 pimiento verde en rodajas
- ❖ 340 gr. de punta redonda de ternera en lonchas
- ❖ ¼ cucharadita de guindilla roja molida
- ❖ 1 taza de cebollas en rodajas
- ❖ 2 cucharaditas de salsa de soja reducida en sodio

- 1 cucharada de jerez
- Guarnición opcional: perejil

Cómo llegar

En un bol grande, mezcle la carne con 1 cucharada de almidón de maíz, 1 cucharada de agua, 1 huevo grande y 1 cucharada de aceite de canola. Deje marinar durante 20 minutos. En otro bol, mezcle la maicena restante con el agua. Finalmente, déjelo a un lado. Caliente las 2 cucharadas restantes de aceite de canola antes de añadir la mezcla de carne a una sartén. Saltear hasta que el corazón empiece a dorarse. Añadir la cebolla, los pimientos verdes y la guindilla. Se añade el jerez después de remover durante un minuto. Añadir el azúcar, el aceite de sésamo y la salsa de soja. Añadir un poco de agua y almidón de maíz para espesar. Guarnición opcional: Añadir perejil al salteado de carne.

Nutrición por ración: Calorías; 261 kcal, Proteínas;21 g, Sodio;169 mg, Fósforo; 167 mg, Fibra dietética; 1,5 g, Potasio; 313 mg

47. Gambas al ajillo

5 raciones

Tiempo de preparación: 30 min.

Ingredientes

- 1 taza de margarina derretida, sin sal
- 450 g de gambas con cáscara
- 1 diente de ajo picado
- 1/8 cucharadita de pimienta
- 2 cucharaditas de zumo de limón
- 1 cucharada de perejil fresco picado
- 2 cucharadas de cebolla picada

Cómo llegar

Encienda la parrilla. Los camarones deben estar limpios y secos. En una bandeja para hornear pequeña, combine la margarina, la cebolla, el jugo de limón, la pimienta y el ajo. Añada las gambas y déles la vuelta en la cobertura. Ase durante 5 minutos. Dar la vuelta y asar otros 5 minutos. Servir en un plato con los jugos de la sartén escurridos. Esparza perejil por encima. Pele las gambas y cómalas.

Nutrición por ración: Calorías; 404 kcal, Proteínas; 14 g, Sodio; 105 mg, Fósforo; 157 mg, Fibra dietética; 0 g, Potasio; 153 mg

48. Sukiyaki y arroz

10 raciones

Tiempo de preparación: 50 min.

Ingredientes

- 1 cucharada de aceite vegetal
- 225 g de carne magra de vacuno (cortada en trozos finos)
- 1/2 taza de apio (cortado en rodajas de 1,3 cm)
- 1 taza de nabo blanco (cortado en trozos de 0,3 cm)
- 3 cebolletas (cortadas finas), medianas
- 1 pimiento verde mediano (cortado en aros)

- 1 cebolla mediana (cortada en trozos de 0,3 cm)
- 1 taza de col rallada
- 3/4 de taza de champiñones laminados
- 1 tomate mediano cortado en rodajas
- 1/2 taza de brécol picado y congelado
- 1 cucharada de azúcar
- 2 cucharadas de salsa de soja baja en sodio;
- 5 tazas de arroz blanco cocido
- 1 cucharada de agua

Cómo llegar

Poner el aceite en una sartén grande y pesada (la mayoría de las sartenes eléctricas son adecuadas), y dorar ligeramente la carne por ambos lados. Añadir las verduras a la sartén después de bajar el fuego a fuego lento (por capas). Untar las verduras con una mezcla de azúcar, agua y salsa de soja. A fuego moderado, tapar y cocer al vapor de 10 a 15 minutos. Reservar. Servir con media taza de arroz cocido por ración.

Nutrición por ración: Calorías; 495 kcal, Proteínas;24 g, Sodio; 161 mg, Fósforo; 251 mg, Fibra dietética; 2 g, Potasio; 536 mg.

49. Ensalada china de pollo

8 raciones

Tiempo de preparación: 20 min.

Ingredientes

- 3 cucharadas de aceite de oliva, divididas
- 2 paquetes de fideos, ramen
- 1/2 taza de vinagre de arroz o vinagre de vino blanco
- 2 tazas de pavo o pollo cocido cortado en dados
- 2 cucharadas de semillas de sésamo
- 4 cebollas verdes picadas
- 1/2 cabeza de col picada y rallada
- 1 cucharada de aceite de sésamo
- 1/4 taza de Splenda o azúcar

Cómo llegar

Cuando aún estén en el paquete, coge los fideos y aplástalos. Abre los paquetes y saca los sazonadores. Calienta 1 cucharada de aceite de oliva en una sartén. Calienta las semillas de sésamo y los fideos secos hasta que se doren después de añadirlos. Mezcla el pavo o el pollo, las cebollas de verdeo y el repollo en un bol. Combina el pollo o pavo con la col, las cebollas verdes y los fideos ramen. Mezcle el azúcar, 2 cucharadas de aceite de oliva, el vinagre y el aceite de sésamo en un bol aparte. Pon ahí el aliño de la ensalada.

Nutrición por ración: Calorías; 203 kcal, Proteínas;19 g, Sodio;48 mg, Fósforo; 41 mg, Potasio; 259 mg

50. Chuletas de cerdo picantes con manzanas

6 raciones (tamaño de la ración: 1 chuleta)

Tiempo de preparación: 120 min.

Ingredientes

- 3/4 cucharadita de sal

- ❖ 2 dientes de ajo picados, pelados
- ❖ 1 cebolla roja, grande y pelada, cortada en rodajas de 3/4 de pulgada (1,9 cm)
- ❖ 1/2 cucharadita de azúcar
- ❖ 1,2 cucharaditas de jengibre molido
- ❖ 1/4 cucharadita de comino molido
- ❖ 1/4 cucharadita de pimienta
- ❖ 2 manzanas Roma Beauty, medianas, sin corazón, cortadas en rodajas de 1 pulgada
- ❖ 6 chuletas de cerdo grandes

Cómo llegar

Se mezclan los dientes de ajo, la sal, el jengibre, el azúcar, la pimienta y el comino molido. En ambos lados de cada chuleta de cerdo, frote la mezcla de especias. Colóquelas en una cazuela de cristal grande. Introduzca las rodajas de manzana y cebolla entre las chuletas. Papel de aluminio debe ser arrugado y colocado en cada extremo de la sartén para presionar los ingredientes juntos. Hornee durante 20 minutos a 400F. Hornee durante 30-35 minutos con el calor reducido a 325F. Destape. Retire el papel de aluminio arrugado de las chuletas y hornee durante unos 15 minutos o hasta que estén ligeramente doradas. Ponga sobre el arroz.

Nutrición por ración: Calorías; 215 kcal, Proteínas;15 g, Sodio;330 mg, Fósforo; 126 mg, Potasio; 288 mg

51. Pollo al limón, cocción lenta

4 raciones (1 ración = 110 g)

Tiempo de preparación: 30 min.

Ingredientes

- ❖ ¼ cucharadita de pimienta negra molida
- ❖ 1 cucharadita de orégano seco
- ❖ 450 g de pechuga de pollo deshuesada y sin piel
- ❖ 2 cucharadas de mantequilla sin sal
- ❖ 1 cucharadita de albahaca fresca picada
- ❖ ¼ taza de agua
- ❖ ¼ taza de caldo de pollo bajo en sodio
- ❖ 2 dientes de ajo picados
- ❖ 1 cucharada de zumo de limón

Cómo llegar

Mezclar el orégano y la pimienta negra en un bol pequeño. Frote la mezcla sobre el pollo. Derretir la mantequilla a fuego medio en una sartén mediana. Dorar el pollo en la mantequilla derretida antes de transferirlo a una olla de cocción lenta. En una sartén, combina el agua, el caldo de pollo, el ajo, el zumo de limón y el ajo. Llévelo a ebullición para que suelte los trozos dorados de la sartén. Ponlo encima del pollo. Tapar la olla de cocción lenta y programar 5 horas a fuego lento o 2 12 horas a fuego máximo. Untar el pollo con una mezcla de albahaca. Cocina el pollo tapado durante 15-30 minutos, o hasta que esté tierno.

Nutrición por ración: Calorías; 197 kcal, Proteínas;26 g, Sodio; 57 mg, Fósforo; 251 mg, Fibra dietética; 0,3 g, Potasio; 412 mg

52. Tapas de tilapia marinada en adobo

12 raciones (1 ración = 4 tazas de wonton)

Tiempo de preparación: 30 min.

Ingredientes

- ❖ Spray antiadherente
- ❖ 48 envoltorios wonton pequeños
- ❖ 6 filetes de tilapia (85 g)
- ❖ Salsa Adobo:
  - ➢ 1 cucharada de orégano
  - ➢ 3 cucharadas de pimentón español
  - ➢ ¼ taza de aceite de oliva virgen extra
  - ➢ 1 cucharadita de pimienta negra
  - ➢ 3 cucharadas de cilantro fresco picado
  - ➢ ½ taza de vinagre de vino tinto
  - ➢ 1 cucharadita de hojuelas de pimiento rojo
- ❖ Slaw Mix:
  - ➢ 1 cucharada de ajo fresco picado
  - ➢ ½ taza de mayonesa
  - ➢ 4 tazas de ensalada de col fresca rallada
  - ➢ ¼ taza de zumo de limón
  - ➢ ¼ taza de hojas de cilantro frescas, cortadas en bruto
  - ➢ ¼ taza de cebolletas verdes frescas, cortadas finas al bies

Cómo llegar

Precalentar el horno a 400°F. En un tazón pequeño, mezcle todos los ingredientes del adobo hasta que estén bien mezclados. Ponga a un lado. Marinar los filetes de pescado en 1/2 taza de salsa de adobo durante 30 minutos. Engrase ligeramente una bandeja para hornear y coloque el pescado en ella. Hornee a 400°F durante 15 minutos, volteando a la mitad. Retire del horno y reserve. En un tazón mediano, mezcle la mayonesa, el ajo, el resto de la salsa de adobo, el cilantro y los cebollines. Añada la col rallada y revuelva hasta que esté bien cubierta. Rocíe un molde para mini muffins con aceite en aerosol. Utiliza un envoltorio de wonton para forrar cada molde. Hornee los envoltorios wonton a 350°F durante 5 minutos, deje enfriar y retire los wonton crujientes del molde. Corte o parta los filetes de pescado en 48 trozos. Coloque porciones iguales de pescado encima de cada envoltorio wonton y, a continuación, cubra con cantidades iguales de la mezcla de ensalada. Decorar con hojas de cilantro y servir.

Nutrición por ración: Calorías; 254 kcal, Proteínas;13 g, Sodio;272 mg, Fósforo; 116 mg, Fibra dietética; 2 g, Potasio; 268 mg

53. Pollo con miel y ajo

4 raciones (tamaño de la ración: 1/4 de pollo para asar, aproximadamente 450 g)

Tiempo de preparación: 30 min.

Ingredientes

- ❖ 1/2 taza de miel
- ❖ 1,8 kg de pollo para asar
- ❖ 1 cucharada de aceite de oliva
- ❖ 1/2 cucharadita de pimienta negra
- ❖ 1 cucharadita de ajo en polvo

Cómo llegar

Poner el horno a 350 grados. Engrase una bandeja para hornear con aceite de oliva. No superponga ninguno de los trozos de pollo cuando los añada a la sartén. A continuación, cubra el pollo con la miel y los condimentos. Hornee durante al menos una hora, o hasta que esté dorado por ambos lados. La cocción requiere una vuelta.

Nutrición por ración: Calorías; 279 kcal, Proteínas;13 g, Sodio;40 mg, Fósforo; 99 mg, Fibra dietética; 0 g, Potasio; 144 mg

54. Fajitas rápidas

4 raciones (dos fajitas cada una)

Tiempo de preparación: 30 min.

Ingredientes

- ❖ Ralladura de lima o zumo de 1 lima
- ❖ 1 cucharada de aceite de oliva
- ❖ 1 cucharadita de comino
- ❖ Ralladura de naranja o limón y zumo de 1 limón
- ❖ cilantro al gusto
- ❖ 450 g de gambas, carne o tofu en trozos pequeños
- ❖ Una pizca de pimienta de cayena
- ❖ 2 pimientos en rodajas
- ❖ 1 cebolla en rodajas
- ❖ nata agria (al gusto)
- ❖ 8 tortillas de maíz

Cómo llegar

La ralladura de cítricos, el aceite, el comino, la pimienta de cayena y el zumo se combinan para hacer la marinada en un recipiente pequeño. Deje marinar la carne, las verduras y la marinada durante toda la noche en un plato llano o una bolsa. En una sartén grande a fuego medio, saltear las verduras marinadas y la carne hasta que la carne esté bien cocida y las cebollas empiecen a caramelizarse, o se vuelvan ligeramente doradas y blandas. Esto debería tardar al menos de 15 a 20 minutos. Servir con tortillas y decorar con crema agria y cilantro.

Nutrición por ración: Calorías; 320 kcal, Proteínas;29 g, Sodio; 142 mg, Fósforo; 332 mg, Fibra dietética; 8 g, Potasio; 445 mg

55. Nuggets de pollo con salsa de mostaza y miel

12 raciones (tamaño de la ración: 3 nuggets con 1 cucharada de salsa)

Tiempo de preparación: 80 min.

Ingredientes

- ❖ 1 cucharada de mostaza de Dijon
- ❖ 450 g de pechuga de pollo deshuesada, cortada en 36 trozos (tamaño bocado)
- ❖ 1/3 taza de miel
- ❖ 1/2 taza de mayonesa
- ❖ Spray antiadherente
- ❖ 1 huevo batido
- ❖ 2 cucharaditas de salsa Worcestershire
- ❖ 3 tazas de copos de maíz bajos en sodio, finamente triturados
- ❖ 2 cucharadas de crema no láctea líquida

Cómo llegar

En un bol pequeño, mezcla la mayonesa, la salsa Worcestershire, la miel y la mostaza. Cuando los nuggets estén listos, enfríe el aderezo y utilícelo como salsa para mojar. Ponga el horno a 400°F. En un bol mediano, mezcle la crema no láctea y el huevo. Los copos de maíz deben triturarse antes de meterlos en una bolsa grande con cierre. Los trozos de pollo deben sumergirse en la mezcla de huevo y luego cubrirse con los copos de maíz en una bolsa con cierre. Los nuggets deben hornearse durante 15 minutos o hasta que estén hechos en una bandeja para hornear con spray antiadherente.

Nutrición por ración: Calorías; 166 kcal, Proteínas;7 g, Sodio;184 mg, Fósforo; 67 mg, Fibra dietética; 0,5 g, Potasio; 99 mg

56. Pollo con arroz y confeti

4 raciones

Tiempo de preparación: 35 min.

Ingredientes

- ❖ 1 pechuga de pollo deshuesada y sin piel
- ❖ 3 cucharadas de aceite de oliva divididas
- ❖ 1 calabacín fresco cortado en dados
- ❖ 3 mazorcas, granos extraídos o 2 1/4 tazas de maíz congelado, sin sal añadida
- ❖ 1 cebolla roja mediana picada
- ❖ 1 pimiento rojo grande cortado en dados
- ❖ 1 cucharada de comino
- ❖ 1/2 cucharadita de ajo en polvo
- ❖ 2 cucharaditas de Mrs. Dash original
- ❖ 1/2 cucharadita de pimienta negra
- ❖ 1 paquete de arroz listo original, Uncle Ben's
- ❖ 1/4 cucharadita de pimienta de cayena

Cómo llegar

En una sartén antiadherente grande, calentar 2 cucharadas de aceite de oliva a fuego medio-alto. Añadir la pechuga de pollo a la sartén cuando el aceite esté caliente y cocinar hasta que los jugos salgan claros, unos 15 minutos. Retirar el pollo de la sartén y reservar. En la misma sartén, añade 1 cucharada de aceite de oliva, el calabacín, el maíz, la cebolla y el pimiento rojo. Saltear a fuego medio a medio-alto hasta que las cebollas empiecen a caramelizarse, unos 10 minutos. Añada el comino, el ajo en polvo, la pimienta negra, la pimienta de cayena y el condimento Mrs. Dash a la sartén y remueva para mezclar. Cortar el pollo en dados y volver a ponerlo en la sartén con las verduras. Baje el fuego a medio-bajo y siga cocinando, removiendo de vez en cuando, durante unos 5 minutos. Prepare el arroz siguiendo las instrucciones del paquete. Cuando el arroz esté listo, añádalo a la sartén con las verduras y el pollo. Saltear durante un par de minutos más para combinar los sabores. Sírvelo y ¡buen provecho!

Nutrición por ración: Calorías 519 kcal, Proteínas;17 g, Sodio;37 mg, Fósforo; 152 mg, Fibra dietética; 14 g, Potasio; 316 mg

57. Pollo a la crema de sidra

8 raciones

Tiempo de preparación: 30 min.

Ingredientes

- ❖ 2 cucharadas de mantequilla sin sal
- ❖ 4 pechugas de pollo sin deshuesar
- ❖ 1/2 taza de mitad y mitad
- ❖ 3/4 de taza de sidra de manzana

Cómo llegar

La mantequilla debe derretirse a fuego medio-alto. Dorar el pollo por todos los lados después de añadirlo. Añadir la sidra, bajar el fuego a medio-bajo y cocer a fuego lento durante unos 20 minutos. El pollo debe retirarse de la sartén. La sidra debe reducirse al menos a 1/4 de taza mientras hierve. Sobrecalentar, añadir la media leche y batir hasta que espese ligeramente. Disfrute del pollo con la salsa de nata.

Nutrición por ración: Calorías; 186 kcal, Proteínas;27 g, Sodio; 83 mg, Fósforo; 266 mg, Potasio; 414 mg

58. Pollo al romero

4 raciones

Tiempo de preparación: 60 min.

Ingredientes

- ❖ 1/3 taza de azúcar moreno
- ❖ 1 pollo para asar, partido por la mitad o cortado en cuartos
- ❖ 1/2 taza de vino blanco seco
- ❖ 1/4 de taza de zumo de lima
- ❖ 1/4 de taza de aceite de cártamo, girasol o canola
- ❖ 1 cucharadita de salsa Worcestershire
- ❖ 2 cucharaditas de romero seco triturado

Cómo llegar

En un plato llano, mezclar todos los ingredientes (excepto el pollo) para crear la marinada. Añadir el pollo y darle la vuelta para que la marinada lo cubra. Debe estar tapado y refrigerado durante al menos 3 o 4 horas, dándole la vuelta de vez en cuando. Enjuague el pollo y reserve el adobo para untarlo. Coloque el pollo en la rejilla de una sartén para asar, con la piel hacia abajo, a una distancia de entre 15 y 20 cm de la fuente de calor. Se asa durante al menos 20 minutos, untando de vez en cuando el pollo con la marinada. Después de darle la vuelta, untarlo ligeramente con la marinada y asarlo otros 15 minutos o hasta que esté tierno al pincharlo con un tenedor. Deseche el adobo restante.

Nutrición por ración: Calorías; 539 kcal, Proteínas;36,5 g, Sodio; 136 mg, Fósforo; 254 mg, Fibra dietética; 0,4 g, Potasio; 412 mg

59. Espaguetis a la carbonara y espárragos

6 raciones (1 ración = 1 taza)

Tiempo de preparación: 35 min.

Ingredientes

- ❖ 1 taza de cebollas frescas cortados en dados
- ❖ 2 cucharaditas de aceite de canola
- ❖ 1 taza de nata espesa
- ❖ 1 huevo grande batido
- ❖ 3 tazas de pasta de fideos en espiral (cocida), aproximadamente 1 ½ tazas cruda, cocida al dente
- ❖ ¼ taza de caldo de pollo bajo en sodio;
- ❖ 3 cucharadas de queso parmesano rallado
- ❖ 1 cucharadita de pimienta negra gruesa recién molida
- ❖ 2 tazas de espárragos frescos cortados en trozos de aproximadamente 2,5 cm de largo
- ❖ 3 cucharadas de trocitos de tocino sin carne
- ❖ ½ taza de cebolletas frescas picadas

Cómo llegar

En una sartén antiadherente grande, caliente el aceite y sofría las cebollas hasta que empiecen a dorarse. Mientras tanto, mezcle la nata y los huevos en un bol pequeño. Baje el fuego a medio-bajo y bata la mezcla de nata con los toons de 4 a 6 minutos, o hasta que la salsa espese. Añada la pasta, el caldo, la pimienta y los espárragos, y remueva durante 3 ó 4 minutos más, o hasta que todo esté bien caliente. En cuanto se apague el fuego, vierta la carbonara en una fuente. Añada el queso, las cebolletas y los trocitos de beicon como guarnición antes de servir.

Nutrición por ración: Calorías; 304 kcal, Proteínas;9 g, Sodio;141 mg, Fósforo; 143 mg, Fibra dietética; 5,4 mg, Potasio;287 mg,

60. Sopa de patata asada

6 raciones (1 1/2 taza cada una)

Tiempo de preparación: 20 min.

Ingredientes

- ❖ 1/3 taza de harina
- ❖ 2 patatas grandes
- ❖ 1/2 cucharadita de pimienta
- ❖ 4 tazas de leche desnatada
- ❖ 1/2 taza de nata agria sin grasa
- ❖ 4 oz. de queso Monterey jack reducido en grasa y rallado.

Cómo llegar

Hornear las patatas a 400°F hasta que estén tiernas al pincharlas con un tenedor, luego dejarlas enfriar. Sacar la pulpa haciendo un corte longitudinal. En un cazo grande, añadir la harina. Incorporar poco a poco la leche sin dejar de batir. Añadir la pimienta y la pulpa de patata. A fuego medio, se cuece hasta que burbujee y espese, removiendo a menudo. Una vez añadido el queso, mézclelo hasta que se derrita. Se retira del fuego y se añade la nata agria.

Nutrición por ración: Calorías; 216 kcal, Proteínas;15 g, Sodio;272 mg, Fósforo; 326 mg, Fibra dietética; 4 g, Potasio; 594 mg

61. Enchiladas de pollo o ternera

6 raciones

Tiempo de preparación: 30 min.

Ingredientes

- ❖ 1/2 taza de cebolla picada.
- ❖ 1 lata de salsa para enchiladas
- ❖ 450 g de carne picada magra de pollo o ternera
- ❖ 1/2 cucharadita de pimienta negra
- ❖ 1 cucharadita de comino
- ❖ 12 tortillas de maíz
- ❖ 1 diente de ajo picado

Cómo llegar

Encienda el horno a 375°F. Ponga la carne en una sartén y dórela. Añada el comino, la pimienta, la cebolla y el ajo. Cocina. Revuelve hasta que las cebollas estén suaves. En otra sartén, fría las tortillas con un poco de aceite. Baña cada tortilla con la salsa para enchiladas. Rellénalas con la mezcla de carne y luego enróllalas. Poner la enchilada en una sartén poco profunda y, si se quiere, cubrir con queso y salsa. Hornee las enchiladas hasta que el queso se haya derretido y estén doradas. Sírvalas con crema agria, aceitunas en rodajas u otra guarnición.

Nutrición por ración: Calorías; 235 kcal, Proteínas; 13 g, Sodio; 201 mg, Fósforo; 146 mg, Fibra dietética; 14 g, Potasio; 222 mg

62. Salteado de calabacín

6 raciones (1 ración = ½ taza)

Tiempo de preparación: 20 min.

Ingredientes

- ❖ 1 taza de leche entera
- ❖ 3-4 calabacines medianos cortados en rodajas (unas 4 tazas)
- ❖ ¼ taza de queso parmesano rallado
- ❖ ½ taza de harina
- ❖ ½ cucharadita de tomillo fresco
- ❖ Pimienta al gusto
- ❖ ½ cucharadita de albahaca fresca
- ❖ 2 cucharadas de aceite vegetal
- ❖ ½ cucharadita de estragón fresco

Cómo llegar

El calabacín debe empaparse en leche. En un bol, mezcle la harina, el queso parmesano y la pimienta. A continuación, añada las hierbas. Caliente el aceite vegetal en una sartén grande. Saltee el calabacín y, a continuación, sumérjalo en la mezcla de queso y hierbas. A continuación, sírvelo caliente.

Nutrición por ración: Calorías; 121 kcal, Proteínas;4 g, Sodio;75 mg, Fósforo;91 mg, Fibra dietética; 1,5 g, Potasio; 374 mg

63. Camarones Scampi

6 raciones

Tiempo de preparación: 50 min.

Ingredientes

- ❖ 5 dientes de ajo picados

- ❖ 680 g de gambas
- ❖ 1/2 taza de vino blanco
- ❖ 1/2 taza de mantequilla

Cómo llegar

Abrir las gambas. Sofría el ajo en la mantequilla, luego añada las gambas y cocínelas hasta que estén apenas opacas. Para preparar y cocinar, añadir el vino (al menos de 3 a 5 minutos). Servir con espaguetis o arroz.

Nutrición por ración: Calorías; 265 kcal, Proteínas;24 g, Sodio; 412 mg, Fósforo; 166 mg, Fibra dietética; 0 g, Potasio; 238 mg

64. Cazuela de pollo con brócoli

6 raciones

Tiempo de preparación: 30 min.

Ingredientes

- ❖ 1 cebolla mediana picada
- ❖ 2-3 tazas de brócoli cocido
- ❖ parmesano rallado para cubrir
- ❖ 2 cucharadas de margarina o mantequilla
- ❖ 2-3 dados de pechuga de pollo
- ❖ 2 tazas de leche
- ❖ 2 huevos batidos
- ❖ 2 tazas de queso rallado
- ❖ 2 tazas de cebada, fideos o arroz cocidos

Cómo llegar

Consiga una temperatura de horno de 350°F. Coloque el brócoli en un plato apto para microondas, envuélvalo en papel plástico y cocínelo durante unos dos o tres minutos, o hasta que adquiera un color verde brillante. Mientras espera, cocine el pollo y la cebolla en la sartén con la mantequilla. En una cazuela engrasada, combine y mezcle todos los ingredientes. Espolvoree el queso parmesano rallado por encima y hornee durante al menos 1 hora y 15 minutos, o hasta que la parte superior esté cuajada y se pueda introducir fácilmente un tenedor.

Nutrición por ración: Calorías; 368 kcal, Proteínas;26 g, Sodio; 388 mg, Fósforo; 243 mg, Potasio; 371 mg

65. Chicken' N Corn Chowder

12 raciones

Tiempo de preparación: 30 min.

Ingredientes

- ❖ 2 cebollas picadas
- ❖ 12 lonchas de bacon bajo en sodio
- ❖ 4 patatas remojadas y cortadas en dados
- ❖ 7 tazas de caldo de pollo bajo en sodio
- ❖ 8 pechugas de pollo deshuesadas y cortadas en dados
- ❖ 8 tazas Maíz
- ❖ 4 tazas de Mocha Mix
- ❖ 6 cucharadas de tomillo fresco picado
- ❖ 8 cebollas verdes picadas
- ❖ 1/2 cucharadita de pimienta negra

Cómo llegar

En una sartén, cocine el beicon hasta que esté crujiente, retírelo y resérvelo. La grasa del tocino se utiliza para rehogar las cebollas. Añadir el caldo y las patatas. Dejar cocer tapado durante 10 minutos. Añadir el pollo, el maíz y el tomillo. Se tapa la cazuela y se cuece el pollo a fuego lento durante al menos 15 minutos. Se remueve, se combina con la sopa y se cuece durante dos minutos. Se añade el tocino, el pimiento y las cebollas de verdeo.

Nutrición por ración: Calorías; 472 kcal, Proteínas;31 g, Sodio;260 mg, Fósforo; 438 mg, Fibra dietética; 15 g, Potasio; 1172 mg

66. Albóndigas de pollo y ñoquis

10 raciones (1 ración = 1 porción de taza)

Tiempo de preparación: 40 min.

Ingredientes

- 450 g de ñoquis
- 900 g de pechuga de pollo
- 1 cucharada de base de pollo baja en sodio Better Than Bouillon
- ¼ taza de aceite de oliva suave o de semillas de uva
- ½ taza de apio fresco cortado en dados finos
- 6 tazas de caldo de pollo reducido en sodio;
- ½ taza de zanahorias frescas cortadas en dados finos
- 1 cucharadita de condimento italiano
- ½ taza de cebollas frescas finamente picadas
- 1 cucharadita de pimienta negra
- ¼ taza de perejil fresco picado

Cómo llegar

Poner la olla al fuego, añadir el aceite y subir el fuego. El pollo debe cocinarse en el aceite caliente hasta que se dore. Con el pollo, añadir las zanahorias, las cebollas y el apio y cocer a fuego lento hasta que estén transparentes. Añadir el caldo de pollo y cocer a fuego alto durante 20 o 30 minutos. Reduzca el fuego y añada el caldo de pollo, el condimento italiano y la pimienta negra. Tras añadir los ñoquis, cocer durante 15 minutos removiendo constantemente. Retirar del fuego, decorar con perejil y servir.

Nutrición por ración: Calorías; 362 kcal, Proteínas;28 g, Sodio; 121 mg, Fósforo; 295 mg, Fibra dietética; 2 g, Potasio; 485 mg.

67. Macarrones al horno con queso Alaska

8 raciones

Tiempo de preparación: 30 min.

Ingredientes

- 2 cucharadas de harina
- 3 tazas de pasta de concha pequeña, codo o pajarita
- 2 tazas de leche
- Almendras picadas o picatostes al gusto.
- 2 cucharadas de mantequilla sin sal
- 1 cucharadita de pimentón
- 1 cucharadita de mostaza en polvo

- 2 tazas de queso (cheddar, gouda o cualquier combinación)
- 1 cucharada de estragón o tomillo fresco picado o 1 cucharadita de seco.

Cómo llegar

El horno a 350 grados Fahrenheit. En una cacerola grande, cocine la pasta hasta que esté al dente. Pesar la mantequilla y la harina en un vaso medidor de cristal de tamaño medio. Se cuecen 1-2 minutos en el microondas, o hasta que se doren. Añadir la leche, removiendo suavemente, y continuar en el microondas hasta que espese. Añadir las especias y hierbas y remover. En una cazuela aceitada, combinar la salsa, el queso y los fideos escurridos. Hornear durante 20 minutos. En los últimos cinco minutos, cubrir con picatostes o almendras picadas.

Nutrición por ración: Calorías; 424 kcal, Proteínas;22 g, Sodio; 479 mg, Fósforo; 428 mg, Fibra dietética; 2 g, Potasio; 237 mg.

68. Gumbo de pollo y marisco

12 raciones de una taza

Tiempo de preparación: 30 min.

Ingredientes

- 3 tallos de apio picados
- 1 cucharada de aceite de canola
- 1 pimiento rojo picado
- 1 cebolla amarilla picada
- 225 g de salchicha de pavo ahumada magra en lonchas
- 3 tazas de quingombó congelado picado
- 2 pechugas de pollo sin piel y troceadas
- 1/2 taza de harina
- 1/2 taza de aceite de canola
- 2 cuartos de caldo de pollo bajo en sodio;
- 1 cucharada de condimento cajún sin sal
- 170 g de cangrejo en conserva escurrido
- 225 g de gambas cocidas

Cómo llegar

En una olla de 4,5 cuartos o más, calentar 1 cucharada de aceite de canola a fuego medio. Agregue la cebolla, el apio, el pimiento, la salchicha y el pollo a la olla. Cocine durante 10 minutos. Retire la mezcla de la olla y déjela a un lado. Reduce el fuego a medio y añade 1/2 taza de aceite de canola a la olla. Bata la harina para hacer un roux. Añada el condimento cajún y déjelo cocer a fuego lento durante 1 minuto. Añada poco a poco el caldo de pollo, sin dejar de remover para evitar grumos. Llevar la mezcla a ebullición durante al menos 10 minutos o hasta que espese gradualmente. Subir el fuego a medio-alto. Reduzca el fuego a medio y añada el cangrejo, las gambas y el quingombó. Vuelva a poner la mezcla de pollo en la olla. Cocine durante al menos 10 minutos o hasta que esté completamente caliente.

Nutrición por ración: Calorías; 240 kcal. Proteínas;10 g, Sodio; 320 mg, Fósforo; 156 mg, Fibra dietética; 14 g, Potasio; 426 mg.

69. Pechugas de pollo asadas a las hierbas

4 raciones (1 ración = 110 g)

Tiempo de preparación: 30 min.

Ingredientes

* ❖ 1 cebolla mediana
* ❖ 450 g de pechugas de pollo deshuesadas y sin piel
* ❖ 2 cucharadas de mezcla de condimentos de hierbas y ajo
* ❖ 1-2 dientes de ajo
* ❖ ¼ taza de aceite de oliva
* ❖ 1 cucharadita de pimienta negra molida

Cómo llegar

El ajo y la cebolla deben picarse y colocarse en una fuente para marinarlos. Se añade pimienta, aceite de oliva y condimentos. Las pechugas de pollo deben añadirse a la marinada, taparse y refrigerarse durante al menos cuatro horas. Hornear: Ponga el horno a 350 grados Fahrenheit. Coloque las pechugas de pollo en una bandeja para hornear forrada con papel de aluminio. Vierta el resto de la marinada sobre las pechugas de pollo antes de hornearlas durante 20 minutos a 350 °F. Ase a la parrilla hasta que se doren durante unos 5 minutos.

Nutrición por ración: Calorías; 270 kcal, Proteínas; 26 g, Sodio; 53 mg, Fósforo; 252 mg, Fibra dietética; 0,6 g, Potasio; 491 mg.

70. Pollo asado rápido con hierbas y limón

4-6 (3 oz. o 85 gr. raciones) porciones

Tiempo de preparación: 45 min.

Ingredientes

* ❖ 2 cucharadas de mantequilla ablandada y sin sal
* ❖ 1 (4-5 oz. o 110-140 gr) pollo entero fresco o descongelado
* ❖ 2 dientes de ajo machacados y pelados
* ❖ 2 1/2 cucharadas de hierbas frescas (tomillo, salvia, etc.) picadas
* ❖ 1 cucharada de aceite de oliva
* ❖ 1 limón pequeño cortado en rodajas finas

Cómo llegar

Alcanzar una temperatura de horno de 450°F. Coloque el pollo en una bandeja para asar. Mezcle las hierbas, el ajo y la mantequilla en un recipiente pequeño. Coloque las rodajas de limón y la mantequilla con hierbas dentro de la cavidad del pollo. La piel del ave debe cubrirse con aceite de oliva. Asar hasta que la temperatura interna alcance los 165 grados o durante al menos 15 minutos por libra. Escurra los líquidos de la mantequilla y las rodajas de limón y viértalos sobre el pollo. Deje reposar el pollo unos 20 minutos antes de cortarlo.

Nutrición por ración: Calorías; 251 kcal, Proteínas;19 g, Sodio;77 mg, Fósforo; 188 mg Fibra dietética; 18 g, Potasio; 222 mg

71. Salsa de lima y jengibre y pasteles de cangrejo

8 raciones

Tiempo de preparación: 30 min.

Ingredientes

* ❖ 1/2 taza de cebolla finamente picada
* ❖ 1/2 taza de apio finamente picado
* ❖ 3 tazas de carne de cangrejo bien escurrida
* ❖ 1 pimiento rojo mediano, cortado en dados finos
* ❖ 1 taza de mayonesa
* ❖ 2 huevos
* ❖ 1 cucharadita de salsa Worcestershire
* ❖ 1/2 taza de zumo de limón
* ❖ 1 cucharada de cebollino picado
* ❖ 1/2 cucharadita de salsa de pimiento picante
* ❖ 1 cucharadita de ajo fresco picado
* ❖ 1 cucharadita de tomillo fresco picado
* ❖ 1 receta de salsa de jengibre, lima
* ❖ 3/4 de taza de migas de panko

Cómo llegar

En un bol grande, mezclar suavemente todos los ingredientes excepto el panko. En una bandeja para hornear, esparza un poco de panko. Saque montones de la mezcla de cangrejo con una cuchara para helados y colóquelos en la bandeja para hornear. Reboce los montones en panko de uno en uno, formando tortitas sobre la marcha. Envuélvalos y métalos en la nevera. Caliente el aceite en una sartén a fuego medio-alto. Añada los pasteles de cangrejo y cocínelos durante 4 minutos por cada lado, o hasta que estén dorados. Enjuáguelas después de retirar el papel absorbente. Prepare la salsa de lima y jengibre según la receta y sírvala aparte.

Nutrición por ración: Calorías; 354 cal, Proteínas;12 g, Sodio;444 mg, Fósforo; 133 mg, Potasio; 279 mg

72. Atún cremoso

Raciones de 4 a 1 taza

Tiempo de preparación: 30 min.

Ingredientes

* ❖ 2 cucharadas de vinagre
* ❖ 3/4 de taza de mayonesa
* ❖ 1 cucharada de eneldo seco
* ❖ 1 lata (6 1/2 oz. o 225 gr.) de atún escurrido, envasado en agua o sin sal
* ❖ 1 1/2 tazas de macarrones cocidos con cáscara
* ❖ 1/2 taza de apio (picado del tamaño de un guisante)
* ❖ 1/2 taza de guisantes cocidos

Cómo llegar

Mezclar bien los macarrones, el vinagre y la mayonesa en un recipiente grande. Añadir los demás ingredientes y mezclar removiendo. Tápelo y déjelo reposar.

Nutrición por ración: Calorías; 421 cal, Proteínas;15 g, Sodio;379 mg, Fósforo; 122 mg Potasio; 204 mg

73. Ensalada de col crujiente y dulce

12 raciones (1 ración = ½ taza)

Tiempo de preparación: 40 min.

Ingredientes

- ❖ ½ taza de cebolla dulce picada
- ❖ 6 tazas de col rallada
- ❖ 1 cucharadita de mostaza amarilla preparada
- ❖ 1 taza de aceite de canola
- ❖ 1 taza de azúcar
- ❖ ½ taza de vinagre de arroz
- ❖ 1 cucharadita de semillas de apio

Cómo llegar

En un bol grande, combine las rodajas de cebolla con la col desmenuzada. Mezcle bien todos los ingredientes adicionales en una batidora. Vierta el aliño sobre la cebolla y la col. Mezcle y deje enfriar. Sírvalo frío.

Nutrición por ración: Calorías; 244 kcal, Proteínas;1 g, Sodio;12 mg, Fósforo;13 mg, Fibra dietética; 1 g, Potasio; 73 mg

74. Costillas de ternera

Para unas 8 costillas

Tiempo de preparación: 130 min.

Ingredientes

- ❖ 1/4 de taza de zumo de piña
- ❖ 110 g de costillas de ternera grandes
- ❖ 1/8 cucharadita de pimienta roja
- ❖ 2 cucharaditas de chile en polvo
- ❖ 1 cucharada de pimentón
- ❖ 1/2 cucharadita de ajo en polvo
- ❖ 1/4 cucharadita de mostaza en polvo

Cómo llegar

Coloque las costillas, con la carne hacia abajo sobre las rejillas, en dos asaderas poco profundas en una sola capa. 30 minutos de asado a 450 grados Fahrenheit. Escurrir. Aplique un poco de zumo de piña a las costillas. Mezcle los ingredientes restantes. Espolvorear las costillas uniformemente. Reduzca la temperatura del horno a 350 °F. Con la parte carnosa hacia arriba, asar las costillas de 45 a 60 minutos más.

Nutrición por ración: Calorías; 187 kcal, Proteínas;19 g, Sodio;41 mg, Fósforo; 149 mg, Fibra dietética; 0 g, Potasio; 233 mg

75. Pollo ahumado con salsa de mostaza

8 raciones (1 ración = 4 onzas o 110 gramos)

Tiempo de preparación: 45 min.

Ingredientes

- ❖ ¼ taza de chalotas picadas

- ❖ 900 g de pechuga de pollo en lonchas finas (o pechuga de pollo sin piel y deshuesada, fina)
- ❖ ½ taza de harina
- ❖ ¼ taza de cebolletas frescas picadas
- ❖ ½ barrita de mantequilla sin sal cortada en dados y enfriada
- ❖ 2 tazas de caldo de pollo bajo en sodio;
- ❖ ½ taza de aceite de canola
- ❖ 2 cucharadas de mostaza marrón
- ❖ 1 cucharada de caldo de pollo bajo en sodio "Better than Bouillon Chicken Base".
- ❖ Condimentos:
  - ➢ ½ cucharadita de condimento italiano
  - ➢ ½ cucharadita de pimienta negra
  - ➢ 1 cucharada de pimentón ahumado
  - ➢ 1 cucharada de perejil seco

Cómo llegar

En un bol pequeño, mezcle el condimento italiano, la pimienta, el perejil y el pimentón. Espolvoree la mitad de la mezcla de condimentos sobre las pechugas de pollo y mezcle el resto de los condimentos con harina. Caliente el aceite en una sartén grande a fuego medio-alto. Reservar 3 cucharadas de harina sazonada, y rebozar el pollo en la harina restante. Saltee el pollo por ambos lados durante 2 ó 3 minutos. Retire el pollo de la sartén y resérvelo en una bandeja. Añada las chalotas a la sartén y saltéelas hasta que estén ligeramente translúcidas. Retire todo el aceite de la sartén excepto unas cucharadas. Mezcle la harina reservada en la sartén y siga batiendo mientras añade poco a poco el caldo de pollo. Bajar el fuego y añadir la mostaza, la mantequilla sin sal y el caldo de pollo después de 5 minutos de cocción a fuego medio-alto. Apague el fuego y vuelva a poner el pollo y el jugo que suelte en la sartén, removiendo hasta que se impregne de la salsa. Decorar con cebolletas y servir.

Nutrición por ración: Calorías; 361 kcal, Proteínas;28 g, Sodio; 300 mg, Fósforo; 278 mg, Fibra dietética; 0,6 g, Potasio; 471 mg.

76. Chili Verde, Crock Pot

6-8 raciones

Tiempo de preparación: 40 min.

Ingredientes

- ❖ 2 cebollas grandes (cortadas en gajos)
- ❖ 1,1 kg (2-2 1/2 lbs) de chuletas de lomo o cerdo, sin grasa
- ❖ 1 pimiento rojo cortado en cuadrados de 1 pulgada
- ❖ 1 1/2 cucharadas de almidón de maíz
- ❖ 2 tazas de tomatillos frescos o 1 frasco (16 oz. o 450 gr.) de salsa de tomatillo verde y 1/2 taza de vinagre
- ❖ 3/4 cucharadita de ajo en polvo
- ❖ 1/2 taza de caldo de carne, bajo en sodio;
- ❖ 1 pimiento verde cortado en cuadrados de 1 pulgada (1,5 cm)
- ❖ 1/2-3/4 cucharadita de copos de chile rojo

Cómo llegar

En una olla de cocción lenta de 3 1/2 a 4 cuartos de galón, coloque en capas las chuletas de cerdo, los tomatillos, la salsa de tomatillo verde y las cebollas. Mezcle la maicena en el caldo y agréguelo a la olla de cocción lenta junto con las hojuelas de chile rojo y el ajo en polvo. Si utiliza tomatillos frescos, añada también vinagre. Tape y cocine a fuego lento durante 6 1/2-7 horas, o hasta que la carne de cerdo esté tierna. Suba el fuego y añada los pimientos verdes y rojos. Tape y cocine durante 15-30 minutos más a fuego alto. Sirva sobre chips de maíz bajos en sal o con arroz.

Nutrición por ración: Calorías; 227 cal, Proteínas;6 g, Sodio;43 mg, Fósforo; 83 mg, Fibra dietética; 13 g, Potasio; 222 mg

77. Crock Pot Chili de Pollo Blanco

12-14 raciones

Tiempo de preparación: 60 min.

Ingredientes

- ❖ 1 taza de guisantes de ojo negro secos
- ❖ 1 taza de judías verdes secas
- ❖ 1/2 taza de habas pequeñas secas
- ❖ 1 taza de habas secas
- ❖ 2 cebollas medianas picadas
- ❖ 8 tazas de agua
- ❖ 900 g de pechuga de pollo cortada en dados
- ❖ 3 cucharadas de ajo picado
- ❖ 2 cucharadas de aceite de canola o vegetal
- ❖ 1-2 chiles jalapeños picados
- ❖ 2 cucharaditas de comino
- ❖ 2 tazas de maíz congelado
- ❖ 1 cucharadita de pimienta negra
- ❖ 2 cucharaditas de orégano
- ❖ 2 tazas de nata agria
- ❖ 1/2 cucharadita de pimienta de cayena

Cómo llegar

Las alubias secas deben enjuagarse y seleccionarse. Coloca las alubias y el agua en la olla de cocción lenta o crockpot. Pon la temperatura baja. Durante al menos 10 minutos, hasta que se doren suavemente, saltear las cebollas, el pollo cortado en dados, los jalapeños y el ajo en aceite vegetal o de canola en una sartén. Se puede poner en la Crock-Pot. Añada las especias y el maíz a la mezcla. Cocer de 9 a 11 horas, o toda la noche. La crema agria debe añadirse antes de servir.

Nutrición por ración: Calorías; 306 kcal, Proteínas;25 g, Sodio; 75 mg, Fósforo; 321 mg, Fibra dietética; 9 g, Potasio; 845 mg

78. Veggie Vindaloo con Naan

6 raciones (1 ración = 1 mini pan naan)

Tiempo de preparación: 40 min.

Ingredientes

- ❖ 2 chalotas picadas
- ❖ 2 cucharadas de aceite de ghee, canola o mostaza
- ❖ ¼ taza de calabacín picado
- ❖ ¼ taza de berenjena pelada y picada en dados
- ❖ ½ taza de pimientos verdes y rojos mezclados y cortados en dados

- ❖ ¼ taza de coliflor
- ❖ 2 cucharadas de zumo de lima fresco
- ❖ 1 taza de quinoa cocida
- ❖ ½ taza de queso fresco o paneer
- ❖ 4-6 mini panes naan
- ❖ 2 cucharadas de cilantro fresco picado
- ❖ Mezcla de condimentos:
  - ➢ ½ cucharadita de cúrcuma
  - ➢ 2 cucharaditas de curry en polvo
  - ➢ ¼ cucharadita de jengibre molido
  - ➢ ½ cucharadita de hojuelas de chile rojo molido
  - ➢ ½ cucharadita de comino molido
  - ➢ ¼ cucharadita de clavo molido
  - ➢ ¼ cucharadita de canela molida

Cómo llegar

En una sartén grande, caliente el aceite a fuego medio-alto antes de añadir la berenjena, las chalotas, la coliflor, los pimientos mixtos y el calabacín. Saltee durante 2-4 minutos, removiendo de vez en cuando. Las verduras deben estar crujientes y un poco transparentes. Añada la mezcla de condimentos y bátala bien. Incorporar el zumo de lima, la quinoa cocida, el queso y el cilantro, y apagar el fuego. Servir frío o caliente. El relleno debe refrigerarse antes de servir. Esparza la mezcla de verduras al azar sobre el pan naan caliente para servir. Añadir uniformemente.

Nutrición por ración: Calorías; 306 kcal, Proteínas; 11 g, Sodio; 403 mg, Fósforo; 238 mg, Fibra dietética; 4,7 g, Potasio; 238 mg.

79. Pollo al Dijon

4 raciones

Tiempo de preparación: 30 min.

Ingredientes

- ❖ 1/4 de taza de mostaza de Dijon
- ❖ 1 cucharadita de curry en polvo
- ❖ 4 pechugas de pollo deshuesadas
- ❖ 1 cucharadita de zumo de limón
- ❖ 3 cucharadas de miel

Cómo llegar

Consiga una temperatura de horno de 350ºF. Coloque el pollo en una fuente para hornear. Combine los demás ingredientes en un tazón. Se unta el pollo con la salsa por ambos lados. Hornee el pollo durante al menos 30 minutos, o hasta que alcance 165 grados en su interior.

Nutrición por ración: Calorías; 189 kcal, Proteínas;25 g, Sodio; 258 mg, Fósforo; 250 mg, Fibra dietética; 3 g, Potasio; 454 mg

80. Pescado a la plancha

6 raciones

Tiempo de preparación: 40 min.

Ingredientes

- ❖ 1 cucharadita de cebolla picada instantánea (liofilizada)

- ❖ 680 g de pescado blanco firme, fresco
- ❖ 1/2 cucharadita de eneldo
- ❖ 1/4 cucharadita de mostaza en polvo
- ❖ 4 cucharaditas de zumo de limón
- ❖ Una pizca de pimienta

Cómo llegar

Encienda el horno a 475°F. Enjuague y seque el pescado. Colóquelo en una fuente para hornear. Mezcle la mostaza, la cebolla, la pimienta y el eneldo con 2 cucharadas de agua. Añada zumo de limón para sazonarlo y rocíelo generosamente sobre el pescado. Hornéelo destapado de 17 a 20 minutos.

Nutrición por ración: Calorías; 112 kcal, Proteínas;23 g, Sodio; 63 mg, Fósforo; 194 mg, Potasio; 350 mg

81. Brochetas de pollo al limón a la parrilla

2 raciones

Tiempo de preparación: 35 min.

Ingredientes

- ❖ 2 limones
- ❖ 4 trozos de muslos de pollo deshuesados y sin piel
- ❖ 1 diente de ajo machacado y pelado
- ❖ 1 cucharadita de vinagre de vino blanco
- ❖ 3 cucharadas de aceite de oliva
- ❖ 2 hojas de laurel (partidas por la mitad)
- ❖ 1 cucharada de hierbas frescas (tomillo, salvia, etc.) picadas

Cómo llegar

Se cortan todos los muslos en trozos grandes y se colocan en una fuente. Rallar 1 cucharadita de ralladura de limón, a continuación, exprimir el limón restante. El pollo debe recibir el aceite, las hierbas, el vinagre y el ajo. Se tapa y se deja marinar durante al menos 3 horas o toda la noche. El otro limón debe cortarse en cuatro rodajas anchas y, a continuación, dividir cada rodaja en cuatro trozos. En una brocheta de madera, se alternan los trozos de pollo y las rodajas de limón; se aprietan bien y luego se cubre con un poco de limón. Repita la operación con cada brocheta. Asar durante unos 10 minutos por cada lado en una parrilla de mesa, horno o barbacoa.

Nutrición por ración: Calorías; 362 kcal, Proteínas;27 g, Sodio; 119 mg, Fósforo; 238 mg Fibra dietética; 25 g, Potasio; 404 mg

82. Ensalada de pollo con frutas

8 raciones

Tiempo de preparación: 40 min.

Ingredientes

- ❖ 1 taza de almendras fileteadas
- ❖ 2 tazas de pechugas de pollo cortadas en dados o cocidas, o 350 g de pollo en conserva
- ❖ 1 cebolla verde picada
- ❖ 1 tallo de apio picado
- ❖ 1 manzana en dados

- ❖ 2 tazas de uvas sin pepitas
- ❖ 1/2 taza de nata agria
- ❖ 3/4 de taza de pasas
- ❖ 1 cucharadita de vinagre de arroz sin condimentar
- ❖ 1/4 de taza de mayonesa
- ❖ 1/2 cucharadita de mezcla de cinco especias chinas
- ❖ 2 cucharaditas de azúcar

Cómo llegar

Mezcla las almendras, el pollo, el apio, las uvas, la cebolla verde, las pasas y las manzanas en un bol grande. En otro bol, mezcle el azúcar, la mayonesa, las cinco especias chinas en polvo, la nata agria y el vinagre de arroz. Mezclar la mezcla de pollo con el aliño.

Nutrición por ración: Calorías; 279 kcal, Proteínas;15 g, Sodio;82 mg, Fósforo; 159 mg Potasio; 352 mg

83. Pavo glaseado con miel y hierbas

6-8 raciones

Tiempo de preparación: 50 min.

Ingredientes

- ❖ 1 cebolla cortada en rodajas
- ❖ 4,5-5,4 kg (10-12 libras) de pavo entero
- ❖ 1 limón cortado en trozos
- ❖ 2 tallos de apio enteros
- ❖ 1/2 taza de mantequilla sin sal
- ❖ 1/3 taza de aceite de oliva
- ❖ 1/3 taza de tomillo, recién despojado de los tallos (14 tallos)
- ❖ 2 cucharadas de hojas de salvia frescas
- ❖ 2 cucharaditas de semillas de apio
- ❖ 2 hojas de laurel frescas
- ❖ 2 cucharaditas de zumo de limón
- ❖ 1/4 de taza de miel

Cómo llegar

Precalentar el horno a 350°F. Retire los menudillos y el cuello del pavo. Rellenar el pavo con apio, limón y cebolla. Unte la piel con aceite de oliva. Coloque dos hojas de papel dé aluminio sobre el pavo, asegurándose de que quede completamente cubierto. Envuelve el ave con los bordes del papel de aluminio y colócala sobre una rejilla. Asar en el horno. Mientras se cocina el pavo, derretir la mantequilla y las hojas de tomillo. Picar finamente la salvia. Añadir las hojas de laurel, las hierbas picadas y la miel a la mantequilla derretida. Cocer a fuego lento durante 10 minutos hasta que la mantequilla se dore ligeramente y se retiren las hojas de laurel. Cuando el pavo alcance una temperatura interna de 145-155 grados, aumente la temperatura del horno a 500 grados. Retire el papel de aluminio superior y unte el pavo con la mezcla de miel y hierbas cada 5-10 minutos. Utilice un termómetro para comprobar la temperatura interna del pavo. Cuando alcance los 160 grados, sáquelo del horno y cúbralo con papel de aluminio. Déjelo reposar 30 minutos antes de trincharlo.

Nutrición por ración: Calorías; 412 kcal, Proteínas;49 g, Sodio; 119 mg, Fósforo; 357 mg, Potasio; 526 mg.

84. Chili Cornbread Casserole

8 raciones (1 ración = 225 g)

Tiempo de preparación: 30 min.

Ingredientes

* ❖ Chili:
    * ➢ ½ taza de cebolla picada
    * ➢ 450 g de carne picada de vacuno
    * ➢ 2 cucharadas de chiles jalapeños picados
    * ➢ ¼ taza de apio cortado en dados
    * ➢ 1 cucharada de chile en polvo
    * ➢ ½ taza de pimientos verdes o rojos picados
    * ➢ 2 cucharadas de copos de cebolla secos
    * ➢ 1 cucharada de comino
    * ➢ 1 cucharada de ajo en polvo granulado
    * ➢ ½ taza de salsa de tomate (sin sal añadida)
    * ➢ 1 cucharadita de pimienta negra
    * ➢ ¼ taza de salsa Worcestershire French's reducida en sodio
    * ➢ ¼ taza de agua
    * ➢ 1 taza de queso cheddar rallado
    * ➢ 1 taza de alubias rojas secas y enjuagadas
* ❖ Pan de maíz:
    * ➢ ¾ de taza de harina
    * ➢ ¼ taza de harina de maíz
    * ➢ ¾ de taza de leche
    * ➢ ½ cucharadita de crémor tártaro
    * ➢ ¼ cucharadita de bicarbonato sódico
    * ➢ 1 huevo batido
    * ➢ ½ taza de azúcar
    * ➢ ¼ taza de aceite de canola
    * ➢ 1½ cucharadas de mantequilla derretida sin sal

Cómo llegar

Precalentar el horno a 350°F. En una cacerola grande, dore la carne molida con los jalapeños, los pimientos, el apio y las cebollas. Escurra el exceso de aceite. Añada el ajo en polvo, el chile en polvo, las hojuelas de cebolla, la salsa de tomate, el comino, la pimienta negra, la salsa Worcestershire, los frijoles y el agua. Cocine durante 10 minutos más. Retire del fuego y vierta la mezcla en un molde para hornear de 9" x 9". Coloque el queso por encima. En un bol mediano, mezcle la harina, la harina de maíz, el bicarbonato, el cremor tártaro y el azúcar. En un bol pequeño, bata el huevo, el aceite, la mantequilla derretida y la leche. Incorporar la mezcla de harina a la de huevo, con cuidado de no mezclar demasiado. No pasa nada si quedan grumos. Verter la mezcla sobre el chili en el molde. Hornear sin tapar durante 25 minutos, luego cubrir con papel de aluminio y hornear durante 20 minutos más. Apague el horno y deje reposar el plato durante 5 minutos antes de servir.

Nutrición por ración: Calorías; 392 kcal, Proteínas; 17 g, Sodio; 335 mg, Fósforo; 239 mg, Fibra dietética; 2,9 g, Potasio; 441 mg

85. Cerdo con miel y melaza

6 raciones

Tiempo de preparación: 25 min.

Ingredientes

* ❖ 2 cucharadas de azúcar moreno
* ❖ 1/4 de taza de agua
* ❖ 1/4 de taza de miel
* ❖ 1/4 taza de vinagre balsámico
* ❖ 2 cucharadas de mostaza de Dijon
* ❖ 2 cucharadas de melaza
* ❖ 1 cucharada de aceite de canola
* ❖ 600 g de carne de cerdo (1,9 cm de grosor)
* ❖ 1 cucharada de maicena
* ❖ 1/4 de taza de agua fría

Cómo llegar

Añada el azúcar moreno, el agua, la miel, el vinagre balsámico, la mostaza de Dijon y la melaza a un bol pequeño y mézclelo todo bien. Déjelo a un lado. Cortar la carne de cerdo en trozos de 1/4 pulgada por 2 pulgadas. Calentar el aceite a fuego medio en una sartén grande. Añadir la carne de cerdo y dorarla por cada lado durante 2 minutos. Añadir la salsa de miel y melaza, bajar el fuego a medio-bajo, cubrir y cocinar durante 15 minutos. En agua fría, añadir la maicena y mezclar bien, luego añadirla al cerdo. Subir el fuego a medio y llevar a ebullición, removiendo continuamente. Cocer a fuego lento durante 5 minutos, sin tapar, o hasta que la salsa espese.

Nutrición por ración: Calorías; 241 kcal, Proteínas;21 g, Sodio;165 mg, Fósforo; 170 mg, Potasio; 392 mg

86. Cazuela de col lombarda

8 raciones (1 ración = ½ taza)

Tiempo de preparación: 30 min.

Ingredientes

* ❖ 1 taza de cebolla fresca picada
* ❖ 1 cucharada de mantequilla sin sal
* ❖ 1 col lombarda mediana fresca rallada (unas 4 tazas)
* ❖ ¼ taza de vinagre de vino tinto
* ❖ ¼ cucharadita de pimienta negra molida
* ❖ 3 tazas de manzanas frescas sin corazón, peladas y cortadas en rodajas
* ❖ 2 cucharadas de azúcar moreno
* ❖ ¼ taza de agua

Cómo llegar

Ponga el horno a 300 grados Fahrenheit. Unte con mantequilla una cazuela grande. Mezcle todos los ingredientes, excepto la mantequilla, en un bol grande. Apílelos dentro de la cazuela. La mantequilla debe estar salpicada. Tapar la cazuela y cocer a fuego lento durante 2 horas y media a 300 °F.

Nutrición por ración: Calorías; 79 Kcal, Proteína;1 g, Sodio;13 mg, Fósforo;23 mg Fibra dietética; 2 g, Potasio; 161 mg

87. Gallinas de Cornualles al estragón y a la roca

4 raciones (ración de 1/2 gallina)

Tiempo de preparación: 50 min.

Ingredientes

- 1 diente de ajo cortado en láminas
- 2 gallinas de caza Cornish Rock (565 g o 1 1/4 lb cada una), partidas
- 110 g de margarina
- Pimienta molida (según sea necesario), fresca.
- 1 cucharada de perejil fresco picado.
- 1 cucharada de estragón

Cómo llegar

Recortar la piel del cuello y la grasa superflua de la cola. La piel debe espolvorearse ligeramente con pimienta y ajo. Poner las gallinas en una bandeja de horno de 5 cm de profundidad con la piel hacia arriba. Se calienta la margarina hasta que se derrita. Añadir el perejil y el estragón y remover bien. Durante una hora, hornear las gallinas a 350°F mientras se bate la mezcla de estragón cada 15 minutos. La margarina debe retirarse antes de servir.

Nutrición por ración: Calorías; 286 kcal, Proteínas;24 g, Sodio; 71 mg, Fósforo; 160 mg Potasio; 235 mg

88. Tazón de fideos con curry de coco y gambas

5 raciones

Tiempo de preparación: 40 min.

Ingredientes

- 2 cucharadas de aceite de coco
- 225 g de fideos de arroz
- 2 calabazas o calabacines de verano cortados en dados
- 1 cebolla dulce picada
- 2 dientes de ajo rallados o picados
- 2 granos de maíz, mazorcas dulces
- 2-3 cucharadas de pasta de curry rojo tailandés
- 1 cucharada de jengibre fresco rallado
- 1/3 o 1/2 de agua
- Lata de leche de coco de 400 g (14 onzas) de grasa total
- 2 cucharaditas de miel
- 1 cucharada de salsa de soja baja en sodio;
- Cubrir con 1/4 de taza de cilantro fresco (o albahaca picada)
- Ralladura y zumo de media lima

Cómo llegar

Cocer los fideos de arroz según las instrucciones del paquete. Calentar el aceite de coco en una sartén grande a fuego alto. Añade la cebolla y cocina durante 5 minutos hasta que se ablande. Añadir el maíz, el calabacín, el jengibre y el ajo a la sartén y cocinar otros 5 minutos hasta que las verduras estén ligeramente blandas. Añada la pasta de curry y cocine durante 1 minuto. Añada el agua, la leche de coco, la miel y la salsa de soja a la sartén. Lleve la mezcla a ebullición y déjela cocer a fuego lento durante 5 minutos hasta que empiece a espesar. Si la salsa está demasiado espesa, añadir un poco de agua. Retire la sartén del fuego y añada la albahaca o el cilantro picados, la ralladura de lima y el zumo de lima. Servir la mezcla de curry sobre los fideos de arroz en cuencos. Opcional: Añadir cebollas de verdeo o pimientos jalapeños cortados.

Nutrición por ración: Calorías; 418 kcal, Proteínas;16 g, Sodio;195 mg, Fósforo; 285 mg Fibra dietética; 5 g, Potasio; 660 mg

89. Jammin' Jambalaya

6 raciones

Tiempo de preparación: 60 min.

Ingredientes

- 225 g de gambas cocidas, jumbo, sin colas
- 2 cucharaditas de aceite de oliva
- 1/2 cebolla amarilla grande picada
- 200 g de salchicha de pavo ahumada en lonchas
- 3 tazas de berza picada
- 1 pimiento rojo grande picado
- 1/4 cucharadita de pimienta de cayena
- 2 dientes de ajo picados
- 1 2/3 tazas de caldo de pollo
- 1/8 cucharadita de pimienta blanca
- 1-2 cucharaditas de tomillo fresco o 1/2 cucharadita de tomillo seco
- 1/4 cucharadita de pimienta negra
- 2 hojas de laurel
- 1/2 cucharadita de orégano
- 1/2 taza de arroz (integral o blanco)
- 1/4 cucharadita de pimienta de Jamaica

Cómo llegar

En una sartén grande, caliente el aceite de oliva a fuego medio-alto. Mezcle la berza, las gambas, el pimiento, la cebolla y la salchicha de pavo. Cocine durante 10 minutos removiendo de vez en cuando. Ponga el resto de los ingredientes a hervir. Tapar la olla, bajar el fuego a medio-bajo y cocer el arroz a fuego lento durante 20 minutos o hasta que esté cocido. (Si se utiliza arroz integral, de 35 a 40).

Nutrición por ración: Calorías; 200 kcal, Proteínas; 16 g, Sodio; 400 mg, Fósforo; 170 mg, Fibra dietética; 6 g, Potasio; 314 mg.

90. Pastel de carne

4 raciones (1 ración = ¼ de pastel de carne)

Tiempo de preparación: 30 min.

Ingredientes

- 1 huevo batido
- 450 g de carne picada 85% de pavo o carne picada magra de vacuno
- 2 cucharadas de mayonesa
- ½ taza de pan rallado (panko)
- Condimentos:
  - 1 cucharadita de cebolla en polvo
  - ½ cucharadita de hojuelas de pimiento rojo
  - 1 cucharadita de ajo en polvo
  - 1 cucharada de salsa Worcestershire baja en sodio;
  - 1 cucharadita de base de carne baja en sodio Better Than Bouillon

Cómo llegar

Ponga el horno a 375 grados Fahrenheit. Todos los ingredientes (aparte del pavo o la carne picada) deben estar bien mezclados en un bol mediano. Se combinan la carne picada y el pavo. Se ponen los ingredientes en un molde para pastel de carne, se hace un pan de 8" x 4" de largo, dos pasteles de carne individuales, o cualquier otra forma deseada, y se coloca en una bandeja pequeña para hornear. Se hornea durante 20 minutos mientras está cubierto con papel de aluminio, luego se retira el papel de aluminio y se hornea durante 5 minutos más. Una vez apagado el horno, se deja reposar durante diez minutos antes de sacarlo y repartirlo.

Nutrición por ración: Calorías; 367 kcal, Proteínas;25 g, Sodio; 332 mg, Fósforo; 273 mg, Fibra dietética; 0,7 g, Potasio; 460 mg.

91. Tex Mex Bowl

4 raciones (1 ración = 1 Tex Mex Bowl y 10 patatas fritas)

Tiempo de preparación: 40 min.

Ingredientes

* 2 tazas de frijoles negros enlatados, bajos en sodio;
* 2 tazas de quinoa blanca cocida, con 1 cucharadita de aceite de oliva
* ½ taza de salsa
* 2 tazas de lechuga iceberg rallada
* ½ taza de nata agria normal cultivada
* 1 taza de queso cheddar rallado tradicional
* 40 tortillas de maíz sin sal
* 4 cucharadas de hojas frescas de cebolla de verdeo

Cómo llegar

Las alubias negras deben enjuagarse, escurrirse y calentarse. Pon media taza de quinoa cocida en cada bol. Añade media taza de alubias negras a cada bol. Añadir media taza de lechuga a cada bol. Decora cada bol con 2 cucharadas de salsa, 1/4 de taza de queso, 2 cucharadas de crema agria y 1 cucharada de cebollas verdes. Sírvelo con 10 chips de tortilla.

Nutrición por ración: Calorías; 498 kcal, Proteínas;21 g, Sodio;599 mg, Fósforo; 472 mg, Fibra dietética; 13 g, Potasio; 681 mg

Capítulo 11: Aperitivos y guarniciones

Aquí tienes algunas sabrosas recetas de bebidas y aperitivos que siempre te encantarán. ¿Busca algo accesible? Nuestras recetas de aperitivos le permitirán tomar decisiones saludables.

1. Jerky de ternera

30 raciones

Tiempo de preparación: 30 min.

Ingredientes

* 1,36 kg de bistec de falda o carne magra
* 3/4 de taza de salsa de soja reducida en sodio (light)

* 1/2 taza de vino tinto
* 1/4 taza de azúcar moreno oscuro
* 2 cucharadas de humo líquido
* 1 1/2 cucharadita de salsa Worcestershire
* 2-3 gotas de salsa Tabasco
* 1 cucharadita de ajo en polvo
* 1 cucharadita de salsa de pimienta líquida

Cómo llegar

Comience por recortar toda la grasa de un filete de 3 lb. de carne magra o de falda. Corte la carne en 30 tiras largas, a lo largo, siguiendo la veta. Coloque las tiras en una fuente de cristal. En un bol aparte, mezcle todos los ingredientes restantes y vierta la marinada sobre la carne. Tapar la fuente y refrigerar durante al menos 5 horas o toda la noche. Cuando esté listo para secar la carne, saque las tiras de la marinada y séquelas a golpecitos. Si utiliza un deshidratador, prográmelo a 145 °F y seque la carne de 5 a 20 horas. Si utiliza un horno, precaliéntelo a 175ºF. Coloque rejillas de alambre sobre bandejas para hornear y ponga las tiras sobre ellas, asegurándose de que no se superpongan. Hornear la cecina de 10 a 12 horas, hasta que esté seca y quebradiza. Una vez hecho esto, guarde la cecina en una bolsa de plástico hermética o en un recipiente. Si dura más de una semana, guárdela en el frigorífico.

Nutrición por ración: Calorías; 100 kcal, Proteínas;12 g, Sodio;100 mg, Fósforo; 190 mg, Potasio; 100 mg

2. Muffins de pan de maíz y mantequilla de miel de cítricos

12 magdalenas (1 ración = 1 magdalena)

Tiempo de preparación: 45 min.

Ingredientes

* 1 taza de harina
* 1 taza de harina de maíz
* 3 cucharadas de zumo de limón
* 1 ½ cucharadita de bicarbonato sódico
* 1 taza de leche
* 1 huevo batido
* 1 cucharada de extracto de vainilla
* ½ barrita de mantequilla derretida y sin sal
* Mantequilla de miel
  > 1 barrita de mantequilla ablandada sin sal
  > 2 cucharadas de miel
  > ½ cucharadita de extracto de naranja
  > ¼ cucharadita de pimienta negra
  > ½ cucharadita de ralladura de naranja

Cómo llegar

Consiga una temperatura de horno de 400° F. En un bol grande, mezclar bien el huevo, la mantequilla y la leche. Cuando estén suaves, incorpore los ingredientes secos a los líquidos después de combinar la harina, el bicarbonato y la harina de maíz en otro bol. No se bata demasiado. Coloque los moldes para magdalenas en la rejilla central y hornéelos de 15 a 20 minutos después de forrarlos con el forro y llenar cada taza 3/4 de su capacidad. Espolvorea los ingredientes de la mantequilla de miel por encima de los muffins de pan de maíz o sírvelos aparte después de mezclarlos bien en un bol pequeño.

Nutrición por ración: Calorías; 208 kcal, Proteínas; 3 g, Sodio;179 mg, Fósforo; 67 mg, Fibra dietética; 1 g, Potasio; 87 mg

3. Smoothie de chocolate

4 raciones (1 ración = 6 oz. o 170 gr vaso)

Tiempo de preparación: 20 min.

Ingredientes

* ❖ 2 tazas de hielo
* ❖ 2 cucharadas de proteína de suero de leche con sabor a chocolate;
* ❖ ¼ taza de leche condensada
* ❖ ½ taza de leche evaporada
* ❖ Una pizca de nuez moscada
* ❖ ¼ cucharadita de canela molida
* ❖ Opcional: 2 cucharadas de licor Southern Comfort

Cómo llegar

Mezcle todos los ingredientes en una batidora a máxima potencia durante aproximadamente un minuto o dos, excluyendo la canela. Para decorar, utilice canela o nata montada por encima.

Nutrición por ración: Calorías; 142 kcal, Proteínas;10 g, Sodio; 134 mg, Fósforo; 162 mg, Fibra dietética; 0,9 g, Potasio; 247 mg

4. Palomitas de bolsa marrón

1 ración

Tiempo de preparación: 20 min.

Ingredientes

* ❖ 1 cucharadita de aceite de canola
* ❖ 1/4 taza de granos de palomitas
* ❖ 1 bolsa de papel marrón para el almuerzo

Dirección

En un bol pequeño, mezcla el aceite y las palomitas. Coloca las palomitas en una bolsa marrón, ciérrala y sujeta la parte superior con dos grapas. 5Microondas a máxima potencia durante 3 minutos, o justo hasta que haya 5 segundos entre estallidos.

Nutrición por ración: Calorías; 155 kcal, Proteínas;4 g, Sodio;0 mg, Fósforo;96 mg, Fibra dietética; 4 g, Potasio; 105 mg

5. Copas de pepino con ensalada de pollo búfalo

8 raciones (1 ración = de 2 a 3 oz. o 56-85 gr)

Tiempo de preparación: 30 min.

Ingredientes

* ❖ 1 cucharadita de pimentón ahumado
* ❖ ½ cucharadita de pimienta negra
* ❖ 1 cucharadita de pimienta de Cayena
* ❖ ½ cucharadita de condimento italiano
* ❖ ½ taza de mayonesa Kraft
* ❖ 2 cucharadas de salsa picante
* ❖ 2 cucharadas de zumo de limón
* ❖ 1 cucharada de ajo fresco picado
* ❖ ¼ taza de migas de queso azul
* ❖ 3 tazas de pechuga de pollo desmenuzada o en dados
* ❖ 2 cucharadas de cebollino fresco picado
* ❖ Para decorar: ¼ taza de perejil fresco picado.
* ❖ 2 pepinos grandes sin pepitas, cortados en rodajas de 2,5 cm (1 pulgada), con el centro (la mitad) vaciado (de 15 a 20 porciones)

Cómo llegar

Mezcle todos los ingredientes, excepto los pepinos y el pollo, en un bol mediano. Añada el pollo y remuévalo hasta cubrirlo por igual. Déjelo reposar en el frigorífico unos 30 minutos. Sacar de la nevera y poner una cantidad igual (entre 1 y 2 cucharaditas) en cada rodaja de pepino. El perejil sirve de guarnición.

Nutrición por ración: Calorías; 155 kcal, Proteínas;18 g, Sodio; 252 mg, Fósforo; 189 mg, Fibra dietética; 0,6 g, Potasio; 283 mg

6. Vasitos de coliflor

24 tazas (1 ración = 1 taza de pasta filo)

Tiempo de preparación: 50 min.

Ingredientes

* ❖ ½ taza de queso suizo rallado, reducido en sodio;
* ❖ 3 huevos batidos, ligeramente revueltos
* ❖ 2 cucharadas de mantequilla
* ❖ ½ taza de queso cheddar rallado
* ❖ 1½ tazas de coliflor en dados escurrida y cocida
* ❖ 4 lonchas de bacon natural y sin curar, cortadas en dados
* ❖ 2 cucharadas de jalapeños picados
* ❖ ¼ taza de cebollas finamente picadas
* ❖ 1 cucharada de perejil
* ❖ ½ cucharadita de hojuelas de pimiento rojo
* ❖ 3 hojas de masa filo
* ❖ ½ cucharadita de pimienta negra molida
* ❖ Guarnición opcional: pimienta negra molida y perejil

Cómo llegar

Precalentar el horno a 375ºF. En una sartén grande, revolver ligeramente los huevos y reservar. En la misma sartén, derrita la mantequilla y saltee el tocino hasta que esté cocido. Añadir las cebollas, los jalapeños, las hojuelas de pimiento rojo y la coliflor. Saltear hasta que las cebollas estén transparentes. Sazone con pimienta negra y perejil. Retire la sartén del fuego e incorpore 2 trozos de queso y los huevos revueltos. Coloque tres láminas de pasta filo una encima de otra. Corte la masa en 24 cuadrados y colóquelos en un molde para magdalenas ligeramente rociado con aceite en aerosol. Reparta uniformemente la mezcla de huevos y verduras entre los moldes para magdalenas. Hornéelos en el estante inferior del horno de 12 a 15 minutos o hasta que los bordes estén ligeramente dorados. Apagar el horno y dejar reposar de 2 a 3 minutos. Opcional: Decorar con pimienta negra y perejil antes de servir.

Nutrición por ración: Calorías; 68 kcal, Proteínas; 3 g, Sodio; 107 mg, Fósforo;49 mg, Fibra dietética; 0,3 g, Potasio; 42 mg

7. Alitas Chipotle

4 raciones (1 ración = 4 piezas)

Tiempo de preparación: 30 min.

Ingredientes

- ❖ Aceite para engrasar la bandeja
- ❖ 450 g de alitas de pollo jumbo frescas, cortadas en trozos o en veinte trozos individuales
- ❖ 1 cucharada de cebollino picado
- ❖ ¼ taza de miel
- ❖ 1½ cucharadas de chiles chipotles picados en adobo
- ❖ 1 cucharadita de pimienta negra
- ❖ ¼ taza de mantequilla sin sal ligeramente derretida

Cómo llegar

Coloque las alitas precortadas en una bandeja grande para hornear antiadherente engrasada y precaliente el horno a 400 °F. Con un termómetro de lectura instantánea, hornee de 18 a 20 minutos, girando la bandeja a mitad de camino, o hasta que estén crujientes por fuera y hayan alcanzado una temperatura interna de 165 °F. Añada los ingredientes restantes al bol grande y remuévalos bien con una espátula. Saque las alitas del horno y mézclelas con la salsa hasta que estén bien cubiertas. Páselas a una fuente grande y sírvalas.

Nutrición por ración: Calorías; 384 kcal, Proteínas;20 g, Sodio; 99 mg, Fósforo; 146 mg, Fibra dietética; 0 g, Potasio; 266 mg

8. Proteína dulce y con nueces; Barritas

12 raciones (1 ración = 900 g)

Tiempo de preparación: 30 min.

Ingredientes

- ❖ ½ taza de almendras
- ❖ 2½ tazas de avena tostada y laminada
- ❖ ½ taza de mantequilla de cacahuete
- ❖ ½ taza de semillas de lino
- ❖ ½ taza de miel
- ❖ 1 taza de arándanos secos, craisins o cerezas

Cómo llegar

Poner los copos de avena en la bandeja y tostarlos en el horno a 350 °F durante 10 minutos, o hasta que estén dorados. Mezcle bien cada componente de la mezcla. Empuje la mezcla de proteínas hacia abajo en un molde de 9" × 9" ligeramente aceitado. Envolver y refrigerar durante al menos una hora o toda la noche. Las barritas de proteínas deben cortarse en el número apropiado de cuadrados y servirse.

Nutrición por ración: Calorías; 283 kcal, Proteínas;7 g, Sodio;49 mg, Fósforo;177 mg, Fibra dietética; 5,8 g, Potasio; 258 mg

9. Alitas de pavo a la barbacoa

7 raciones

Tiempo de preparación: 45 min.

Ingredientes

- ❖ Chef McCargo's Spice Rub (Barbacoa)
- ❖ 7 alas de pavo enteras
- ❖ 2 cucharaditas de copos de cebolla deshidratados
- ❖ 1 cucharadita de pimienta negra
- ❖ 1 taza de azúcar moreno compacto
- ❖ 2 cucharaditas de ajo granulado
- ❖ 1 cucharadita de pimentón ahumado
- ❖ 2 cucharaditas de chile oscuro en polvo
- ❖ 1 cucharadita de hojuelas de pimiento rojo
- ❖ 14 cucharadas de salsa barbacoa baja en sodio (y 2 cucharadas por alita)

Cómo llegar

Consiga una temperatura de horno de 375°F. Seque las alitas con palmaditas antes de penetrarlas con un tenedor. Guarde 1 cucharada del aliño de especias para más tarde y úntelo generosamente en las alitas. Coloque las alitas en la bandeja del horno, cúbralas con papel de aluminio y hornéelas durante 30 minutos. Déles la vuelta y hornéelas otros 30 minutos después de retirar las ramas y desechar el papel de aluminio. Después de dar la vuelta a las alitas una vez más, espolvoréelas con el resto de la especia. Pasados 15 minutos, apague el horno y sirva las alitas con salsa barbacoa reducida en sodio aparte.

Nutrición por ración: Calorías; 272 kcal, Proteínas;19 g, Sodio;371 mg, Fósforo; 155 mg, Fibra dietética; 0,6 g, Potasio; 321 mg

10. Galletas con hierbas

12 raciones (1 ración = 1 galleta)

Tiempo de preparación: 30 min.

Ingredientes

- ❖ 1 cucharadita de crémor tártaro
- ❖ 1¾ tazas de harina común
- ❖ spray antiadherente para cocinar
- ❖ ¼ taza de mayonesa
- ❖ ½ cucharadita de bicarbonato sódico
- ❖ 3 cucharadas de cebollino u otra hierba (fresca o seca al gusto)
- ❖ ⅔ taza de leche desnatada

Cómo llegar

Consiga una temperatura de horno de 400° F. A continuación, cubra una bandeja para galletas con spray antiadherente para cocinar. En un bol grande, mezcle la harina, el bicarbonato y el cremor tártaro. Añada la mayonesa y revuelva con un tenedor hasta que la mezcla se asemeje a harina de maíz gruesa. Mezclar las hierbas y la leche en un bol pequeño antes de añadirlas a la mezcla de harina y seguir batiendo. Poner una cucharada generosa en una bandeja para galletas. Hornear durante diez minutos. Cuando no se utilice, refrigerar.

Nutrición por ración: Calorías; 109 kcal, Proteínas;3 g, Sodio;88 mg, Fósforo;34 mg Fibra dietética; 1 g, Potasio; 85 mg

11. Heavenly Deviled Eggs

4 raciones (1 ración = 2 mitades)

Tiempo de preparación: 30 min.

Ingredientes

- ❖ 2 cucharadas de mayonesa light
- ❖ 4 huevos grandes, duros y sin cáscara
- ❖ ¼ cucharadita de pimienta negra molida
- ❖ ½ cucharadita de vinagre de sidra
- ❖ ½ cucharadita de mostaza seca
- ❖ 1 cucharada de cebolla finamente picada
- ❖ Una pizca de pimentón para decorar

Cómo llegar

Cortar los huevos por la mitad a lo largo. Retire con cuidado las yemas y colóquelas en un cuenco pequeño. Sobre la fuente, colocar la clara. Con un tenedor, machacar las yemas; a la mezcla, añadir el vinagre, la mostaza seca, la cebolla y la pimienta negra. Vierta suavemente la mezcla de yemas en la clara cocida para rellenarla. Opcional: Añadir pimentón a los huevos endiablados antes de servir.

Nutrición por ración: Calorías; 98 kcal, Proteínas;6 g, Sodio;124 mg, Fósforo; 90 mg, Fibra dietética; 0 g, Potasio; 73 mg

12. 60-Sec Salsa

8 raciones

Tiempo de preparación: 15 min.

Ingredientes

- ❖ 2 cebollas verdes picadas
- ❖ 4 tomates ciruela o Roma picados
- ❖ 1/2 - 1 pimiento verde picado
- ❖ 3 dientes de ajo picados
- ❖ 1/2 manojo de cilantro fresco picado
- ❖ 1/2 - 1 jalapeño fresco picado
- ❖ 1/4 taza de orégano fresco picado, o 1 cucharada de seco
- ❖ 1/2 cucharadita de comino

Cómo llegar

Todos los ingredientes deben combinarse en una batidora o robot de cocina hasta que las partes más grandes queden en trozos pequeños. Déjelo reposar en el frigorífico durante unas horas. Lo mejor es servirlo frío y acompañado de chips de tortilla sencillos.

Nutrición por ración: Calorías; 14 kcal, Proteína;1 g, Sodio;4 mg, Fósforo;14 mg, Fibra dietética; 0 g, Potasio; 117 mg

13. Salsa Alfredo

8 raciones

Tiempo de preparación: 15 min.

Ingredientes

- ❖ 3 cucharadas de harina común
- ❖ 1/4 taza de aceite de oliva
- ❖ 2 tazas de leche de arroz
- ❖ 1 diente de ajo picado
- ❖ 1/3 taza de queso parmesano rallado
- ❖ 110 g de queso fresco
- ❖ 1 cucharada de zumo de limón
- ❖ 1/4 cucharadita de nuez moscada molida

Cómo llegar

En una sartén, calentar el aceite de oliva a fuego medio. Añadir la harina y batir para hacer una pasta, luego incorporar el ajo picado. Añadir la leche de arroz poco a poco, removiendo con frecuencia para evitar grumos. Dejar que la mezcla espese y rompa a hervir. Añadir el queso crema y mezclar bien. Sal del fuego. Añada la nuez moscada, un tercio de taza de queso parmesano y el zumo de limón. Mezclar bien. Servir con verduras al vapor, espaguetis, pollo, etc.

Nutrición por ración: Calorías; 173 kcal, Proteínas;3 g, Sodio;142 mg, Fósforo; 75 mg, Potasio; 32 mg

14. Copa de manzana Sidra

8 raciones

Tiempo de preparación: 20 min.

Ingredientes

- ❖ 2 ramas de canela
- ❖ 2 cuartos de zumo de manzana, 100%.
- ❖ 1 pizca de nuez moscada
- ❖ 1/2 cucharadita de clavos enteros
- ❖ 1 cucharadita de pimienta de Jamaica

Cómo llegar

Se vierte el zumo de manzana en una olla grande y se cuece a fuego medio-alto. Se añaden los demás componentes. Se hierve y luego se baja el fuego a bajo. Dale 10 minutos para que "repose". Cuando estés listo para servir, vierte la sidra en una taza o termo utilizando un colador metálico fino.

Nutrición por ración: Calorías; 114 kcal, Proteínas;0 g, Sodio;28 mg, Fósforo;1 mg, Fibra dietética; 0 g, Potasio; 255 mg

16. Crema de queso para untar

8 raciones

Tiempo de preparación: 7 min.

Ingredientes

- ❖ 1 cucharadita de cebolla en polvo
- ❖ 225 g de queso fresco batido

❖ 1/2 cucharadita de eneldo fresco picado

Cómo llegar

Mezclar todos los componentes con la batidora eléctrica. Colocar en un recipiente hermético en el frigorífico.

Nutrición por ración: Calorías; 70 kcal, Proteína;1 g, Sodio;59 mg, Fósforo;22 mg Potasio; 26 mg

17. Salsa de frutas

4 raciones

Tiempo de preparación: 20 min.

Ingredientes

❖ 3/4 de taza de mango cortado en dados
❖ 3/4 de taza de piña en dados
❖ 1/4 taza de cebolla roja picada
❖ 1/2 taza de fresas cortadas en dados
❖ 2 cucharadas de hojas de menta fresca picadas
❖ 1 jalapeño, sin semillas, sin tallo y cortado en dados finos
❖ 1 cucharada de zumo de lima
❖ 2 cucharadas de zumo de naranja

Cómo llegar

En un bol mediano de cerámica o cristal, combine los ingredientes y bátalos bien para mezclarlos. Cubra con papel plástico y deje reposar la salsa durante al menos 20 o 30 minutos antes de servirla.

Nutrición por ración: Calorías; 59 kcal, Proteínas;1 g, Sodio;9 mg, Fósforo;16 mg, Potasio; 155 mg

18. Muffins de pan de maíz

12 raciones

Tiempo de preparación: 45 min.

Ingredientes

❖ 1 taza de harina de maíz
❖ 1 taza de harina común
❖ 1/4 taza de azúcar granulado
❖ 1/2 taza de maíz enlatado (sin sal añadida)
❖ 1/2 cucharadita de bicarbonato sódico
❖ 2 huevos
❖ 1/2 taza de mantequilla ablandada sin sal.
❖ 1/2 taza de suero de leche
❖ 1/4 de taza de miel

Cómo llegar

Ponga el horno a 400 grados. Utilice aceite en aerosol para engrasar ligeramente la bandeja de magdalenas. En un bol grande, mezcle la harina, el bicarbonato, la harina de maíz y el azúcar. Se bate la mantequilla en un robot de cocina o con una batidora de repostería hasta que tenga el tamaño de un guisante. En otro bol se baten los huevos. Añadir la miel y el suero de leche. Se vierte la mezcla de huevo en la harina y se remueve hasta que esté apenas combinada. Se dobla el maíz. Hornear las magdalenas de 20 a 25 minutos, o hasta que al insertar un palillo en el centro salga limpio.

Llenar los moldes de magdalenas con la masa a cucharadas.

Nutrición por ración: Calorías; 203 kcal, Proteínas; 4 g, Sodio; 79 mg, Fósforo; 67 mg, Potasio; 89 mg

19. Ponche de jengibre y arándanos

4 raciones

Tiempo de preparación: 15 min.

Ingredientes

❖ 1/2 taza de jengibre fresco pelado y cortado en rodajas finas
❖ 4 tazas de zumo de arándanos
❖ 1/3 taza de azúcar granulado
❖ 1/3 taza de zumo de lima, fresco

Cómo llegar

En una cacerola grande, llevar a ebullición el jengibre y el zumo. Cuézalo a fuego medio durante al menos 20 minutos para que absorba el sabor. Bata el zumo de lima y el azúcar después de añadirlos. Después de colarlo, sírvalo.

Nutrición por ración

Calorías; 124 kcal, Proteínas;0 g, Sodio;0 mg, Fósforo;1 mg, Potasio; 50 mg

20. Salsa de tomatillo verde

Porciones de 2 cucharadas por receta

Tiempo de preparación: 20 min.

Ingredientes

❖ 1 cebolla picada
❖ 450 g de tomatillos
❖ 3 cucharadas de zumo de lima
❖ 1 jalapeño
❖ 1 diente de ajo
❖ 1/2 taza de cilantro
❖ 1 cucharada de aceite de oliva

Cómo llegar

Retire la cáscara de los tomatillos y limpie cualquier resto de sustancia grasienta o pegajosa. Mezcle la cebolla, el jalapeo, los tomatillos, el ajo y un poco de aceite de oliva. Ásalos a 400 grados hasta que estén tiernos y ligeramente dorados. Dejar enfriar. En un robot de cocina o una batidora, haga un puré con los ingredientes hasta que estén bien mezclados antes de añadir el zumo de lima y el cilantro. La salsa puede conservarse fresca durante dos semanas en el frigorífico o hasta seis meses en el congelador.

Nutrición por ración: Calorías; 20 kcal, Proteínas;0 g, Sodio;6 mg, Fósforo;10 mg, Potasio; 86 mg

21. Tomates verdes y queso de cabra

4 raciones

Tiempo de preparación: 20 min.

Ingredientes

❖ 1 cucharada de vinagre balsámico
❖ 8 rebanadas de pan francés tostado
❖ 4 tomates verdes medianos
❖ 1 taza de queso de cabra desmenuzado
❖ 2 cucharaditas de hojas de orégano picadas
❖ pimienta molida al gusto
❖ 4 cucharaditas de aceite de oliva

Cómo llegar

Cortar los tomates en rodajas de 1/2 pulgada de grosor. Rocíe un poco de aceite en una fuente de horno pequeña. Coloque las rodajas de tomate en una sola capa superpuesta en el fondo de la fuente. Se esparce orégano sobre los tomates y se rocía vinagre por encima. Añada el queso de cabra desmenuzado por encima y vierta el aceite de oliva. Los tomates deben estar calientes y el queso debe estar empezando a dorarse después de unos 7 a 8 minutos de asado a una altura de 5 a 8 pulgadas bajo una parrilla precalentada. Espolvoree la pimienta sobre el pan tostado y sírvalo enseguida.

Nutrición por ración: Calorías; 173 kcal, Proteínas;7 g, Sodio;135 mg, Fósforo; 161 mg Potasio; 280 mg

22. Espárragos a la barbacoa

6 raciones

Tiempo de preparación: 30 min.

Ingredientes

❖ 2-3 cucharadas de aceite de oliva virgen extra
❖ 225 g de espárragos frescos (de 12 a 15 tallos grandes)
❖ 2-3 cucharadas de zumo de limón
❖ 1/2 cucharadita de pimienta

Cómo llegar

Mezcle el aceite, el zumo de limón y la pimienta negra en un plato llano lo suficientemente grande como para enrollar los espárragos. Lave y corte los extremos leñosos de los espárragos. Añada los espárragos a la mezcla de aceite y remuévalos para cubrirlos. Deje marinar en el frigorífico hasta que la parrilla esté lista, colocando el plato sobre una bandeja para evitar que gotee aceite. Precaliente la parrilla de gas o carbón a fuego medio-alto. Para evitar que se peguen, rocíe ligeramente con aceite de oliva en aerosol una bandeja para asar verduras, una hoja de papel de aluminio resistente doblada en forma de bandeja o una cesta para asar. Coloque los espárragos en la bandeja de asar y vierta el aceite sobrante de la fuente sobre los espárragos. Ase los espárragos, girándolos de vez en cuando, durante unos 5 minutos, o hasta que estén tiernos y ligeramente dorados. Pase los espárragos a un plato y sírvalos calientes o a temperatura ambiente.

Nutrición por ración: Calorías; 86 kcal, Proteínas;3 g, Sodio;4 mg, Fósforo; 41 mg, Fibra dietética 2 g, Potasio; 196 mg

23. Maíz a la barbacoa

8 raciones

Tiempo de preparación: 20 min.

Ingredientes

❖ 1 cucharada de queso parmesano rallado
❖ 3 cucharadas de aceite de oliva
❖ 1 cucharadita de perejil
❖ 1 cucharadita de tomillo seco
❖ 4 mazorcas de maíz frescas, en 8 mitades
❖ 1/2 cucharadita de pimienta negra

Cómo llegar

Limpiar y desgranar el maíz. Mezcle el aceite, el queso, el perejil, el tomillo y la pimienta negra en un bol lo suficientemente grande para que quepa el maíz. A continuación, cubra completamente el maíz con la mezcla y pase un rodillo para cubrirlo uniformemente. Centre una hoja de papel de aluminio con el maíz (resistente). Para hacer una bandeja, doble los bordes de la hoja de papel de aluminio, con cuidado de no dejar espacio para que el aceite gotee sobre la parrilla. Coloque la bandeja de papel de aluminio en la parrilla a fuego medio y cocine durante 15-20 minutos, dándole la vuelta para dorar cada lado.

Nutrición por ración: Calorías; 109 kcal, Proteínas; 2 g, Sodio; 15 mg, Fósforo; 59 mg, Fibra dietética;2 g, Potasio; 189 mg

24. Macarrones con queso bajos en sal

4 raciones

Tiempo de preparación: 20 min.

Ingredientes

❖ 2 a 3 tazas de agua hirviendo
❖ 1/4 cucharadita de mostaza seca
❖ 2 tazas de fideos (de cualquier forma)
❖ 1 cucharadita de margarina/mantequilla sin sal
❖ 1/2 taza de queso cheddar rallado

Cómo llegar

Lleva el agua a ebullición, añade los fideos y cuécelos de 5 a 7 minutos, o hasta que estén blandos. Escúrralos. Espolvoréelo con queso mientras aún está muy caliente, luego mézclelo con mantequilla y mostaza.

Nutrición por ración: Calorías; 163 kcal, Proteínas;6 g, Sodio;114 mg, Fósforo; 138 mg, Fibra dietética; 3 g, Potasio; 39 mg

25. Verduras a la parrilla

Las verduras asadas son más sabrosas y dulces. Las verduras asadas añaden un toque diferente a tus comidas habituales. Lleve su destreza culinaria al exterior y empiece a cocinar a la parrilla.

3 raciones

Tiempo de preparación: 20 min.

Ingredientes

* ❖ Espárragos 1/2 taza (6 tallos)
  * ➤ 49 mg. Fósforo;
  * ➤ 202 mg de potasio;
  * ➤ 13 mg de sodio;
* ❖ Zanahorias ½ taza
  * ➤ 23 mg de fósforo;
  * ➤ 183 mg de potasio;
  * ➤ 5 mg de sodio;
* ❖ Pepino ½ taza
  * ➤ 12 mg de fósforo;
  * ➤ 76 mg de potasio;
  * ➤ 1 mg de sodio;
* ❖ Berenjena 1 taza
  * ➤ 15 mg de fósforo;
  * ➤ 122 mg de potasio;
  * ➤ 1 mg de sodio;
* ❖ Pimiento verde 1 pequeño
  * ➤ 15 mg de fósforo;
  * ➤ 130 mg de potasio;
  * ➤ 2 mg de sodio;
* ❖ Champiñones 1 taza
  * ➤ 30 mg de fósforo;
  * ➤ 111 mg de potasio;
  * ➤ 2 mg de sodio;

26. Ensalada fresca de coco y malvavisco

8 raciones

Tiempo de preparación: 25 min.

Ingredientes

* ❖ 1 taza de coco seco rallado.
* ❖ 250 g (1 paquete) de malvaviscos con sabor a fruta
* ❖ 2 tazas de nata agria
* ❖ 1 lata (15 onzas) de cóctel de frutas escurrido

Cómo llegar

Mezclar todos los ingredientes en un bol. Pasar a un bol de cristal para servir. Si quieres una ensalada cremosa, enfríala una hora antes de servir. Si quieres una ensalada moldeada, enfríala durante toda una noche.

Nutrición por ración: Calorías; 317 kcal, Proteínas;3 g, Sodio;48 mg, Fósforo; 74 mg Fibra dietética; 3 g, Potasio; 185 mg

27. Coliflor en salsa de mostaza

4 raciones

Tiempo de preparación: 20 min.

Ingredientes

* ❖ 1 cucharadita de miel
* ❖ 2 cucharaditas de mostaza de Dijon
* ❖ 1 cucharada de aceite de oliva
* ❖ 1 cucharada + 2 cucharaditas de vinagre de vino blanco
* ❖ Una pizca de pimienta negra.
* ❖ 2 tazas de flores de coliflor

Cómo llegar

El vinagre y el aceite de oliva se añaden después de batir juntos la mostaza, la miel y la miel. Se pone un poco de pimienta negra. A continuación, reservar. La coliflor se añade al agua hirviendo y se cuece hasta que esté blanda. Escurrirla bien. Verter el aliño sobre la coliflor cocida y escurrida. Dejar enfriar durante 30-45 minutos y servir.

Nutrición por ración: Calorías; 51 kcal, Proteínas;1 g, Sodio;75 mg, Fósforo; 25 mg Fibra dietética; 1 g, Potasio; 163 mg

28. Ensalada de col con piña

4 raciones

Tiempo de preparación: 25 min.

Ingredientes

* ❖ 1 lata (225 g o 8 oz) de piña triturada, escurrida y sin azúcar
* ❖ Una pizca de pimienta (opcional)
* ❖ 2 tazas de col rallada
* ❖ 1/4 de taza de cebolla picada
* ❖ 1/4 de taza de Miracle Whip

Cómo llegar

Mezclar cada componente. Enfríe antes de servir durante al menos una hora.

Nutrición por ración: Calorías; 72 kcal, Proteínas;1 g, Sodio;137 mg, Fósforo; 15 mg, Fibra dietética; 1 g, Potasio; 153 mg

29. Calabaza de bellota al horno con piña

2 raciones

Tiempo de preparación: 15 min.

Ingredientes

* ❖ 1 calabaza bellota, cortada por la mitad y sin semillas.
* ❖ 1/4 cucharadita de nuez moscada
* ❖ 2 cucharaditas + 1 cucharada de mantequilla sin sal
* ❖ 3 cucharadas de piña triturada.
* ❖ 2 cucharaditas de azúcar moreno

Cómo llegar

Poner el horno a 400 grados. Poner la calabaza en un molde preparado con la parte cortada hacia arriba. Ponga una cucharada de mantequilla y otra de azúcar moreno en cada lado de la bellota. Cubra la calabaza con papel de aluminio y hornéela durante unos 30 minutos, o hasta que esté blanda. Saque la calabaza cocida, dejando las cáscaras de 1/4" de grosor. Junte la calabaza cocida, 1 cucharada de mantequilla, la piña y la nuez moscada. Bátalo hasta que quede suave. Verter la mezcla en las conchas y hornear a 425 grados durante unos 15 minutos.

Nutrición por ración: Calorías; 202 kcal, Proteínas;2 g, Sodio;90 mg, Fósforo; 80 mg, Potasio; 783 mg

30. Chutney de manzana y cerezas

32 raciones (1 cucharada cada una)

Tiempo de preparación: 20 min.

Ingredientes

- ❖ 1 taza de cerezas ácidas secas
- ❖ 1 manzana ácida mediana
- ❖ 1 1/2 tazas de azúcar
- ❖ 1 taza de vinagre de sidra de manzana
- ❖ 1 cebolla roja pequeña cortada en rodajas finas.

Cómo llegar

Las manzanas y las cerezas se ponen en un cazo grande junto con la cebolla, el azúcar y el vinagre. La manzana se corta en rodajas pequeñas sin quitarle la piel. Antes de que se disuelva el azúcar, se cuece la mezcla y se bate antes de llevarla a ebullición. Se deja cocer a fuego lento de 8 a 10 minutos, tapado, o hasta que las cerezas secas y las cebollas estén blandas y carnosas. Quitar la tapa, subir el fuego y seguir hirviendo unos 5 minutos más, o hasta que el almíbar se haya reducido a un glaseado brillante alrededor de la fruta. El chutney puede conservarse tapado y refrigerado durante muchos días o servirse inmediatamente.

Nutrición por ración: Calorías; 55 kcal, Proteínas;1 g, Sodio;2 mg, Fósforo; 1 mg, Potasio; 12 mg

31. Ensalada de pera asiática

4 raciones

Tiempo de preparación: 25 min.

Ingredientes

- ❖ 1/2 taza de agua
- ❖ 1/2 taza de azúcar
- ❖ 6 tazas de lechuga de hoja verde
- ❖ 1/2 taza de nueces o pacanas
- ❖ 2 onzas de queso azul o stilton
- ❖ 4 peras asiáticas, sin corazón, peladas y cortadas en dados.
- ❖ Servir con aliño de aceite y vinagre.
- ❖ 1/2 taza de granos de granada

Cómo llegar

El azúcar y el agua deben disolverse en una sartén antiadherente. Cocer a fuego lento hasta que se forme un almíbar. Añadir rápidamente los frutos secos y remover. Separar las nueces y volcarlas aún calientes sobre papel pergamino o papel de aluminio. Observar cómo se enfrían. Colocar la lechuga en un bol grande. Se pueden añadir peras, queso y granos de granada a la lechuga. Añadir algunos frutos secos y servir con un aliño de aceite y vinagre. Para convertirlo en una comida completa, añada pechuga de pollo en dados y aumente el tamaño de la ración.

Nutrición por ración: Calorías; 301 kcal, Proteínas;6 g, Sodio;206 mg, Fósforo; 127 mg, Fibra dietética; 14 g, Potasio; 297 mg

32. Aceite de albahaca

16 raciones

Tiempo de preparación: 10 min.

Ingredientes

- ❖ 1 taza de aceite vegetal o de oliva
- ❖ 1 1/2 tazas de hojas de albahaca fresca

Cómo llegar

Lavar y secar 1 1/2 tazas de hojas de albahaca. Mezcle las hojas de albahaca y 1 taza de aceite de oliva en una batidora o procesador de alimentos. Triturar hasta que las hojas estén bien picadas, pero no hechas puré. Vierta la mezcla en una cacerola y caliéntela a fuego medio, removiendo de vez en cuando, hasta que el aceite burbujee en los bordes de la cacerola y alcance los 165 grados Fahrenheit para eliminar cualquier bacteria. Esto debería llevar unos 3-4 minutos. Retire la sartén del fuego y deje que la mezcla se enfríe durante aproximadamente una hora. Coloque un colador de alambre fino sobre un bol ancho y fórrelo con dos capas de estopilla. Vierta la mezcla por el colador y presione suavemente la albahaca para extraer el aceite restante. Deseche la albahaca y transfiera el aceite a un recipiente hermético. Guarde el aceite de albahaca en el frigorífico hasta 3 meses. El aceite puede solidificarse en el frigorífico, pero se licuará rápidamente a temperatura ambiente. Nota: El aceite se puede utilizar como aliño de ensaladas, adobo o rociado sobre verduras asadas o carne a la parrilla.

Nutrición por ración: Calorías; 135 kcal, Proteínas; 0 g, Sodio;0 mg, Fósforo; 0 mg Fibra dietética; 15 g, Potasio;5 mg

33. BBQ Rub For Pork or Chicken

4 raciones

Tiempo de preparación: 20 min.

Ingredientes

- ❖ 1 cucharadita de pimentón ahumado.
- ❖ 1 cucharada de azúcar moreno
- ❖ 1 cucharadita de ajo granulado
- ❖ 1 cucharadita de chile en polvo
- ❖ Opcional 1/8 cucharadita de pimienta roja molida
- ❖ 1 cucharadita de comino
- ❖ 1 cucharadita de cebolla en polvo
- ❖ 1/8 cucharadita de pimienta de Jamaica
- ❖ 1/4 cucharadita de mostaza en polvo

Cómo llegar

Mezcle bien cada ingrediente en un bol. Precocinados para pollo o cerdo

Nutrición por ración: Calorías; 20 kcal, Proteínas;0 g, Sodio;9 mg, Fósforo; 7 mg, Fibra dietética; 0 g, Potasio; 34 mg

34. Calabaza de invierno a la barbacoa

8 raciones

Tiempo de preparación: 35 min.

Ingredientes

- ❖ 1-2 cucharadas de aceite de oliva
- ❖ 1-2 calabacines o bellotas cortados en rodajas de 2,5 cm de grosor.
- ❖ 1-2 cucharadas de mantequilla
- ❖ 1-2 cucharadas de azúcar moreno

Cómo llegar

Se calienta la parrilla a unos 400 grados. La calabaza debe cubrirse ligeramente con aceite de oliva y asarse durante unos 5 minutos antes de darle la vuelta. Pincelarla con mantequilla derretida y azúcar moreno cuando esté lista. Después de un minuto en la parrilla, retirar y servir.

Nutrición por ración: Calorías; 99 kcal, Proteína;1 g, Sodio;3 mg, Fósforo; 53 mg, Fibra dietética; 6 g, Potasio; 508 mg

35. Ensalada de remolacha

4 raciones

Tiempo de preparación: 60 min.

Ingredientes

- ❖ 1/2 taza de pacanas o nueces
- ❖ 4 remolachas refrigeradas, peladas, asadas y cortadas en dados.
- ❖ 2-3 onzas (56-85 gr) de queso azul o stilton.
- ❖ 1/4 de taza de albahaca fresca picada fina.
- ❖ 1 lecho de lechuga de hoja (por persona)
- ❖ 2 cucharadas de aceite de oliva
- ❖ 1/2 taza de vinagre de frutas/hierbas

Cómo llegar

Se precalienta el horno a 400°C. Se asan las remolachas durante 45 minutos o hasta que estén tiernas. Se enfrían, se pelan y se cortan en dados. Las nueces, el azúcar y el agua se combinan en una sartén. La mezcla debe calentarse hasta que la mayoría de las burbujas de líquido hayan desaparecido. Una vez que las nueces estén completamente cubiertas y la sartén casi seca, se vierten las nueces sobre papel pergamino o papel de aluminio. Cuando los frutos secos aún estén calientes, sepárelos. Si lo dejas enfriar, puedes conservarlo a temperatura ambiente durante varios meses. Crea un lecho de lechuga. Mezcle la remolacha con la albahaca, el aceite y el vinagre. Se puede esparcir sobre un plato de lechuga. Espolvorear por encima nueces y dados de queso.

Nutrición por ración: Calorías; 283 kcal, Proteínas; 6 g, Sodio; 241 mg, Fósforo; 102 mg, Fibra dietética; 2 g, Potasio; 393 mg

36. Ensalada de arroz salvaje con bayas

8 raciones

Tiempo de preparación: 25 min.

Ingredientes

- ❖ 2 tazas de agua
- ❖ 1 taza de arroz salvaje crudo
- ❖ 1/2 taza de cebolla picada
- ❖ 1 taza de berza ligeramente cocida al vapor

- ❖ 1/4 taza de arándanos
- ❖ 2 1/2 tazas de bayas variadas (mora, frambuesa, etc.)
- ❖ 1/4 de taza de menta fresca picada.
- ❖ 2 cucharadas de zumo de limón
- ❖ 1/2 taza de nata agria reducida en grasa/sin grasa.
- ❖ 1 cucharada de aceite de oliva

Cómo llegar

El arroz y el agua deben combinarse en una olla grande. Llevar a ebullición, reducir el fuego a bajo, tapar y cocer a fuego lento durante 45 a 55 minutos, o hasta que se haya absorbido la mayor parte del líquido. Vaciar el arroz y combinarlo con las bayas, las verduras y las cebollas en un plato grande. Mezclar bien. Triture todos los componentes del aliño, excepto la nata agria, en un robot de cocina o una batidora hasta que estén bien mezclados, añadiendo más líquido si es necesario. Incorpore poco a poco la nata agria hasta que todo esté bien mezclado. Aliñar la ensalada de arroz rociándola con el aliño. Sírvala ahora mismo o guárdela tapada en el frigorífico para utilizarla más tarde.

Nutrición por ración: Calorías; 155 kcals, Proteínas; 5 g, Sodio;21 mg, Fósforo; 98 mg Fibra dietética; 2 g, Potasio; 214 mg

37. Guisantes de ojos negros

12 raciones

Tiempo de preparación: 35 min.

Ingredientes

- ❖ 3 1/2 tazas de agua/caldo vegetal (bajo en sodio).
- ❖ 2 tazas de frijoles de ojo negro secos.
- ❖ 1 cebolla mediana finamente picada
- ❖ 340 g de pavo ahumado opcional
- ❖ 1 taza de apio cortado en dados.
- ❖ 5 - 6 dientes de ajo finamente picados
- ❖ 1/2 cucharadita de jengibre
- ❖ 1/2 cucharadita de tomillo
- ❖ 1 pizca de pimienta de cayena
- ❖ 1/2 cucharadita de curry en polvo

Cómo llegar

Ponga los guisantes de ojo negro en un barreño grande y cúbralos con agua, aproximadamente 4 ". Dejar en remojo durante al menos 6 horas o toda la noche. Enjuague los guisantes después de escurrirlos bajo agua tibia. Ponga el resto de ingredientes en una olla grande junto con los guisantes de ojo negro. Llevar a ebullición, luego reducir el fuego a bajo, añadir la tapa y cocer los guisantes a fuego lento durante aproximadamente 1 hora y media, o hasta que estén blandos. Remover de vez en cuando.

Nutrición por ración: Calorías; 130 kcal, Proteínas; 12 g, Sodio; 274 mg, Fósforo; 200 mg, Fibra dietética; 1 g, Potasio; 434 mg

38. Coles de Bruselas asadas

4-6 raciones

Tiempo de preparación: 25 min.

Ingredientes

- ❖ 1-2 cucharadas de aceite de oliva
- ❖ 2 tazas de coles de Bruselas (alrededor de un tallo)
- ❖ 1/4 de taza de vinagre con sabor a fruta/hierba
- ❖ 2-4 cucharadas de queso parmesano fresco rallado

Cómo llegar

Ajuste la temperatura del horno a 450 grados. Echar los brotes en aceite de oliva. Colóquelos en una bandeja para hornear ligeramente engrasada. Áselos durante unos 10 minutos. Los germinados están hechos cuando están delicados. Ahora sáquelos del horno. A continuación, añada un poco de vinagre de manzana y queso parmesano recién rallado.

Nutrición por ración: Calorías; 68 kcals, Proteína;3 g, Sodio;70 mg, Fósforo; 59 mg, Fibra dietética; 5 g, Potasio; 182 mg

39. Aderezo Ranchero de Hierbas y Suero de Mantequilla

2 cucharadas por ración

Tiempo de preparación: 10 min.

Ingredientes

- ❖ 1/2 taza de. de leche
- ❖ 1/4 cucharadita de ajo en polvo
- ❖ 1/2 taza de mayonesa
- ❖ 1 cucharada de cebollino fresco picado.
- ❖ 2 cucharadas de vinagre
- ❖ 1 cucharada de hojas de orégano picadas.
- ❖ 1 cucharada de eneldo

Cómo llegar

Se mezclan la leche, el vinagre y la mayonesa en un recipiente mediano. A continuación, se añaden el eneldo, el cebollino fresco y las hojas de orégano junto con 1/4 de cucharadita de ajo en polvo. Combínelos. Para que los sabores se fundan, póngalo a enfriar durante al menos una hora. Remover bien el aliño antes de servir.

Nutrición por ración: Calorías; 83 kcals, Proteína;1 g, Sodio;64 mg, Fósforo; 1 mg, Potasio; 9 mg

40. Sazonador Cajún

2 raciones

Tiempo de preparación: 20 min.

Ingredientes

- ❖ 2 cucharaditas de cebolla en polvo
- ❖ 2 cucharaditas de pimentón
- ❖ 1 cucharadita de cayena para suave o 2 cucharaditas de para med. Especias
- ❖ 2 cucharaditas de ajo en polvo

Cómo llegar

Mezcla los ingredientes y guárdalos en un tarro (hermético).

Nutrición por ración: Calorías; 25 kcals, Proteína;1 g, Sodio;15 mg, Fósforo; 5 mg, Fibra dietética; 1 g, Potasio; 36 mg

41. Mezcla china de cinco especias

22 raciones

Tiempo de preparación: 10 min.

Ingredientes

- ❖ 2 cucharadas de canela molida
- ❖ 1 cucharadita de semillas de anís
- ❖ 1/4 de taza de jengibre
- ❖ 1 cucharadita de pimienta de Jamaica molida
- ❖ 2 cucharaditas de clavo molido

Cómo llegar

Mézclalo todo y guárdalo en un tarro (hermético). Las especias enteras duran dos años y las molidas, un año.

Nutrición por ración: Calorías; 20 kcal, Proteínas;0 g, Sodio;14 mg, Fósforo; 4 mg Fibra dietética; 1 g, Potasio; 49 mg

42. Salsa de cítricos

8-12 raciones

Tiempo de preparación: 15 min.

Ingredientes

- ❖ 1 litro de vinagre blanco
- ❖ 2-4 cucharadas de azúcar
- ❖ 900 g de limones pequeños, kumquats, limas o naranjas
- ❖ tarros de cristal
- ❖ 1/4 de taza de semillas de mostaza

Cómo llegar

Conservas de frutas

- ➢ Corte una cruz en el extremo del tallo de cada fruta. Si utiliza naranjas, córtelas en cuartos. Ponlas en tarros de cristal y vierte vinagre sobre ellas.
- ➢ Añada a cada recipiente 2 cucharaditas de semillas de mostaza y coloque las tapas.
- ➢ Consérvelo a temperatura ambiente durante un mes aproximadamente, después prepare el condimento que se indica a continuación y sírvalo.

Condimento de naranja

- ➢ Mezclar la fruta con el azúcar en una sartén pequeña y, si es necesario, añadir más azúcar.
- ➢ Para que la mezcla se cueza y la fruta quede brillante y transparente, agitar la sartén con frecuencia a fuego medio durante 5 a 10 minutos.
- ➢ servir frío o caliente.
- ➢ El vinagre de frutas en vinagre puede utilizarse como aliño de ensaladas o como adobo para aves o pescado.

Nutrición por ración: Calorías; 26 kcal, Proteínas;0 g, Sodio;0 mg, Fósforo; 4 mg, Potasio; 37 mg

43. Ensalada de col con una patada

10 raciones

Tiempo de preparación: 25 min.

Ingredientes

- ❖ 1 cucharada de rábano picante
- ❖ 1 taza de mayonesa
- ❖ 3 cucharadas de azúcar granulado
- ❖ 2 cucharaditas de vinagre de sidra
- ❖ 1 (1 lb. o 450 gr) bolsa de mezcla de ensalada de col con zanahorias.
- ❖ 2 cucharaditas de eneldo fresco picado.

Cómo llegar

En un bol, mezclar la mayonesa, el vinagre, el azúcar, el rábano picante y el eneldo. Añadir la mezcla de ensalada de col y remover hasta que esté completamente mezclada. Deje reposar durante al menos una hora. Si se deja enfriar toda la noche, tendrá un sabor delicioso.

Nutrición por ración: Calorías; 107 kcal, Proteínas; 0 g, Sodio; 170 mg, Fósforo; 11 mg, Potasio; 117 mg

44. Hojas de berza

4 raciones

Tiempo de preparación: 20 min.

Ingredientes

- ❖ ½ cebolla picada.
- ❖ 1 1/2 cucharadita de aceite de oliva
- ❖ 1 manojo grande de berzas sin tallos.
- ❖ 2 cucharaditas de ajo picado
- ❖ 1/2 cucharadita de hojuelas de pimiento rojo
- ❖ 1/8 cucharadita de pimienta negra
- ❖ cucharada de vinagre
- ❖ 1/2 taza de caldo de pollo bajo en sodio sin grasa

Cómo llegar

Las cebollas y el ajo deben cocinarse en aceite a fuego medio hasta que estén tiernos pero no quemados. Se añade 1/4 de las verduras antes que el ajo y la cebolla. Las verduras restantes se añaden y se marchitan por tandas una vez que la primera tanda de verduras esté completamente cocida. Se añaden las hojuelas de pimiento roja y negra. Se lleva a ebullición mientras se añade el caldo. Bajar el fuego, tapar y cocer a fuego lento durante 20 minutos o hasta que estén blandas. El caldo casi seguro que se puede reducir. Apagar el fuego y añadir el vinagre justo antes de servir.

Nutrición por ración: Calorías; 50 kcal, Proteínas; 3 g, Sodio; 40 mg, Fósforo; 34 mg, Fibra dietética; 2 g, Potasio; 190 mg

45. Pepinillos Cornichon, bajos en sal

24 raciones

Tiempo de preparación: 15 min.

Ingredientes

- ❖ 4 ramitas de estragón fresco
- ❖ 3 tazas de pepinos cornichon/pickling
- ❖ 1/2 cucharadita de granos de mostaza
- ❖ 1 cucharada de sal kosher

Cómo llegar

Lavar muy bien los pepinos, escurrirlos y secarlos. Si los pepinos son pequeños, mantenerlos intactos. Si son más grandes que el pulgar, córtelos por la mitad a lo largo. En un plato de cerámica, añadir la sal y remover bien. Dejar reposar un día (no es necesario refrigerar). Enjuague, escurra y seque rápidamente los pepinos. Colóquelos en un tarro de cristal grande o en una olla, llenándolo 3/4 partes, o directamente en tarros, dejando 5 cm entre los pepinos y la parte superior del recipiente. Se añaden las semillas de mostaza y el estragón. Se añade vinagre de vino blanco en la parte superior, al menos 2,5 cm por encima de los pepinos. Durante 3-4 semanas, tape los tarros y guárdelos en un lugar fresco.

Nutrición por ración: Calorías; 6 kcal, Proteínas; 0 g, Sodio; 177 mg, Fósforo; 7 mg, Potasio; 50 mg

46. Col rizada al curry

4 raciones

Tiempo de preparación: 35 min.

Ingredientes

- ❖ 1 cucharada de aceite
- ❖ 4 tazas de col rizada Lacinato/otra col rizada, cortada longitudinalmente y luego picada.
- ❖ 1 cucharadita de graham marsala o curry en polvo
- ❖ ½ cebolla amarilla en rodajas.
- ❖ 1/2 taza de agua/caldo bajo en sodio
- ❖ 1 cucharadita de cúrcuma
- ❖ 1/4 de taza de vinagre de arroz
- ❖ 2 cucharadas de semillas de sésamo

Cómo llegar

Lavar la col rizada y quitarle el centro duro. A continuación, haga tiras largas cortándolas transversalmente cada 5 cm aproximadamente. En el aceite, sofría la cebolla hasta que se vuelva translúcida. Durante aproximadamente un minuto, añade el curry en polvo y la cúrcuma y deja que se tuesten. Añade el agua o el caldo de polvo junto con la col rizada. Tapa sin dejar de vigilar. Luego, si necesita más líquido, añade 1/4 de taza de agua. Mantén la col rizada tapada y removiendo hasta que adquiera un color verde brillante y se marchite periódicamente. Evite cocerla en exceso porque podría ennegrecerse. Saque la col rizada de la sartén, reservando los jugos. Se añaden las semillas de sésamo, el vinagre de arroz y la salsa de soja. Remover a menudo hasta que la salsa espese y las semillas de sésamo empiecen a saltar. Vierta el aceite de sésamo sobre la col rizada después de removerla y sírvala.

Nutrición por ración: Calorías; 150 kcal, Proteínas; 3 g, Sodio; 230 mg, Fibra dietética; 3 g Potasio; 30 mg

47. Aderezo cremoso a la vinagreta de albahaca

6 raciones

Tiempo de preparación: 25 min.

Ingredientes

- ❖ 1/2 taza de aceite de oliva
- ❖ 1/4 de taza de vinagre de vino tinto
- ❖ 1/4 cucharadita de pimienta molida
- ❖ 1 cucharada de albahaca fresca
- ❖ 1 diente de ajo prensado
- ❖ 2 cucharaditas de azúcar granulado

Cómo llegar

Mezcle todos los ingredientes en una batidora. Bátalos hasta obtener una mezcla homogénea.

Nutrición por ración: Calorías; 49 kcal, Proteínas;0 g, Sodio;1 mg, Fósforo; 1 mg Potasio; 4 mg

48. Ensalada cremosa de pasta

8 raciones

Tiempo de preparación: 25 min.

Ingredientes

- ❖ 1/2 cucharadita de semillas de apio
- ❖ 8 onzas de pasta de conchas medianas
- ❖ 1 cucharadita de cebolla en polvo
- ❖ 1/2 taza de mayonesa
- ❖ 2 cucharadas de zanahoria rallada.
- ❖ 1/8 cucharadita de mostaza molida
- ❖ 1/2 taza de nata agria
- ❖ 1 apio picado
- ❖ 1/4 taza de pepinillos picados

Cómo llegar

Cocer la pasta como se indica en el paquete y enjuagarla con agua fría. En otro bol, bata la nata agria, las semillas de apio, el aliño de mayonesa, la cebolla en polvo y la mostaza molida. Se añade el aliño a la pasta mientras se cuece. Se combinan los pepinillos picados. Se adorna con apio y zanahorias.

Nutrición por ración: Calorías; 188 kcal, Proteínas; 4 g, Sodio; 134 mg, Fósforo; 56 mg Potasio; 90 mg

49. Zanahorias a la plancha

6 raciones

Tiempo de preparación: 25 min.

Ingredientes

- ❖ 1/2 taza de vinagre de arroz natural
- ❖ 450 g de zanahorias
- ❖ 2 cucharaditas de eneldo.
- ❖ 2 cucharaditas de ajo fresco o ajo en polvo
- ❖ 1 1/2 tazas de vinagre blanco
- ❖ 3 cucharadas de azúcar
- ❖ 1/4 cucharadita de pimienta

Cómo llegar

Cortar las zanahorias en trozos finos. Cuécelas al vapor de 3 a 5 minutos en el microondas. Poner las zanahorias en agua helada para que se enfríen. Ahora combine todos los componentes adicionales. Verter sobre las zanahorias en este momento. Poner, tapar y refrigerar toda la noche.

Nutrición por ración: Calorías; 58 kcals, Proteína;1 g, Sodio;56 mg, Fósforo; 28 mg Potasio; 246 mg

50. Pastel de pollo fácil

8 raciones

Tiempo de preparación: 50 min.

Ingredientes

- ❖ 3 cucharadas de harina
- ❖ 1 paquete de Pillsbury Pie Crust
- ❖ 3 tazas de agua
- ❖ 3 cucharadas de mantequilla sin sal
- ❖ 225 g de champiñones picados
- ❖ 1/2 taza de cebolla picada
- ❖ Opcional: 1/4 taza de vino blanco
- ❖ 3 tazas de verduras mixtas, fijas
- ❖ 1 patata panadera mediana
- ❖ 3 tazas Pavo, pollo o ternera cocidos
- ❖ 2-3 cucharadas de salvia fresca picada
- ❖ 1/2 taza de perejil fresco picado

Cómo llegar

Ponga el horno a 350 grados Fahrenheit. Calentar la patata de 5 a 7 minutos. Pelar, cortar en dados y reservar. En una sartén grande, cocine los champiñones y las cebollas mientras se derrite la mantequilla a fuego medio-alto. Añadir la harina tras bajar el fuego a medio. Remover durante tres minutos. Añadir el agua poco a poco. Remover hasta que espese. Apartar del fuego. Añadir: Verduras, carne y hierbas. Colocar la primera corteza en el molde, luego cubrir con el relleno. Usar un tenedor para presionar los lados. Hornear durante 30-40 minutos.

Nutrición por ración: Calorías; 316 kcal, Proteínas;13 g, Sodio;249 mg, Fósforo; 169 mg Potasio; 468 mg

51. Snacks cremosos de fresa

3 raciones

Tiempo de preparación: 20 min.

Ingredientes

- ❖ 3 fresas medianas u otra fruta
- ❖ 12 galletas RITZ bajas en sodio
- ❖ 1/4 taza de queso crema batido para untar de bayas mixtas.

Cómo llegar

Cada galleta debe cubrirse con queso crema para untar (1 cucharadita). Añade una fresa o un trozo de fruta por encima. Sírvelas enseguida.

Nutrición por ración: Calorías; 134 kcal, Proteínas; 2 g, Sodio; 81 mg, Fósforo; 3 mg Fibra dietética; 6 g, Potasio; 18 mg

52. Huevos endiablados fáciles

12 raciones

Tiempo de preparación: 25 min.

Ingredientes

* ❖ 1/4 de taza de mayonesa
* ❖ 12 huevos grandes
* ❖ Para adornar: Pimentón
* ❖ 1 cucharadita de mostaza amarilla

Cómo llegar

En un hervidor con agua, poner los huevos y llevarlos a ebullición. Cocer los huevos hasta que estén duros, unos 15 minutos. Después de escurrirlos, dejar que se enfríen. Quíteles la cáscara y pártalos por la mitad a lo largo. Coger las yemas y triturarlas en una fuente hasta que se desmenucen. Mezclar las yemas con la mayonesa y la mostaza. Vierta la mezcla en cada huevo blanco y, a continuación, cubra con pimentón para darle un poco más de color. Antes de servir, métalo en el frigorífico para que se enfríe.

Nutrición por ración: Calorías; 110 kcal, Proteínas;6 g, Sodio;92 mg, Fósforo; 86 mg Potasio; 64 mg

53. Salsa de pizza fácil

Salsa para porciones de pizza de 12 pulgadas

Tiempo de preparación: 25 min.

Ingredientes

* ❖ 1-2 cucharadas de aceite de oliva
* ❖ 1 lata de pasta de tomate (170 g)
* ❖ 1 cucharadita de perejil seco
* ❖ 1 cucharadita de orégano seco
* ❖ 2-3 cucharadas de agua
* ❖ 1-2 cucharadas de albahaca fresca

Cómo llegar

Una vez combinados todos los ingredientes, añadir agua hasta que la mezcla quede fina y untable. Distribuya los ingredientes por encima de las dos pizzas.

Nutrición por ración: Calorías; 68 kcal, Proteínas;1 g, Sodio;131 mg, Fósforo; 2 mg, Potasio; 409 mg

54. Edamole Spread

6 raciones (2 1/2 cucharadas cada una)

Tiempo de preparación: 25 min.

Ingredientes

* ❖ 3 cucharadas de agua
* ❖ 3/4 de taza de soja verde sin cáscara congelada, descongelada

* ❖ 1 cucharada de ralladura fina de limón
* ❖ 2 cucharadas de aceite de oliva
* ❖ 1/4 taza de hojas de perejil
* ❖ 1 cucharada de zumo de limón
* ❖ 1 diente de ajo partido por la mitad
* ❖ Opcional: 1/4 cucharadita de tabasco o salsa picante

Cómo llegar

En una batidora o robot de cocina, combine todos los ingredientes y mézclelos hasta obtener una mezcla homogénea. Enfríelo a cubierto. Servir con chips de tortilla o trozos de pan de pita.

Nutrición por ración: Calorías; 74 kcal, Proteínas;3 g, Sodio;5 mg, Fósforo; 38 mg Fibra dietética; 6 g, Potasio; 142 mg

55. Sabor Fajita Marinada

15 raciones

Tiempo de preparación: 20 min.

Ingredientes

* ❖ zumo de una naranja
* ❖ 1 jalapeño finamente picado
* ❖ zumo de un pomelo
* ❖ 3 cucharadas de aceite vegetal
* ❖ 2 dientes de ajo machacados, o 1/4 cucharadita de ajo seco
* ❖ zumo de dos limas

Cómo llegar

Se combinan los ingredientes en un recipiente pequeño. Se vierten sobre la carne o las verduras para cubrirlas. Antes de asar, freír o hacer una barbacoa, remojar durante casi una hora.

Nutrición por ración: Calorías; 33 kcal, Proteínas;0 g, Sodio;0 mg, Fósforo; 5 mg, Potasio; 42 mg

56. Salsa barbacoa feroz, baja en sodio;

16 raciones

Tiempo de preparación: 20 min.

Ingredientes

* ❖ 1/4 (6 oz. o 170 gr) de agua
* ❖ 1 lata (170 g o 6 oz) de pasta de tomate baja en sal
* ❖ 1/2 taza de cebolla picada y rehogada
* ❖ 1/4 de taza de melaza oscura
* ❖ 2 cucharadas de azúcar moreno
* ❖ 1/8 de taza de vinagre de vino
* ❖ 1 cucharada de mostaza
* ❖ 1 cucharada de salsa Worcestershire
* ❖ 1 1/2 cucharadita de especias para barbacoa
* ❖ 1 cucharadita de zumo de limón

Cómo llegar

Durante 15 minutos, mezcla todos los ingredientes en una olla a fuego lento. Puede conservarse en el frigorífico un máximo de dos semanas.

Nutrición por ración: Calorías; 34 kcal, Proteínas;0 g, Sodio;53 mg, Fósforo; 2 mg Potasio; 214 mg

57. Verduras frescas salteadas de Fiona

2 raciones

Tiempo de preparación: 25 min.

Ingredientes

- ❖ 1 cucharada de aceite de oliva
- ❖ 4 tazas de verduras: mostaza, col rizada, berza o mixtas
- ❖ 1/4 cucharadita de cúrcuma molida
- ❖ 1 taza de cebolla cortada en rodajas finas
- ❖ 1 cucharada de salsa de soja baja en sodio;
- ❖ 1/2 cucharadita de azúcar
- ❖ Para decorar: 1/4-1/2 cucharadita de aceite de sésamo y semillas de sésamo
- ❖ 1/2 taza de vinagre de arroz o vino blanco

Cómo llegar

Cortar las verduras en trozos de 5 cm de largo. El aceite del wok debe estar caliente. La cebolla debe estar transparente tras 2 minutos de salteado. La cebolla se tapa una vez que se han combinado la cúrcuma y el azúcar. Bajar el fuego y dejar que las verduras se cuezan al vapor de 5 a 8 minutos, o hasta que estén tiernas y chorreando jugo. (En este punto, destapar y dar la vuelta de vez en cuando. Añada un poco de agua si quedan demasiado pegajosas). Añadir el vino y la salsa de soja y llevar a ebullición. Cuando la salsa haya espesado un poco, se saca de la sartén y se vierte sobre las verduras. El aceite de sésamo y las semillas se utilizan como guarnición.

Nutrición por ración: Calorías; 123 kcal, Proteínas;3 g, Sodio;283 mg, Fósforo; 35 mg Potasio; 220 mg

58. Arroz Basmati fragante y sabroso

8 raciones

Tiempo de preparación: 35 min.

Ingredientes

- ❖ 1/2 cucharadita de cúrcuma molida
- ❖ 1 cucharada de mantequilla sin sal
- ❖ 1/2 cucharadita de cardamomo molido
- ❖ 1 2/3 tazas de caldo de pollo bajo en sodio;
- ❖ 1/2 cucharadita de cilantro molido
- ❖ 1 taza de arroz basmati blanco
- ❖ 1 diente de ajo picado

Cómo llegar

En una sartén grande, derrita la mantequilla a fuego medio. Añada las especias y el ajo. Saltéelos durante no menos de un minuto. Añadir el arroz y remover hasta que esté bien cubierto de mantequilla y condimentos. Se añade el caldo de pollo. Hervir y, a continuación, bajar la temperatura a media-baja. Cocer durante al menos 15 minutos con la tapa puesta.

Nutrición por ración: Calorías; 114 kcal, Proteínas;3 g, Sodio;25 mg, Fósforo; 13 mg Potasio; 49 mg

59. Vinagres de frutas y hierbas

2 cucharadas por ración

Tiempo de preparación: 20 min.

Ingredientes

- ❖ 1/2 taza de bayas o fruta, cortadas en trozos de 1/2 pulgada
- ❖ Botella de vinagre de 1 cuarto de galón, por ejemplo, de vino blanco, de sidra, blanco o tinto
- ❖ Viejos tarros o botellas de aliño reciclados
- ❖ 3-4 ramitas de hierbas frescas de su elección

Cómo llegar

Empiece vertiendo aproximadamente media taza de vinagre de la botella. Lave y prepare la fruta elegida, cortándola en trozos de aproximadamente 1/2 pulgada. Si utilizas frutas pequeñas, como moras o arándanos, pásalas a la parte superior de la botella. Puedes experimentar con distintas variedades de fruta, como mandarina, naranja, limoncillo, ciruela italiana, estragón o kiwi. Para una mezcla deliciosa, prueba a combinar vinagre de moras con vainas de vainilla. Para un vinagre salado, pruebe hierbas como albahaca, cebolla, salvia, ajo, tomillo o puerro. Intenta obtener alrededor de 1/2 taza de hierbas y fruta por cada litro de vinagre, independientemente de las variaciones que elijas. Tapa la botella y déjala a temperatura ambiente durante aproximadamente un mes. Cuando el vinagre haya infusionado, cuélalo con una bolsa de gelatina, una gasa o un colador. Vierte el vinagre en tarros y añade algunas hierbas frescas o fruta, luego etiqueta los tarros. Crea tarjetas de recetas con ideas para utilizar el vinagre de frutas. Guarda el vinagre a temperatura ambiente hasta un año, o refrigéralo.

Nutrición por ración: Calorías; 30 kcal, Proteínas;1 g, Sodio;2 mg, Fósforo; 14 mg Potasio; 128 mg

60. Judías verdes con arándanos secos y avellanas

8 raciones

Tiempo de preparación: 45 min.

Ingredientes

- ❖ 1/2 taza de avellanas
- ❖ 680 g de judías verdes frescas o congeladas
- ❖ 1/2 cucharadita de ralladura de limón
- ❖ 3 cucharadas de aceite de oliva
- ❖ 12 tazas de agua
- ❖ 1/2 taza de arándanos secos
- ❖ 1/3 taza de chalotas cortadas en rodajas finas

Cómo llegar

Empiece precalentando el horno a 350°F. Extienda las avellanas en una bandeja para hornear en una sola capa, luego hornear a 350 ° F durante 10-15 minutos o hasta que la piel comienza a dividirse. Alternativamente, puede darles la vuelta una vez durante el horneado para asegurar un tostado uniforme. Para quitarles la piel, pasar las avellanas tostadas a un plato o colador y frotarlas enérgicamente con una toalla. Picar las avellanas en trozos grandes. En una cacerola grande, llevar a ebullición 12 tazas de agua. Añadir las alubias y cocer a fuego lento durante 4 minutos o hasta que estén tiernas. Escurrir las judías y sumergirlas inmediatamente en agua helada. Una vez frías, escúrralas de nuevo y séquelas dando golpecitos con una toalla de papel. Calentar una sartén grande a fuego medio. Añadir el aceite a la sartén y remover para cubrir. Añadir las chalotas y cocinar hasta que estén ligeramente doradas. Añadir las judías a la sartén y cocinar durante 3 minutos o hasta que estén bien cocidas, removiendo de vez en cuando. Añadir las avellanas y los arándanos y dejar cocer un minuto más. Por último, espolvorear con ralladura de limón antes de servir.

Nutrición por ración: Calorías; 199 kcal, Proteínas;4 g, Sodio;19 mg, Fósforo; 73 mg Potasio; 246 mg

61. Aderezo de vinagre de frutas para ensaladas

Porción en raciones de 2 cucharadas

Tiempo de preparación: 25 min.

Ingredientes

- ❖ 1 cucharada de semillas de amapola
- ❖ 2 cucharadas de semillas de sésamo
- ❖ 1/3 taza de cebollas de verdeo cortadas en rodajas finas
- ❖ 1/4 taza de vinagre de bayas o frutas
- ❖ 2 cucharadas de aceite de oliva
- ❖ 1/4 cucharadita de pimentón
- ❖ 2 cucharadas de azúcar

Cómo llegar

Las semillas de amapola y de sésamo deben calentarse en aceite durante unos 5 minutos, o hasta que las semillas se doren. Refrescarlas. Una vez disuelto el azúcar, mezcle el vinagre, el azúcar y el pimentón. Añada las cebolletas, las semillas y el aceite enfriado. Póngalo encima de la ensalada.

Nutrición por ración: Calorías; 130 kcal, Proteínas;1 g, Sodio;3 mg, Fósforo; 45 mg Potasio; 77 mg

62. Condimento de ajo y hierbas

4 raciones

Tiempo de preparación: 25 min.

Ingredientes

- ❖ 1 cucharadita de albahaca
- ❖ 2 cucharaditas de ajo en polvo
- ❖ 1 cucharadita de cáscara de limón en polvo
- ❖ 1 cucharadita de orégano

Cómo llegar

Mezcle bien todos los ingredientes en una batidora. Para evitar que se apelmacen, guárdelos en un tarro hermético con un poco de arroz.

Nutrición por ración: Calorías; 12 kcal, Proteínas;0 g, Sodio;1 mg, Fósforo; 16 mg Potasio; 47 mg

63. Pan de jengibre

2 raciones

Tiempo de preparación: 15 min.

Ingredientes

- ❖ 2 cucharadas de azúcar
- ❖ 1 taza de Master Mix
- ❖ 1/4 cucharadita de jengibre
- ❖ 1/4 cucharadita de canela
- ❖ 1 huevo
- ❖ 1/4 cucharadita de clavo
- ❖ 1/4 de taza de agua
- ❖ 1/4 de taza de melaza

Cómo llegar

Poner el horno a 350 grados. Añadir el azúcar y las especias a la mezcla. Mezcle el agua, el huevo y la melaza. Batir la mezcla durante unos dos minutos después de añadir el líquido (la mitad). Batir durante un minuto después de añadir el líquido restante. Hornea durante unos 40 minutos en el molde forrado con papel encerado. Produce un pastel de 46.

Nutrición por ración: Calorías; 60 kcal, Proteínas;7 g, Sodio;30 mg, Fibra dietética; 4 g, Potasio; 100 mg

64. Gobi Curry

4 raciones

Tiempo de preparación: 25 min.

Ingredientes

- ❖ 1/2 cebolla amarilla mediana picada fina
- ❖ 2 cucharadas de mantequilla sin sal
- ❖ 1/2 cucharadita de cúrcuma
- ❖ 1 cucharadita de jengibre fresco picado
- ❖ 1 cucharadita de garam masala
- ❖ 1 cucharada de agua
- ❖ Opcional: 1/8 cucharadita de pimienta de cayena
- ❖ 1/2 taza de guisantes verdes congelados
- ❖ 2 tazas de ramilletes de coliflor

Cómo llegar

En una cacerola mediana, derretir la mantequilla a fuego medio. Añadir las cebollas y cocinar, removiendo de vez en cuando, hasta que se caramelicen (se doren ligeramente y se ablanden). Añadir la cayena, el jengibre, el garam masala y la cúrcuma. Añadir la coliflor y los guisantes y remover. Tapar después de añadir el agua. Bajar el fuego y cocer al vapor durante unos diez minutos.

Nutrición por ración: Calorías; 58 kcal, Proteínas;2 g, Sodio;25 mg, Fósforo; 27 mg Potasio; 152 mg

65. Aderezo de miel y limón

8 raciones

Tiempo de preparación: 15 min.

Ingredientes

- ❖ 3 cucharadas de zumo de limón
- ❖ 1/4 de taza de miel
- ❖ 1/2 cucharadita de pimiento rojo triturado
- ❖ 1/2 cucharadita de albahaca seca
- ❖ 2 cucharadas de aceite vegetal

Cómo llegar

En un bol pequeño, mezcle todos los ingredientes y remuévalos hasta que estén bien combinados.

Nutrición por ración: Calorías; 40 kcal, Proteínas;<1 g, Sodio; 1 mg, Fósforo; 2 mg Potasio; 31 mg

66. Verduras al horno

4-6 raciones

Tiempo de preparación: 25 min.

Ingredientes

- ❖ 3/4 de taza de zanahorias
- ❖ 1 patata Yukon gold
- ❖ 1 ñame
- ❖ 1 cebolla
- ❖ 2 cucharadas de aceite de oliva
- ❖ 1 remolacha
- ❖ Queso parmesano (al gusto)
- ❖ 1/4 de taza de vinagre de frutas

Cómo llegar

Todas las verduras deben cortarse en trozos del mismo tamaño y forma. Se calienta el aceite durante 2 minutos en una sartén metálica plana con la temperatura del horno ajustada a 500°C. Se cocina durante 10 minutos después de añadir las patatas, las zanahorias y las cebollas cortadas en dados. Se mezcla la mezcla y, tras otros 5 minutos de cocción, se añaden el boniato y la remolacha. Remover cada diez minutos y cocer durante 20 minutos. Sacar del horno, espolvorear parmesano rallado y vinagre por encima. Las Verduras al Horno están preparadas para servir.

Nutrición por ración: Calorías; 247 kcal, Proteínas;5 g, Sodio;62 mg, Fósforo; 67 mg Potasio; 243 mg.

67. Vinagreta Cien Combinaciones

2 cucharadas por porción

Tiempo de preparación: 25 min.

Ingredientes

- ❖ 1/2 ó 2/3 de taza de vinagre o zumo de limón (balsámico, blanco, de sidra, de vino tinto, de frambuesa, etc.)
- ❖ 1/2 o 2/3 de taza de aceite (avellana, oliva, aguacate, canola)
- ❖ 1 cucharada de mayonesa
- ❖ 2 cucharadas de hierbas frescas (estragón, perejil, tomillo, albahaca, etc.)

Cómo llegar

Elija uno de cada: vinagre, aceite, hierba fresca o una de las dos alternativas. Llena una botella con la mezcla después de añadir la mayonesa. Si se refrigera, puede durar varias semanas. Puede ser necesario dejarla a temperatura ambiente antes de servirla para que el aceite se licúe. Las posibilidades incluyen 1 o 2 cucharaditas de miel, 1 cucharadita de mostaza preparada, 1 diente de ajo picado, 1 cucharada de parmesano rallado, 1 cucharadita de cebolla o apio picados, orégano seco, especia de curry, 1 cucharadita de pimienta negra recién machacada o 1 cucharadita de mayonesa. Los emulsionantes evitarán que el aliño de la ensalada se separe.

Nutrición por ración: Calorías; 120 kcal, Proteínas; 4mg, Sodio; 19, Fósforo; 73, Potasio; 246mg

68. John's BBQ Sauce

6 raciones

Tiempo de preparación: 45 min.

Ingredientes

- ❖ 1/4 de taza de salsa Worcestershire
- ❖ 3/4 de taza de azúcar moreno
- ❖ 2 cucharadas de aceite de canola
- ❖ 1/8 cucharadita de pimienta negra molida
- ❖ 1/4 de taza de vino de arroz u otro vinagre blanco
- ❖ 3/4 de taza de ketchup sin sal añadida
- ❖ 2 cucharadas de mostaza
- ❖ 1/2 cucharadita de cebolla en polvo
- ❖ 1/2 cucharadita de ajo en polvo

Cómo llegar

Mezcle bien cada componente. Utilícela de inmediato o guárdela en el frigorífico hasta dos semanas.

Nutrición por ración: Calorías; 46 kcal, Proteínas;0 g, Sodio;102 mg, Fósforo; 8 mg Potasio; 56 mg

69. Cuajada de limón en microondas

16 raciones

Tiempo de preparación: 25 min.

Ingredientes

- ❖ 3 huevos
- ❖ 1/2 taza de mantequilla derretida
- ❖ 1 taza de azúcar granulado
- ❖ 3 limones pelados
- ❖ 2/3 de taza de zumo de limón fresco
- ❖ 1/2 taza de granos de granada

Cómo llegar

En un bol apto para microondas, mezclar el azúcar y los huevos. Añada la ralladura de limón, el zumo de limón y la mantequilla. La mezcla debe introducirse en el microondas durante incrementos de un minuto, removiendo bien entre cada uno de ellos. Continúe hasta que la mezcla cubra el dorso de una cucharilla. Saque el bol del microondas y colóquelo en tarros esterilizados; puede conservarlo allí hasta tres semanas.

Nutrición por ración: Calorías; 115 kcal, Proteínas; 1 g, Sodio;54 mg, Fósforo; 20 mg Potasio; 28 mg

70. Salsa de Sandía Hielo y Fuego

6 raciones

Tiempo de preparación: 20 min.

Ingredientes

* ❖ 1 taza de pimiento verde picado
* ❖ 3 tazas de sandía troceada
* ❖ 1 diente de ajo machacado
* ❖ 1 cucharada de cilantro picado
* ❖ 2 cucharadas de zumo de lima
* ❖ 2 jalapeños medianos, picados y sin semillas
* ❖ 1 cucharada de cebolla verde picada

Cómo llegar

Todos los componentes deben estar bien combinados. Refrigerar durante una hora antes de servir. El uso ideal es como salsa o dip para pollo o pescado.

Nutrición por ración: Calorías; 30 kcal, Proteínas;1 g, Sodio;2 mg, Fósforo; 14 mg Potasio; 128 mg

Capítulo 12: Recetas de postres para la dieta renal

¿Sientes la necesidad de algo dulce? Si es así, está en el lugar adecuado. En una dieta para diálisis, el postre siempre es una opción, y tenemos algunas deliciosas recetas aptas para riñones que debe tener en cuenta. Examine los datos nutricionales y las recetas para asegurarse de que encajan con las ideas de planificación de comidas que le recomienda su dietista. Es probable que encuentre un nuevo plato favorito.

1. Barritas de fruta con arándanos, secas

24 barritas (1 ración = 1 barrita)

Tiempo de preparación: 15 min.

Ingredientes

* ❖ Topping:
  * ➢ 1 cucharadita de levadura en polvo
  * ➢ ½ taza de harina común
  * ➢ ¾ de taza de azúcar
  * ➢ 1 taza de arándanos secos
  * ➢ 1 cucharadita de extracto de vainilla
  * ➢ 4 huevos grandes
  * ➢ Opcional: Azúcar glas (para espolvorear)
* ❖ Corteza:
  * ➢ 1 1/3 tazas de azúcar
  * ➢ 1 ½ tazas de harina común
  * ➢ ¾ taza de mantequilla (1 1/2 barritas), sin sal

Cómo llegar

Ponga el horno a 350° F para precalentarlo. En un tazón mediano, combine la harina, el azúcar y la mantequilla sin sal. Mezcle hasta que la mezcla se una. Incorpore en el molde para hornear sin engrasar de 9" x 13". Hornear

durante 10 minutos hasta que empiece a dorarse. Para hacer la cobertura, tamice la harina y la levadura en polvo en un bol pequeño. Coloque allí los arándanos rojos. Reservar. Los huevos, la vainilla y el azúcar se combinan en un recipiente mediano. Añada la mezcla de harina. Añadir a la corteza cocida. Hornear de 20 a 25 minutos. Cortar en 24 barras mientras aún están calientes, luego espolvorear con azúcar en polvo.

Nutrición por ración: Calorías; 190 kcal, Proteínas;2 g, Sodio;34 mg, Fósforo; 34 mg, Fibra dietética; 0,6 g, Potasio; 28 mg

2. Brownies de chocolate fundido y menta

12 brownies (1 ración = 70 g)

Tiempo de preparación: 25 min.

Ingredientes

* ❖ 1 caja de mezcla para brownies Betty Crocker, no suprema
* ❖ 12 bombones Andes, menta
* ❖ Decoración opcional: cacao en polvo (azucarado o sin azucarar), azúcar en polvo, ramitas de menta fresca

Cómo llegar

Como se indica en el envase, prepare la mezcla para brownies y precaliente el horno. Enharinar las paredes y el fondo de una bandeja para magdalenas de 12 tazas y preparar un forro o engrasarla finamente. Hornee la mezcla para brownies durante 25 minutos después de verterla en el molde. Tras sacar los brownies del horno, cúbralos con un trozo de caramelo de menta y hornéelos durante 5 minutos más. Sácalo y apaga el horno. Deja enfriar de 5 a 10 minutos. Sirve los pastelitos de brownie después de sacarlos del molde. Los posibles adornos incluyen cacao en polvo, azúcar en polvo y menta fresca.

Nutrición por ración: Calorías; 307 kcal, Proteínas;3 g, Sodio;147 mg, Fósforo; 61 mg, Fibra dietética; 0 g, Potasio; 120 mg

3. Pastelitos rellenos de manzana y canela

6 raciones (1 ración = 1 hojaldre)

Ingredientes

* ❖ Mezcla de manzanas:
  * ➢ ¼ taza de azúcar moreno claro
  * ➢ 4 manzanas
  * ➢ ¼ taza de mantequilla sin sal, derretida (para untar con mantequilla las hojas de pasta filo)
  * ➢ 2 cucharadas de mantequilla sin sal, firme
  * ➢ ¼ cucharadita de nuez moscada
  * ➢ 1 cucharadita de canela
  * ➢ 1 paquete de masa filo (6 hojas)
  * ➢ ¼ cucharadita de maicena
  * ➢ 2 cucharadas de extracto de vainilla
* ❖ Mezclar en un bol pequeño:
  * ➢ 2 cucharadas de canela
  * ➢ 3 cucharadas de azúcar en polvo
  * ➢ Opcional: decorar con ramitas de menta fresca, azúcar glas y nata montada

Cómo llegar

Para la mezcla de manzana: Precalentar el horno a 350°F. En una sartén amplia a fuego medio-alto, saltear las manzanas en la mantequilla durante 6-8 minutos. Añada la canela, el azúcar moreno y la nuez moscada a la sartén y cocine durante 3-4 minutos más. En una taza aparte, mezclar el extracto de vainilla y la maicena hasta que se disuelva la maicena. Incorpore esta mezcla a la de manzana y deje cocer a fuego lento otros 2 minutos. Retire la sartén del fuego y reserve la mezcla de manzana. Para la masa filo: Engrasar ligeramente un molde grande para 6 magdalenas. Unte con mantequilla derretida ambos lados de cada hoja de masa filo y espolvoree la mezcla de azúcar y canela por encima, empezando por la primera hoja y continuando hasta apilar las 6 hojas. Corte la masa apilada en 6 cuadrados. Tome una pila de cuadrados y forre cada molde para magdalenas con ellos, dejando parte de la masa colgando sobre los bordes del molde. Rellene cada molde hasta la mitad o tres cuartas partes con la mezcla de manzana, asegurándose de que cada molde tenga la misma cantidad de relleno. Doble el resto de la masa filo sobre las manzanas de cada molde. Hornee los pastelitos en el horno precalentado durante 8-10 minutos o hasta que estén dorados. Opcional: Decorar con ramitas de menta fresca, azúcar en polvo o nata montada antes de servir.

Nutrición por ración: Calorías; 280 kcal, Proteínas; 2 g, Sodio;97 mg, Fósforo; 33 mg, Fibra dietética; 5 g, Potasio; 177 mg

4. Strudel de calabaza

8 raciones (1 ración = 1 loncha)

Tiempo de preparación: 25 min.

Ingredientes

* ⅛ cucharadita de nuez moscada rallada
* 12 hojas de masa filo (si están congeladas, siga las instrucciones del paquete para descongelarlas)
* 1½ tazas Calabaza enlatada sin sodio y sin azúcar
* 4 cucharadas de azúcar
* 1 cucharadita de extracto de vainilla puro
* ½ barrita (4 cucharadas) de mantequilla derretida, sin sal
* ½ cucharadita de canela molida

Cómo llegar

Precalentar el horno a 375°F. En un bol mediano, mezclar la nuez moscada, la calabaza enlatada, el extracto de vainilla, 2 cucharadas de azúcar y 1/2 cucharadas de canela hasta que estén bien combinados. Cubrir el fondo de una bandeja de horno antiadherente mediana con mantequilla derretida utilizando una brocha de pastelería. Coloque una hoja de masa filo sobre una superficie de trabajo limpia y úntela con mantequilla. Unte las otras hojas de masa filo con mantequilla y apílelas una encima de otra. Guarde el resto de las hojas de masa filo cubiertas con film transparente hasta el momento de usarlas para evitar que se sequen. (Tenga cuidado de guardar un poco de mantequilla derretida para untar la parte superior del strudel enrollado y relleno, así que cepille con cuidado entre las capas). Una vez utilizadas las 12 láminas, vierta la mezcla uniformemente a lo largo de uno de los bordes largos de la pila. Enrolle desde el extremo relleno hasta el

extremo sin relleno, asegurándose de que la costura quede hacia abajo. Pasar el rollo a la bandeja de horno untada con mantequilla, con la costura hacia abajo, y untar con el resto de la mantequilla. En un bol pequeño, mezcle el resto de la canela y el azúcar. Espolvorear por encima y por los lados del strudel. Hornee en la rejilla central hasta que se dore o se tueste ligeramente, lo que tardará unos 12-15 minutos. Retire la bandeja del horno y deje reposar el strudel tostado de 5 a 10 minutos antes de cortarlo con un cuchillo, dejando que el centro se cuaje. Servir.

Nutrición por ración: Calorías; 180 kcal, Proteínas;3 g, Sodio;141 mg, Fósforo; 39 mg, Fibra dietética; 2,0 g, Potasio; 119 mg

5. Budín de pan con muchas bayas

10 raciones (1 ración = 1 porción de taza)

Tiempo de preparación: 25 min.

Ingredientes

* 6 huevos batidos
* 8 tazas de pan challah cortado en dados
* Bolsa de 340 g de mezcla de bayas congelada y descongelada
* 2 tazas de nata espesa
* Nata montada
* 2 cucharaditas de vainilla
* ½ taza de azúcar
* ½ cucharadita de canela
* 1 cucharada de ralladura de naranja

Cómo llegar

Se pone el horno a 375 grados Fahrenheit. Se baten los huevos, la nata, el azúcar, la ralladura de naranja, la canela y la vainilla hasta obtener una mezcla cremosa. Con las manos, mezcle la fruta y los dados de pan. Se vierte en un molde engrasado o untado con mantequilla y se hornea durante 35 minutos con el papel de aluminio puesto. Antes de utilizar mantequilla, asegúrese de que no esté salada. Retire el papel de aluminio y continúe horneando durante 15 minutos más. Pasados 10 minutos, apague el horno y deje la comida dentro. Corta el pastel en porciones y sírvelo con nata montada.

Nutrición por ración: Calorías; 392 kcal, Proteínas;9 g, Sodio;231 mg, Fósforo; 134 mg, Fibra dietética; 2,2 g, Potasio; 172 mg

6. Biscotti de canela y naranja

18 galletas (1 ración = 1 galleta)

Tiempo de preparación: 15 min.

Ingredientes

* ½ taza de mantequilla sin sal, a temperatura ambiente
* 1 taza de azúcar
* 2 cucharaditas de piel de naranja rallada
* 2 huevos grandes
* 2 tazas de harina común
* 1 cucharadita de extracto de vainilla
* ½ cucharadita de bicarbonato sódico
* 1 cucharadita de crémor tártaro

- ❖ ¼ cucharadita de sal
- ❖ 1 cucharadita de canela molida

Cómo llegar

Precaliente el horno a 325°F. Forrar dos bandejas para hornear con papel pergamino y rociar con spray antiadherente. En un bol grande, batir la mantequilla y el azúcar hasta que quede suave y esponjoso. Incorporar los huevos de uno en uno, mezclando bien después de cada adición. Incorporar el extracto de vainilla y la ralladura de naranja. En otro bol, bata el cremor tártaro, la harina, el bicarbonato, la sal y la canela. Añadir poco a poco los ingredientes secos a la mezcla de mantequilla, mezclando hasta que estén bien combinados. Dividir la masa por la mitad y formar con cada mitad un tronco de unos 5 cm de ancho y 7 cm de alto. Colocar los troncos en las bandejas preparadas y hornear durante 35-40 minutos, o hasta que la masa esté firme y dorada. Retirar del horno y dejar enfriar los troncos durante 10 minutos. Pase los troncos a una tabla de cortar y córtelos en diagonal en rodajas de 1/2 pulgada de grosor con un cuchillo de sierra. Coloque los biscotes cortados en las bandejas para hornear, con el lado cortado hacia abajo. Hornee durante 12-15 minutos o hasta que la parte inferior esté dorada. Déles la vuelta y hornee durante otros 12-15 minutos o hasta que la otra cara esté dorada. Pasar los biscottis a una rejilla para que se enfríen completamente antes de servir. ¡Que aproveche!

Nutrición por ración: Calorías; 149 kcal, Proteínas;2 g, Sodio;76 cal, Fósforo; 28 mg Fibra dietética; 0,5 g, Potasio; 53 mg

7. Galletas de jengibre, limón y coco

2 docenas (1 ración = 1 galleta) de galletas

Tiempo de preparación: 25 min.

Ingredientes

- ❖ ½ taza de azúcar
- ❖ ½ taza de mantequilla (1 barra), sin sal
- ❖ ½ cucharadita de bicarbonato sódico
- ❖ 1 huevo
- ❖ 1 cucharada de ralladura de limón
- ❖ 1 taza de coco tostado sin azúcar
- ❖ 2 cucharadas de zumo de limón
- ❖ 1 ¼ tazas de harina
- ❖ 1 cucharada de jengibre fresco picado y pelado o rallado

Cómo llegar

Precalentar el horno a 350°F. Esparcir el coco sin azúcar en una bandeja para hornear y hornear durante 5-10 minutos, o hasta que los bordes estén ligeramente dorados. Pasar el coco tostado a un bol y reservar. En un bol, batir el azúcar y la mantequilla con una batidora eléctrica hasta que quede suave y esponjoso. Añadir el huevo, el zumo de limón, la ralladura de limón y el jengibre picado y mezclar hasta obtener una masa homogénea. En otro bol, tamizar la harina y el bicarbonato. Añadir la mezcla de harina a la de mantequilla y remover hasta que se integren bien. Cubra la masa y refrigérela durante al menos 30 minutos. Con una cuchara, sacar bolas de masa y rebozarlas en el coco tostado. Coloque las bolas en una bandeja para hornear ligeramente engrasada, dejando unos 5 cm entre ellas.

Hornear durante 10-12 minutos o hasta que los bordes estén ligeramente dorados. Dejar enfriar las galletas sobre una rejilla antes de servir.

Nutrición por ración: Calorías; 97 kcal, Proteína;1 g, Sodio;40 mg, Fósforo; 17 mg, Fibra dietética; 0,4 g, Potasio; 27 mg

8. Barritas de limón Sunburst

24 raciones (1 ración = 1 barrita)

Tiempo de preparación: 20 min.

Ingredientes

- ❖ Corteza:
  - ➢ 1 taza de mantequilla sin sal (2 barras), a temperatura ambiente
  - ➢ ½ taza de azúcar en polvo
  - ➢ 2 tazas de harina común
- ❖ Relleno:
  - ➢ 1½ tazas de azúcar
  - ➢ 4 huevos
  - ➢ ½ cucharadita de crémor tártaro
  - ➢ ¼ taza de harina común
  - ➢ ¼ taza de zumo de limón
  - ➢ ¼ cucharadita de bicarbonato sódico
- ❖ Esmalte:
  - ➢ 2 cucharadas de zumo de limón
  - ➢ 1 taza de azúcar en polvo tamizada

Cómo llegar

Corteza: Precalentar el horno a 350°F. En un tazón grande, combine el azúcar en polvo, la harina y 1 taza de mantequilla. Mezclar hasta que se desmenuce. Presione la mezcla en el fondo de un molde para hornear de 9" x 13". Hornear durante 15-20 minutos o hasta que se dore ligeramente. Relleno: En un bol mediano, batir suavemente los huevos. En otro bol, mezclar la harina, la crema agria, el azúcar y el bicarbonato. Añadir la mezcla seca a los huevos y mezclar hasta combinar. Añadir el zumo de limón a la mezcla de huevo y remover hasta que espese ligeramente. Verter la mezcla sobre la corteza y hornear durante 20 minutos más o hasta que el relleno esté cuajado. Sacar del horno y dejar enfriar. Glasee: En un bol pequeño, mezcle el zumo de limón con el azúcar en polvo hasta que se pueda untar. Añadir más o menos zumo de limón según se desee. Extender el glaseado sobre el relleno enfriado. Deje que el glaseado se asiente antes de cortar en 24 barras. Guarde las barritas de limón sobrantes en el congelador.

Nutrición por ración: Calorías; 200 kcal, Proteínas; 2 g, Sodio;27 mg, Fósforo; 32 mg, Fibra dietética; 0,3 g, Potasio; 41 mg

9. Panqueque holandés de manzana

4 raciones

Tiempo de preparación: 10 min.

Ingredientes

- ❖ 3 manzanas Granny Smith grandes, cortadas en rodajas y peladas

- ❖ 2 cucharadas de mantequilla sin sal
- ❖ 1 cucharadita de canela molida
- ❖ 6 cucharadas de azúcar granulado
- ❖ 1/2 taza de harina común
- ❖ 3 huevos
- ❖ 1 cucharada de nata agria
- ❖ 1/2 taza de leche
- ❖ 1 cucharadita de ralladura de limón
- ❖ 1/4 cucharadita de sal

Cómo llegar

En una sartén para horno, derretir la mantequilla a fuego medio-alto. Añadir las manzanas, la canela y el azúcar. Saltear y combinar durante 3 a 5 minutos. Retirar del fuego. En un bol, bata los huevos hasta que estén espumosos. Añade la sal, la nata agria, la ralladura, la leche y la harina. Bate hasta que se forme una masa homogénea. Coloque las manzanas encima y hornee durante unos 25 minutos, o hasta que estén doradas e hinchadas, en un horno a 400°F. Sírvalo caliente después de cortarlo en trozos. Si lo desea, unte con azúcar glas o rocíe con miel.

Nutrición por ración: Calorías; 339 kcal, Proteínas;8 g, Sodio;217 mg, Fósforo; 139 mg, Fibra dietética; 5 g, Potasio; 290 mg.

10. Galletas de azúcar y queso crema

48 raciones (1 ración = 1 galleta)

Tiempo de preparación: 10 min.

Ingredientes

- ❖ 1 taza de mantequilla ablandada sin sal
- ❖ 1 taza de azúcar
- ❖ 1 huevo grande, separado
- ❖ 85 g de queso cremoso ablandado
- ❖ ¼ cucharadita de extracto de almendra
- ❖ ½ cucharadita de sal
- ❖ 2¼ tazas de harina común
- ❖ ½ cucharadita de extracto de vainilla
- ❖ Opcional: decorar con azúcar de colores

Cómo llegar

En un bol grande, mezclar la mantequilla, el azúcar, el queso crema, el aroma de almendra, la sal, la yema de huevo y el aroma de vainilla. Mezclar completamente. Una vez añadida la harina, mézclela bien. La masa de galletas debe refrigerarse durante dos horas. Ponga el horno a 350° F. En una superficie ligeramente espolvoreada, extienda la masa, un tercio a la vez, a un ancho de 1/4 de pulgada. Las formas deben romperse usando cortadores de galletas espolvoreados con harina finamente molida. Deben colocarse a una distancia de 1 pulgada en bandejas para galletas sin engrasar. Deje las galletas lisas si lo prefiere o píncelas con clara de huevo ligeramente batida y espolvoréelas con azúcar de colores. Las galletas de queso crema deben hornearse de 7 a 9 minutos, o hasta que estén ligeramente doradas. Dejar enfriar completamente antes de servir.

Nutrición por ración: Calorías; 79 kcal, Proteínas;1 g, Sodio;33 mg, Fósforo; 11 mg, Fibra dietética; 0 g, Potasio; 11 mg

11. Bajo en sodio; Pound Cake

Ración: 1/9 de tarta

Tiempo de preparación: 20 min.

Ingredientes

- ❖ 3/4 taza Azúcar
- ❖ 110 g de mantequilla sin sal
- ❖ 1 1/4 taza de harina de pan
- ❖ 2 huevos grandes ligeramente batidos
- ❖ 85 g de leche

Cómo llegar

Se bate la mantequilla, luego se añade el azúcar poco a poco. Se bate hasta que quede esponjoso. Añadir la leche, los huevos y la harina. Mezclar bien. Use el papel para molde para crear una línea 1813 en el molde. 30 minutos de horneado a 375 F.

Nutrición por ración: Calorías; 243 kcal, Proteínas;3,7 g, Sodio; 18 mg, Fósforo; 45 mg, Fibra dietética; 0,6 g, Potasio; 47 mg

12. Galletas con pasas y nuez sin azúcar

42 galletas

Tiempo de preparación: 15 min.

Ingredientes

- ❖ 2 cucharaditas de levadura en polvo
- ❖ 1 3/4 taza de harina
- ❖ 1/2 cucharadita de canela
- ❖ 1/2 cucharadita de sal
- ❖ 1/2 cucharadita de ralladura de naranja
- ❖ 3/4 de taza de zumo de naranja en lata sin azúcar
- ❖ 1 huevo
- ❖ 1/4 de taza de aceite
- ❖ 1/2 taza de pasas
- ❖ 1/2 taza de pacanas

Cómo llegar

Se mezclan la canela, la harina, la levadura en polvo y la sal. Se añaden los componentes restantes. Mezclar bien. Deje caer por cucharadita en una bandeja para hornear que no esté enmantequillada. Hornee durante al menos 15 a 20 minutos a 375 F.

Nutrición por ración: Calorías; 6 kcal, Proteínas; 0,8 g, Sodio;44 mg, Fósforo; 15 mg, Fibra dietética; 0,3 g, Potasio; 34 mg

13. Tarta de manzana con salsa, yogur de canela

12 raciones (tamaño de la ración: 1 loncha)

Tiempo de preparación: 15 min.

Ingredientes

- ❖ 2 tazas de manzanas deliciosas doradas, troceadas y sin pelar
- ❖ 3/4 tazas de manzanas y azúcar

- ❖ 3/4 de taza de harina
- ❖ 1 taza de azúcar moreno ligero envasado
- ❖ 1 cucharadita de bicarbonato sódico
- ❖ 3/4 de taza de harina integral
- ❖ ½ cucharadita de sal
- ❖ 1 cucharadita de vainilla
- ❖ 1 cucharadita de canela
- ❖ 1/4 cucharadita de clavo molido
- ❖ 1/4 cucharadita de jengibre
- ❖ 1/4 de taza de aceite vegetal
- ❖ 2 huevos grandes ligeramente batidos

Cómo llegar

Mezclar las manzanas y 3/4 partes del azúcar; dejar reposar al menos 45 minutos. Mezcle la harina, el bicarbonato y la harina integral con la sal, el jengibre, el clavo molido y 1 cucharadita de canela. Con la mezcla de manzanas, bata 2 huevos grandes, la vainilla y el aceite vegetal. Añadir el resto de las manzanas y la mezcla de harina y mezclar bien. Verter en un molde ligeramente engrasado y enharinado; hornear a 350°F durante al menos 40 a 45 minutos. Desmoldar después de 10 minutos sobre una rejilla. Rocíe el pastel con 1 cucharada de azúcar glas. Mezcle 1 1/2 cucharadita de canela con 1 taza de yogur natural bajo en grasa. Sirva el pastel y la mezcla de yogur juntos.

Nutrición por ración: Calorías; 186 kcal, Proteínas; 4 g, Sodio;156 mg, Fósforo; 86 mg, Potasio; 172 mg.

14. Pastel de ángel picante

18 rebanadas (tamaño de la porción: rebanada de 1 pulgada)

Tiempo de preparación: 20 min.

Ingredientes

- ❖ 1 cucharadita de canela molida
- ❖ 1 paquete de bizcocho de ángel
- ❖ 1/4 cucharadita de clavo molido
- ❖ 1/4 cucharadita de jengibre molido
- ❖ 1/2 cucharadita de nuez moscada molida

Cómo llegar

Tamizar cada elemento por separado. Preparar y hornear como se indica en la caja. Invertir. Dejar enfriar completamente en el molde. Sacar y cortar en trozos de 1 pulgada. Servir con cobertura batida, piña fresca y fresas.

Nutrición por ración: Calorías; 112 kcal, Proteínas;2,5 g, Sodio; 55 mg, Fósforo; 36 mg, Fibra dietética; 0 g, Potasio; 34 mg

15. Maíz con caramelo de almendra y nuez

10 raciones

Tiempo de preparación: 25 min.

Ingredientes

- ❖ 2 tazas de almendras
- ❖ 3/4 de taza de granos de palomitas de maíz o 20 tazas de palomitas reventadas

- ❖ 1 taza de azúcar granulado
- ❖ 1 taza de nueces en mitades
- ❖ 1/2 taza de jarabe de maíz
- ❖ 1 taza de mantequilla sin sal
- ❖ 1 cucharadita de bicarbonato sódico
- ❖ Pizca de crema tártara

Cómo llegar

En una asadera grande, colocar las palomitas cocidas en capas iguales con las pacanas y las almendras. En una olla grande y pesada, mezcle la mantequilla, el azúcar, el jarabe de maíz y la crema tártara. A fuego medio-alto, llevar a ebullición sin dejar de remover. 5 minutos de cocción a fuego lento sin remover es adecuado. Tras retirarlo del fuego, bata el bicarbonato. Vierta el caramelo sobre la mezcla de palomitas de manera uniforme, removiendo para cubrir bien las palomitas. Hornear a 200 grados durante 1 hora, removiendo cada 10 minutos. Dejar enfriar removiendo de vez en cuando. Conservar en un recipiente hermético hasta una semana.

Nutrición por ración: Calorías; 604 kcal, Proteínas; 8 g, Sodio;149 mg, Fósforo; 201 mg, Fibra dietética; 4 g, Potasio; 285 mg

16. Tarta de cerezas dulces

12 raciones

Tiempo de preparación: 15 min.

Ingredientes

- ❖ Relleno de cerezas
  - ➢ 2/3 taza de azúcar granulado
  - ➢ 5 tazas de cerezas rojas cortados por la mitad y deshuesadas, dulces, aproximadamente 1,7 lbs.
  - ➢ 1/4 cucharadita de sal
  - ➢ 1/4 cucharadita de extracto de almendra
  - ➢ 2 cucharadas de maicena
  - ➢ 1 cucharadita de extracto de vainilla
  - ➢ 2 cucharadas de zumo de limón
- ❖ Cobertura de tarta
  - ➢ 1/2 taza de azúcar
  - ➢ 1 taza de harina común
  - ➢ 1/2 taza de leche fría descremada
  - ➢ 1/4 cucharadita de sal
  - ➢ 1 cucharadita de levadura en polvo
  - ➢ 2 cucharadas de mantequilla sin sal, cortada en dados y fría
  - ➢ 1/4 cucharadita de canela molida

Cómo llegar

Precalentar el horno a 450°F. Relleno de cerezas: Deshuesar las cerezas partiéndolas por la mitad y quitándoles el hueso, o utilizando un vaso de plástico reutilizable y una pajita para sacar el hueso. En un cazo grande, mezclar las cerezas, el azúcar, la sal, la maicena, el zumo de limón, el extracto de almendra y el extracto de vainilla. Llevar a ebullición a fuego medio y cocer durante 5-7 minutos hasta que las cerezas estén tiernas y el jugo se haya espesado. Vierta el relleno de cerezas en un molde para hornear de 8 pulgadas (redondo o cuadrado) sin engrasar. Cobertura: En un bol mediano, mezcle el azúcar, la harina, la levadura en polvo, la canela y la sal. Añada la mantequilla con una batidora de repostería o un tenedor hasta que la mezcla parezca migas gruesas. Añadir la leche poco a poco, sólo lo suficiente para humedecer la masa. Puede que no necesite toda la leche. Deje caer cucharadas de masa sobre el relleno, dejando un poco de espacio para que el aire fluya entre las cucharadas. Hornear durante 10-15 minutos hasta que la parte superior esté dorada. Comprobar el punto con un palillo. Servir caliente o refrigerar hasta una semana. Para recalentar, deje reposar a temperatura ambiente entre 30 minutos y una hora y hornee a 350°F durante 10-15 minutos.

Nutrición por ración: Calorías; 117 kcal, Proteínas;2 g, Sodio;103 mg, Fósforo; 65 mg, Fibra dietética; 2 g, Potasio; 186 mg.

17. Fácil salsa de frutas

8 raciones

Tiempo de preparación: 25 min.

Ingredientes

- ❖ 1 tarro o 200 g de crema de malvavisco
- ❖ 1 paquete de 226 g de queso crema
- ❖ 1 cucharada de piel de naranja seca

Cómo llegar

Hasta que la mezcla esté homogénea, combinar todos los componentes. Servir con fruta fresca, como manzanas, uvas y fresas.

Nutrición por ración: Calorías; 183 kcal, Proteínas;2 g, Sodio;104 mg, Fósforo; 31 mg, Fibra dietética; 0 g, Potasio; 36 mg.

18. Galletas crujientes de caramelo

12 galletas

Tiempo de preparación: 15 min.

Ingredientes

- ❖ 1/2 taza de azúcar moreno compacto
- ❖ 1/2 taza de margarina
- ❖ 3 cucharadas de huevo alternativo (o un huevo)
- ❖ 1/2 taza de azúcar
- ❖ 1 taza de trocitos de caramelo
- ❖ 1 cucharadita de extracto de vainilla
- ❖ 1 cucharada de leche
- ❖ 1 cucharadita de levadura en polvo
- ❖ 1 taza + 3 cucharadas de harina común
- ❖ 1 taza de crema de trigo
- ❖ 1,2 cucharaditas de canela molida

Cómo llegar

Ponga el horno a 350 grados Fahrenheit. Unte la bandeja para hornear con mantequilla. Se combinan la mantequilla y el azúcar y se baten hasta que estén suaves. Añadir la leche, la vainilla y el huevo después de batir hasta que esté espumoso. Se mezclan la harina, la levadura en polvo y la canela. Añadir a la mezcla de mantequilla y combinar bien. Añadir después los cereales y las chispas de caramelo. Poner la masa en la bandeja de galletas a cucharadas rasas. Hornear de 9 a 12 minutos, o hasta que estén ligeramente

doradas. Antes de enfriarlo en las rejillas, déjelo reposar en la bandeja para galletas durante un minuto. Servir

Nutrición por ración: Calorías; 100 kcal, Proteínas;0,7 g, Sodio; 46 mg, Fósforo; 22 mg, Potasio; 32 mg.

19. Fresas cubiertas de chocolate

18 raciones (tamaño de la ración: 2 cada una)

Tiempo de preparación: 25 min.

Ingredientes

- ❖ 1 cucharada de jarabe de maíz
- ❖ 1/2 taza de pepitas de chocolate semidulce
- ❖ 1 cuarto de galón de fresas lavadas y secas
- ❖ 5 cucharadas de margarina

Cómo llegar

Derrita la margarina, el sirope de maíz y las pepitas de chocolate a fuego lento. Remover la mezcla hasta que quede homogénea. Retírela del fuego y colóquela en el molde lleno de agua. Refrigere las fresas después de bañarlas en chocolate y colocarlas sobre papel encerado.

Nutrición por ración: Calorías; 69 kcal, Proteínas;0,5 g, Sodio; 40 mg, Fósforo; 14 mg, Fibra dietética; 0,7 g, Potasio; 70 mg

20. Mini tarta de piña

12 raciones

Tiempo de preparación: 25 min.

Ingredientes

- ❖ 1/3 taza de azúcar moreno envasado
- ❖ 3 cucharadas de mantequilla derretida sin sal
- ❖ 6 cerezas, cortadas por la mitad, frescas y deshuesadas
- ❖ 12 rodajas de piña en conserva, sin azúcar
- ❖ 2/3 taza de leche descremada
- ❖ 1/4 cucharadita de sal
- ❖ 2/3 taza de azúcar
- ❖ 1 huevo
- ❖ 3 cucharadas de aceite de canola
- ❖ 1/2 cucharadita de extracto de vainilla
- ❖ 1 cucharadita de zumo de limón
- ❖ 1-1/4 cucharadita de levadura en polvo
- ❖ 1-1/3 tazas de harina de tarta

Cómo llegar

Precalienta tu horno a 350°F y prepara un molde para muffins con 12 porciones. Espolvoree un poco de azúcar moreno en cada taza de muffin. Presione una rodaja de piña en cada taza para crear una forma de taza, con la rodaja de piña en el fondo. Coloque la mitad de una cereza (con el corte hacia arriba) en el centro de cada taza de piña y reserve. En un bol grande, bata el aceite, la leche, el azúcar, el huevo y los extractos hasta que estén bien mezclados. En otro bol, mezcle la levadura, la sal y la harina. Incorporar poco a poco los ingredientes secos a la mezcla de azúcar. Vierta la masa en los moldes para magdalenas preparados, llenando cada molde hasta 2/3 de su capacidad. Hornear de 35 a 40 minutos, o hasta que al insertar un palillo en el centro de una magdalena, éste salga limpio. Deje que las magdalenas se enfríen en el molde durante unos minutos y, a continuación, invierta el molde sobre una bandeja de servir. Si es necesario, utilice un cuchillo para mantequilla o una espátula pequeña para retirar con cuidado las magdalenas del molde. Sirva las magdalenas de piña al revés calientes.

Nutrición por ración: Calorías; 193 kcal, Proteínas;3 g, Sodio;131 mg, Fósforo; 88 mg, Fibra dietética; 1 g, Potasio; 169 mg

21. Crujiente de manzana y caramelo

9 raciones

Tiempo de preparación: 25 min.

Ingredientes

- ❖ 1 cucharada de zumo de limón
- ❖ 6 tazas de manzanas para cocinar cortadas en rodajas y peladas
- ❖ 2 cucharaditas de canela molida
- ❖ 1/2 taza de mantequilla sin sal o margarina
- ❖ 1 cucharada de agua
- ❖ 1/2 taza de harina común
- ❖ 1/4 taza de azúcar moreno claro
- ❖ 1 (3-1/4 oz. o 92 gr) mezcla de pudin de caramelo, paquete y relleno de tarta (pero no instantáneo)
- ❖ 1/2 taza de copos de avena

Cómo llegar

Ajustar la temperatura del horno a 375 F. En un molde cuadrado de 8 ó 9 pulgadas, disponer las manzanas. Rocíe con agua, zumo de limón y una cucharadita de canela. En un bol aparte, mezcle el pudin, el azúcar moreno, los copos de avena, la harina y el resto de la canela. Derretir la margarina o la mantequilla. Añadir la mezcla de pudin y mezclar hasta que se desmenuce. Añadir un poco por encima de las manzanas. Hornear las manzanas de 40 a 45 minutos, o hasta que estén blandas. Servir calientes o frías. Si es necesario, servir con el postre no lácteo o crema no láctea.

Nutrición por ración: Calorías; 234 kcal, Proteínas;2 g, Sodio;53 mg, Fósforo; 39 mg, Fibra dietética; 3 g, Potasio; 143 mg.

22. Galletas de caramelo y caramelo

12 galletas

Tiempo de preparación: 25 min.

Ingredientes

- ❖ 1 taza de azúcar moreno claro
- ❖ ½ taza de margarina sin sal (1 barra)
- ❖ 3 cucharadas de huevo alternativo (o un huevo grande)
- ❖ ½ cucharadita de bicarbonato sódico
- ❖ 3 cucharadas de azúcar granulado
- ❖ 1-3/4 tazas de harina común
- ❖ ½ cucharadita de bicarbonato sódico
- ❖ 1 cucharadita de extracto de vainilla

- ❖ ½ bolsa de cubitos de caramelo
- ❖ 1-1/2 tazas de caramelos de caramelo

Cómo llegar

Precalentar el horno a 350°F. En un bol, bata la mantequilla con los dos azúcares con una batidora eléctrica hasta que quede esponjoso (unos 30 segundos). Añada el extracto de vainilla y el huevo durante otros 30 segundos. Tamizar los ingredientes secos en el bol y mezclar a velocidad baja durante unos 15 segundos. Incorporar las pepitas de caramelo. Deje caer la masa de galletas en una bandeja forrada con papel pergamino, espaciándolas unos 5 cm con una cuchara para helados del tamaño de una cucharada. Presione un cuadrado de caramelo en el centro de cada bola de masa de galleta y cubra con otra cucharada de masa. Pase las bolas de masa por las manos para que queden lisas y uniformes. Hornee de 12 a 20 minutos, o hasta que los bordes estén bien dorados. Estas galletas quedarán algo gruesas y no se extenderán mucho. Deje que las galletas se enfríen completamente en la bandeja. Este es un paso importante para evitar que el caramelo se derrame y rompa las galletas. Caliente en el microondas 1 o 2 galletas a la vez durante 10 segundos antes de disfrutarlas en los próximos días.

Nutrición por ración: Calorías; 210 kcal, Proteínas;1,5 g, Sodio; 67 mg, Fósforo; 35 mg, Fibra dietética; 0,3 g, Potasio; 82 mg

23. Tarta de crema de piña

18 raciones

Tiempo de preparación: 20 min.

Ingredientes

- ❖ 1/4 taza de azúcar
- ❖ 1 queso crema ablandado de 510 g (8 onzas)
- ❖ 1 piña triturada de 510 g escurrida y enlatada
- ❖ 5 huevos grandes
- ❖ 1/3 de taza de aceite vegetal
- ❖ 1 caja de mezcla para bizcocho amarillo (unas 18 onzas o 510 gr)
- ❖ 1 cucharadita de aroma de vainilla
- ❖ 1 taza de agua

Cómo llegar

Precalentar el horno a la temperatura indicada en la caja de la mezcla para tartas. En un bol pequeño, mezcla el queso crema, el azúcar y los dos huevos hasta que estén bien mezclados. Añada la piña escurrida y remueva para incorporarla. Reservar. En un bol grande, mezcle la mezcla de bizcocho amarillo, los tres huevos restantes, el agua, el aceite y el aroma de vainilla. Con una batidora eléctrica, bata la mezcla a alta velocidad durante dos minutos. Engrasar un molde de tubo de 9 x 3,5 pulgadas con aceite en aerosol y espolvorear con harina. Añada la mezcla de queso crema a la masa del pastel y mézclela bien. Vierta la masa en el molde preparado. Hornear de 55 a 65 minutos, o hasta que al insertar un cuchillo de mantequilla en el centro del pastel, éste salga limpio. Dejar enfriar el pastel en el molde durante 10 minutos antes de desmoldarlo.

Nutrición por ración: Calorías; 233 kcal, Proteínas;4 g, Sodio;250 mg, Fósforo; 41 mg, Fibra dietética; 0 g, Potasio; 48 mg

24. Postre Pizza

8 raciones

Tiempo de preparación: 25 min.

Ingredientes

* 1/2-1 taza de queso ricotta semidesnatado
* 2 tazas de fresas frescas en rodajas o melocotones en conserva
* 1/4-1/2 taza de mermelada de color claro o de albaricoque
* 5 cucharadas de azúcar en polvo, divididas.
* 2 cucharadas de gelatina caliente (o conservas)
* 1/4 taza de pepitas de chocolate
* 1 - masa de pizza de 30 cm (12 pulgadas), precocinada.

Cómo llegar

Poner el horno a 425 grados. Utiliza un filtro de café o una estopilla para colar el requesón. Escurra los melocotones en un colador y, a continuación, métalos en el microondas durante 30 segundos para licuar la mermelada. Se unta la corteza con la mermelada. Se unta la corteza con una mezcla de la ricotta y 3 cucharadas de azúcar en polvo. Cubra la ricotta con las rodajas de fresa o melocotón y decore con el resto de las pepitas de chocolate y el azúcar glas. Hornee de 10 a 12 minutos.

Nutrición por ración: Calorías; 288 kcal, Proteínas; 8 g, Sodio;166 mg, Fósforo; 47 mg Potasio; 98 mg

25. Pastel batido de arándanos

9 raciones

Tiempo de preparación: 25 min.

Ingredientes

* 1 cucharadita de canela
* 2 tazas de migas de galleta graham
* 226 g de queso crema ablandado
* 1/2 taza de mantequilla derretida, sin sal.
* 1 cucharadita de extracto de vainilla
* 1/4 taza de azúcar granulado.
* 3 tazas de arándanos
* tarrina de 226 g de nata montada no láctea
* 2 cucharaditas de zumo de limón

Cómo llegar

Encienda el horno a 375ºF. En un bol mediano, mezcle la mantequilla derretida, la canela y las migas de galleta graham. Para crear una corteza, presione la mezcla uniformemente en el fondo de un molde para hornear redondo o cuadrado de 9 pulgadas. La masa debe hornearse durante al menos 7 minutos antes de enfriarse. Mezcle bien el queso crema y el azúcar en un recipiente grande con una batidora eléctrica. Combine el zumo de limón y el extracto de vainilla. Incorpore suavemente la cobertura batida antes de incorporar los arándanos. Sobre

la corteza, distribuya uniformemente los ingredientes. Cúbrala y póngala a enfriar en el frigorífico durante al menos una hora.

Nutrición por ración: Calorías; 343 kcal, Proteínas;4 g, Sodio;197 mg, Fósforo; 38 mg, Potasio; 59 mg

26. Torta de manzana con crema de queso

10 raciones

Tiempo de preparación: 15 min.

Ingredientes

* 3/4 de taza de azúcar (dividido en 1/4 de taza)
* 1/2 taza de mantequilla ablandada sin sal
* 226 g de queso crema ablandado
* 1 taza de harina
* 1 cucharadita de vainilla
* 1 huevo
* 1/2 cucharadita de canela
* 3-4 manzanas medianas cortados en rodajas finas

Cómo llegar

Alcanzar una temperatura de horno de 450ºF. En un tazón más grande, combine la mantequilla y 1/4 taza de azúcar. Se mezcla con la harina. A continuación, se presiona en un molde desmontable. Se mezcla bien el queso crema, la vainilla, el huevo y 1/4 taza del azúcar. Se extiende en el molde. Se mezclan las manzanas con la canela restante y 1/4 de taza de azúcar. Coloque las manzanas encima del relleno de queso. Hornee durante diez minutos. Baje el fuego a 400 ° y hornee de 25 a 30 minutos, o hasta que el relleno esté cuajado y las manzanas estén tiernas.

Nutrición por ración: Calorías; 298 kcal, Proteínas;4 g, Sodio;176 mg, Fósforo; 34 mg, Potasio; 102 mg

27. Tarta de fresa

8 raciones

Tiempo de preparación: 20 min.

Ingredientes

* 4 tazas de fresas
* 2 cucharadas de zumo de limón
* 1 masa de tarta de 9 pulgadas sin hornear
* 3 cucharadas de maicena
* 1 taza de azúcar

Cómo llegar

Se machacan dos tazas de fresas y se mezclan con leche, zumo de limón y maicena. Se hornea el molde hasta que esté dorado y se deja enfriar. Preparar la mezcla calentándola en un cazo a fuego medio. Remover continuamente hasta que se vuelva espesa y clara. Pique las fresas sobrantes en trozos e incorpórelas a la mezcla enfriada. Rellene con ella el molde de tarta. Cúbrala con una lámina de plástico y métala en el frigorífico para que se enfríe por completo. Servir con nata montada si se desea.

Nutrición por ración: Calorías; 246 kcal, Proteínas;2 g, Sodio;118 mg, Fósforo; 30 mg, Fibra dietética; 3 g, Potasio; 146 mg.

28. Pera asiática crujiente

6-8 raciones

Tiempo de preparación: 25 min.

Ingredientes

- ❖ 1/2 taza de harina común, sin blanquear
- ❖ 3/4 de taza de nueces picadas
- ❖ 4 cucharadas de azúcar granulada divididas
- ❖ 1/4 taza de azúcar moreno claro
- ❖ 1/8 cucharadita de nuez moscada molida
- ❖ 1/4 cucharadita de canela molida
- ❖ 1 cucharada de maicena
- ❖ 5 cucharadas de mantequilla sin sal
- ❖ 3 lbs. de peras asiáticas peladas y sin corazón
- ❖ Zumo de un limón

Cómo llegar

Encienda el horno a 375°F. Mezcle las nueces, el azúcar moreno, la harina, 2 cucharaditas de azúcar granulada, la nuez moscada y la canela en un procesador de alimentos. Mezcle los ingredientes mientras añade la mantequilla derretida hasta que parezca arena húmeda. En un bol grande, mezcle las 2 cucharaditas restantes de azúcar granulado, el zumo de limón y la maicena. Las peras deben pelarse. Partirlas por la mitad después de cortarlas en gajos. Ponga las peras en una fuente de horno de 8 pulgadas y mézclelas con la mezcla de azúcar (cuadrada). Las peras deben espolvorearse con los ingredientes. Hornee durante unos 45 minutos, o hasta que la parte superior esté dorada y la fruta burbujee en los bordes. Dejar enfriar sobre una rejilla unos 15 minutos. Servir

Nutrición por ración: Calorías; 401 kcal, Proteínas;6 g, Sodio;53 mg, Fósforo; 86 mg, Potasio; 127 mg

29. Galletas con pasas picantes

45 Galletas

Tiempo de preparación: 30 min.

Ingredientes

- ❖ 1/2 taza de azúcar blanco
- ❖ 1/2 taza de mantequilla o margarina sin sal (a temperatura ambiente)
- ❖ 1 huevo grande batido
- ❖ 1/2 taza de azúcar moreno
- ❖ 1/4 cucharadita de extracto de almendra
- ❖ 1/2 cucharadita de extracto de vainilla
- ❖ 1/2 cucharadita de bicarbonato sódico
- ❖ 1-1/2 tazas de harina común
- ❖ 1/2 cucharadita de nuez moscada molida
- ❖ 1/2 cucharadita de canela molida
- ❖ 1/2 taza de pasas
- ❖ 1/8 cucharadita de clavo molido
- ❖ 1/4 cucharadita de jengibre molido
- ❖ 1 taza de cóctel de frutas bien escurrido en almíbar
- ❖ 1/8 cucharadita de sal

Cómo llegar

Poner el horno a 375 grados. Engrasar y enharinar ligeramente las bandejas para hornear. En un plato grande, combine la margarina y el azúcar blanco y la crema. Mezcle después con el azúcar moreno. Bata el huevo, la vainilla y los extractos de almendra hasta que quede cremoso. Los componentes secos deben combinarse y luego añadirse a la mezcla cremosa. Añadir el cóctel de frutas y las pasas removiendo. Dejar caer sobre las bandejas de hornear una cucharadita colmada. Casi 11 a 12 minutos de horneado, o hasta que estén ligeramente doradas. Deje enfriar en las bandejas de hornear durante dos o tres minutos. Transfiera a las rejillas de alambre para enfriar. Manténgalo sellado en un recipiente.

Nutrición por ración: Calorías; 61 kcal, Proteína;1 g, Sodio;17 mg, Fósforo; 8 mg, Fibra dietética; 0 g, Potasio; 34 mg

30. Pastel de manzana y caramelo

12 raciones

Tiempo de preparación: 15 min.

Ingredientes

- ❖ 1 caja de mezcla para tartas sin azúcar o mezcla para tartas amarillas.
- ❖ 3 manzanas Granny Smith medianas, peladas, cortadas en dados y sin corazón.
- ❖ 12 claras de huevo
- ❖ 1/4 taza de sirope de caramelo normal o sin azúcar
- ❖ 3/4 de taza de harina
- ❖ 2 cucharadas de agua
- ❖ 1/4 de taza de aceite vegetal

Cómo llegar

Consiga una temperatura de horno de 350°F. Cuando las manzanas cortadas en cubitos estén blandas, cocínelas en el microondas durante 6 minutos a potencia alta. hasta que se asemeje al puré de manzana, luego déjelo enfriar a temperatura ambiente. En un bol, mezcle la mezcla para tartas, las claras de huevo, la harina, el aceite vegetal, la mezcla de manzana, el aroma de caramelo y el agua. Mezcle a velocidad baja durante un minuto rascando los bordes del bol. A continuación, bata durante 2 minutos a velocidad media. Coloque la masa en dos moldes para pan aceitados o en una fuente para hornear de 9 por 13 pulgadas. Hornee de 30 a 45 minutos. Al insertar un palillo en el centro de la tarta, éste debe salir limpio. Cuando el pastel se haya enfriado, espolvoréelo con azúcar en polvo antes de servirlo.

Nutrición por ración: Calorías; 300 kcal, Proteínas; 7 g, Sodio;319 mg, Fósforo; 160 mg, Potasio; 141 mg

31. Galletas de azúcar

40 galletas medianas

Tiempo de preparación: 25 min.

Ingredientes

- ❖ 1-1/2 cucharadita de levadura en polvo

- ❖ 2 tazas de harina tamizada
- ❖ 1/2 taza de margarina sin sal
- ❖ 1/2 cucharadita de sal
- ❖ 1 huevo bien batido
- ❖ 1 taza de azúcar
- ❖ 1 cucharada de crema no láctea
- ❖ 1 cucharadita de vainilla

Cómo llegar

Tamizar la harina, la sal y 1-1/2 tazas de levadura en polvo. Cuando la margarina esté espumosa y ligera, añadir suavemente el azúcar y la nata. Añada el huevo, el colorante rojo y la crema no láctea. Añadir los ingredientes secos tamizados. Cuando la masa esté lo suficientemente dura como para manejarla, añada gradualmente las 12 tazas de harina restantes. Extiéndala con un rodillo sobre una superficie ligeramente espolvoreada hasta obtener un grosor de 1/8 de pulgada, recórtela (a mano o con un cortador de galletas) y colóquela en bandejas para galletas espolvoreadas. Espolvorear azúcar en la mezcla. Hornear de 8 a 10 minutos a 375°F en el horno.

Nutrición por ración: Calorías; 631 kcal, Proteínas;1 g, Sodio;21 mg, Fósforo; 11 mg, Fibra dietética; 0 g, Potasio; 9 mg

32. Natillas de caramelo

6 raciones

Tiempo de preparación: 10 min.

Ingredientes

- ❖ 2 cucharadas de agua
- ❖ 2 cucharadas de azúcar
- ❖ 4 gotas de extracto de vainilla
- ❖ 6 huevos
- ❖ 3 tazas de leche al 2%.
- ❖ 1/2 taza más 2 cucharadas de azúcar

Cómo llegar

En una fuente refractaria, mezcla el agua y el azúcar para hacer el caramelo. Métalo en el microondas a potencia alta durante 4 minutos, o hasta que el azúcar esté caramelizado. También puede preparar el caramelo al fuego derritiendo el agua y el azúcar en una sartén hasta que adquiera un color dorado pálido. Vierta el caramelo en un molde para hornear o en una fuente para soufflé de 5 tazas y déjelo enfriar. Precalentar el horno a 350°F. En un bol mediano, bata los huevos hasta que estén espumosos. Añadir el extracto de vainilla. Añadir poco a poco el azúcar sin dejar de batir y, a continuación, la leche. Verter las natillas sobre el caramelo enfriado en la fuente. Hornear de 35 a 40 minutos. Sacar del horno y dejar enfriar unos 30 minutos, o hasta que cuaje. Afloje las natillas del lateral de la fuente con un cuchillo y, a continuación, coloque una fuente boca abajo sobre el soufflé e inviértala, sacudiéndola ligeramente para que las natillas caigan sobre la fuente. Coloque alrededor del caramelo la fruta deseada, como rodajas de plátano y aros de naranja, o considere la posibilidad de utilizar arándanos, frambuesas o fresas para una opción más baja en potasio.

Nutrición por ración: Calorías; 215 kcal, Proteínas;9 g, Sodio;116 mg, Fósforo; 194 mg, Fibra dietética; 6 g, Potasio; 241 mg

33. Tort de pera asiática

8-10 raciones

Tiempo de preparación: 10 min.

Ingredientes

- ❖ 1 1/2 tazas de almendras y 1/4 de taza para decorar
- ❖ 2/3 taza de azúcar
- ❖ 1 1/2 tazas de harina
- ❖ 1 cucharadita de canela
- ❖ 1 cucharada de ralladura de limón
- ❖ 1/2 taza de mermelada de manzana, limón o grosella
- ❖ 1 taza de mantequilla fría sin sal, cortada en dados
- ❖ 1 cucharadita de extracto de almendra
- ❖ 2-3 peras asiáticas
- ❖ 2 yemas de huevo
- ❖ azúcar glas y cerezas al marrasquino para decorar

Cómo llegar

Precalentar el horno a 350°F. En un procesador de alimentos, pulse 1 1/2 tazas de nueces, azúcar, harina, canela y limón hasta que las nueces estén finamente picadas. Añadir la mantequilla, el extracto de almendra y las yemas de huevo, y batir para mezclar. Engrasar las paredes y el fondo de un molde desmontable de 9 pulgadas y presionar la masa contra las paredes y el fondo. Reserve entre 1/4 y 1/2 taza de masa. Corte las peras asiáticas en trozos de 1/4" de grosor. Empezando por el centro, coloque las rodajas de pera en capas consecutivas, formando dos anillos completos alrededor de la parte superior de la tarta. Para crear una corteza, esparza la masa reservada por los lados de la tarta y al final de las rodajas de pera. Derrita la gelatina en el microondas durante 1 minuto y pincélela sobre las rodajas de pera asiática. Espolvoree las almendras fileteadas restantes sobre el centro y los bordes de la tarta. Hornear de 30 a 35 minutos. Deje enfriar la tarta antes de abrir el molde desmontable. Espolvoree azúcar en polvo sobre la tarta y decore con una cereza marrasquino en el centro.

Nutrición por ración: Calorías; 426 kcal, Proteínas;8 g, Sodio;9 mg, Fósforo; 158 mg, Fibra dietética; 31 g, Potasio; 246 mg

34. Cuadrados de arándanos

16 raciones

Tiempo de preparación: 20 min.

Ingredientes

- ❖ 1 taza de avena
- ❖ 1 1/2 tazas de harina
- ❖ 1 taza de azúcar
- ❖ 1 cucharadita de canela
- ❖ 3 tazas de arándanos
- ❖ 1 1/2 barritas o 3/4 de taza de mantequilla derretida (si es posible, sin sal)
- ❖ 3 cucharadas de maicena
- ❖ Ralladura de 1 limón

❖ 1 taza de agua
❖ 3/4 de taza de azúcar

Cómo llegar

Consiga una temperatura de horno de 350°F. En un tazón mediano, mezcle la avena, la harina, el azúcar, la canela y la mantequilla hasta que se desmenucen. En un molde cuadrado de 9 pulgadas, presione la mitad de la mezcla de harina y avena. Mezcle los arándanos con la ralladura de limón para cubrir el fondo del molde. Mezclar el azúcar y la maicena en un recipiente apto para microondas, añadir el agua poco a poco sin dejar de batir y calentar hasta que empiece a hervir. Vierta la mezcla de maicena, agua y azúcar sobre los arándanos. Vierta encima el resto de la mezcla de avena y harina. Cocer de 45 a 60 minutos.

Nutrición por ración: Calorías; 247 kcal, Proteínas;2 g, Sodio;3 mg, Fósforo; 17 mg, Potasio; 38 mg.

35. Tarta de queso con chocolate y moca

8 raciones

Tiempo de preparación: 25 min.

Ingredientes

❖ 110 g de mantequilla sin sal
❖ 340 g de galletas de barquillo de chocolate
❖ 340 g de queso fresco
❖ 1/4 de taza de licor de café
❖ 340 g de pepitas de chocolate
❖ 6 huevos
❖ 1/4 taza de azúcar
❖ 2 cucharaditas de vainilla
❖ 1 taza de nata montada, sin montar

Cómo llegar

Precalentar el horno a 350°F. En un bol, mezclar las galletas de barquillo trituradas y la mantequilla. Utilice una batidora de repostería para mezclar la mantequilla con las migas hasta obtener una mezcla homogénea. Presione la mezcla en el fondo y los lados de un molde desmontable de 9 pulgadas. Refrigere hasta que esté firme. Derrita la mitad del chocolate al baño maría sobre agua hirviendo. Dejar enfriar a temperatura ambiente. En un bol grande, batir el queso crema y el azúcar hasta que esté suave y esponjoso. Añadir los huevos y mezclar bien. Añadir la nata espesa, el licor, el chocolate fundido y el extracto de vainilla. Mezclar bien. Vierta el relleno en la corteza, repartiéndolo uniformemente. Hornear durante 60 minutos o hasta que el centro esté cuajado y no tiemble al agitarlo ligeramente. Si es necesario, hornear unos minutos más. Derrita el chocolate restante y viértalo sobre la tarta de queso. Deje que la tarta de queso se enfríe a temperatura ambiente y, a continuación, refrigérela hasta que esté firme. Cuando esté listo para servir, retire la tarta de queso del molde y córtela en porciones. ¡Que aproveche!

Nutrición por ración: Calorías; 537 kcal, Proteínas;9 g, Sodio;280 mg, Fósforo; 52 mg, Fibra dietética; 34 g, Potasio; 67 mg

36. Magdalenas de zanahoria

12 raciones

Tiempo de preparación: 25 min.

Ingredientes

❖ 1/2 taza de harina integral
❖ 1/2 taza de harina común
❖ 1/4 taza de semillas, lino molido (opcional)
❖ 1/2 taza de avena
❖ 3/4 cucharadita de bicarbonato sódico
❖ 3/4 cucharadita de levadura en polvo
❖ 1/2 cucharadita de jengibre (opcional)
❖ 3/4 cucharadita de canela
❖ 1/2 taza de aceite vegetal
❖ 1/2 taza de azúcar moreno
❖ 1/2 taza de compota de manzana sin azúcar
❖ 2 huevos grandes
❖ 2 tazas de zanahorias ralladas (6 zanahorias medianas)
❖ Jengibre fresco de 5 cm (opcional)

Cómo llegar

Ajuste la temperatura del horno a 350 grados. Aplique una fina capa de aceite o spray antiadherente a los moldes para magdalenas. Mezcle todos los ingredientes secos en un bol grande. Utilice un tenedor o un batidor para mezclar los ingredientes húmedos en un bol mediano. Mezcle los ingredientes húmedos con los ingredientes secos hasta que estén apenas combinados. Añadir las zanahorias a la mezcla (ralladas). Añada tan poca mezcla como pueda. Repartir uniformemente la masa en los moldes para magdalenas. Hornear durante 20 minutos.

Nutrición por ración: Calorías; 206 kcal, Proteínas;4 g, Sodio;135 mg, Fósforo; 98 mg, Potasio; 142 mg

37. Bizcocho chino

4 raciones

Tiempo de preparación: 30 min.

Ingredientes

❖ 1/2 taza de azúcar granulado.
❖ 2 huevos grandes
❖ 1/4 cucharadita de levadura en polvo
❖ 1/2 taza de harina común tamizada.
❖ 1/2 cucharadita de vainilla

Cómo llegar

Poner el horno a 325 grados. Cree un baño maría colocándolo en el centro de la rejilla del horno y llenando el recipiente con agua hasta la mitad. Ponga papel pergamino dentro de cuatro ramequines o tazas de flan. Se baten los huevos a fuego lento durante diez minutos. Añadir el azúcar poco a poco mientras se siguen batiendo los huevos. Añadir la vainilla y remover. Incorpore la harina o la levadura en polvo a la mezcla de huevos después de mezclarlos. Vierta la mezcla con una cuchara en los moldes forrados y, a continuación, colóquelos al baño maría en el horno precalentado. Cocer durante al menos 30 minutos, o hasta que al insertar un palillo en el centro de una magdalena, éste salga limpio.

Nutrición por ración: Calorías; 194 kcal, Proteínas;5 g, Sodio;62 mg, Fósforo;67 mg, Potasio; 50 mg

38. Pastelitos rellenos de manzana y canela

6 raciones (1 ración = 1 hojaldre)

Tiempo de preparación: 25 min.

Ingredientes

* Mezcla de manzanas:
  * ¼ taza de azúcar moreno claro
  * 4 manzanas
  * ¼ taza de mantequilla sin sal, derretida (para untar con mantequilla las hojas de pasta filo)
  * 2 cucharadas de mantequilla sin sal, firme
  * ¼ cucharadita de nuez moscada
  * 1 cucharadita de canela
  * 1 paquete de masa filo (6 hojas)
  * ¼ cucharadita de maicena
  * 2 cucharadas de extracto de vainilla
* Mezclar en un bol pequeño:
  * 2 cucharadas de canela
  * 3 cucharadas de azúcar en polvo
  * Opcional: decorar con ramitas de menta fresca, azúcar glas y nata montada

Cómo llegar

Mezcla de manzanas: Precalentar el horno a 177ºC (350ºF). En una sartén grande a fuego medio-alto, derretir la mantequilla y saltear las manzanas cortadas en rodajas de 6 a 8 minutos hasta que estén tiernas. Añadir la canela, el azúcar moreno y la nuez moscada. Cocer durante 3-4 minutos más. En una taza, mezclar la maicena y el extracto de vainilla hasta que se disuelva. Añadir la mezcla a la mezcla de manzana y cocer a fuego lento durante 2 minutos más. Retirar del fuego y reservar. Pastelitos de masa filo: Engrasar un molde para 6 magdalenas. Unte cada lado de una hoja de masa filo con mantequilla derretida y, a continuación, espolvoréela con una mezcla de canela y azúcar en polvo. Repita la operación hasta colocar las 6 láminas en capas y untarlas con mantequilla, apilando una sobre otra. Corte la pila en 6 cuadrados cada una. Utilice una pila de cuadrados para forrar los lados y el fondo de cada molde para magdalenas, dejando algunos cuadrados colgando por los bordes. Rellene cada molde de magdalena con la mezcla de manzana hasta la mitad o las tres cuartas partes, asegurándose de que cada molde forrado con masa filo tenga la misma cantidad de mezcla de manzana. Doble la masa filo sobrante sobre las manzanas de cada molde. Hornear de 8 a 10 minutos o hasta que se doren. Opcional: Decorar con ramitas de menta fresca, azúcar en polvo o nata montada.

Nutrición por ración: Calorías; 280 kcal, Proteínas; 2 g, Sodio;97 mg, Fósforo; 33 mg, Fibra dietética; 5 g, Potasio; 177 mg.

39. Tarta de chocolate y menta

12 raciones

Tiempo de preparación: 30 min.

Ingredientes

* 2 tazas de azúcar
* 2 tazas de harina común
* 2 cucharaditas de bicarbonato sódico
* 110 g de chocolate sin azúcar
* 1 barrita de mantequilla sin sal
* 1 cucharadita de levadura en polvo baja en sodio
* 1 taza de nata montada espesa
* 2 huevos
* 1 taza de agua
* 1 cucharadita de vinagre de sidra de manzana
* 2 cucharaditas de extracto de menta
* 1 1/2 tazas de nata agria para el glaseado
* 1 1/2 tazas de pepitas de chocolate semidulce para el glaseado

Cómo llegar

Precalentar el horno a 190ºC (375ºF). En un cazo grande, derretir el chocolate, el azúcar, el agua y la mantequilla a fuego medio, removiendo de vez en cuando hasta que los ingredientes estén bien mezclados. Pasar a un bol grande y dejar enfriar. En un bol mediano, mezclar la harina, el bicarbonato, la levadura en polvo y la sal. En un bol pequeño, mezclar el vinagre de sidra de manzana y la nata espesa, y reservar. Engrasar con mantequilla dos moldes redondos de 9 pulgadas y forrar el fondo con papel pergamino. Añada la mezcla de vinagre y la nata a la mezcla de chocolate fría. Mezclar ligeramente y añadir los huevos. Incorporar los ingredientes secos con cuidado de no mezclar demasiado. Incorporar los extractos de vainilla y menta. Repartir la masa uniformemente en los moldes preparados y hornear en la rejilla central durante 30-35 minutos o hasta que al insertar un palillo en el centro éste salga limpio. Deje enfriar los pasteles en los moldes durante 10 minutos antes de sacarlos y pasarlos a una rejilla para que se enfríen completamente. Mientras se enfrían, preparar el glaseado. Derrita las pepitas de chocolate al baño maría hasta obtener una mezcla homogénea. Retirar del fuego e incorporar la nata agria hasta que esté bien mezclada. Enfríe el glaseado unos minutos hasta que espese un poco. Cuando las tartas se hayan enfriado del todo, extender el glaseado sobre una capa de la tarta y colocar encima la segunda capa. Esparce el resto del glaseado por encima y a los lados de la tarta. Sírvelo y disfrútalo.

Nutrición por ración: Calorías; 354 kcal, Proteínas;5 g, Sodio;231 mg, Fósforo; 82 mg, Potasio; 94 mg

40. Manzanas fritas

5 raciones

Tiempo de preparación: 5 min.

Ingredientes

* 2 cucharaditas de canela
* 5 tazas de manzanas cortadas en rodajas y peladas.
* 1 cucharadita de vainilla

Cómo llegar

Se rocía la sartén con la capa antiadherente. Se añaden las manzanas. Se saltean las manzanas hasta que estén tiernas. Se añade la canela y la vainilla.

Nutrición por ración: Calorías; 94 kcal, Proteínas;0 g, Sodio;1 g, Fósforo; 10 mg, Potasio; 153 mg

41. Galletas de chocolate y naranja con pasas

36 raciones

Tiempo de preparación: 15 min.

Ingredientes

- ❖ 3 tazas de harina común
- ❖ 1 taza de cacao en polvo sin azúcar
- ❖ 1 cucharada de levadura en polvo baja en sodio
- ❖ 1 1/3 tazas de margarina
- ❖ 1/4 taza de edulcorante artificial en polvo.
- ❖ 4 huevos
- ❖ 2/3 de taza de zumo de naranja
- ❖ 2 tazas de pasas

Cómo llegar

Poner el horno a 375 grados. Mezcle la harina, la levadura en polvo y el cacao. Con una batidora de mano o de pie, bata la margarina hasta que esté cremosa. Añadir el edulcorante artificial. Añadir los huevos y batir bien. Añadir los ingredientes secos alternándolos con el zumo de naranja. Añadir las pasas y remover. Poner cucharaditas de masa de galletas en bandejas de horno sin mantequilla. Hornear durante diez minutos. Sacar y dejar enfriar.

Nutrición por ración: Calorías; 141 kcal, Proteínas;2 g, Sodio;66 mg, Fósforo;52 mg, Fibra dietética; 8 g, Potasio; 139 mg

42. Fantástico dulce de azúcar

48 raciones

Tiempo de preparación: 25 min.

Ingredientes

- ❖ 4 (1 oz. o 28 gr) cuadrados, picados finos, de chocolate sin azúcar.
- ❖ 32 oz. de pepitas de chocolate semidulce
- ❖ 2 latas (14 oz. o 200 gr) de leche condensada, azucarada.
- ❖ 1 cucharadita de bicarbonato sódico
- ❖ 2 tazas de nueces
- ❖ 2 cucharadas de vainilla

Cómo llegar

Forre el fondo y los lados de un molde de 9 por 13 pulgadas con papel de aluminio, dejando un saliente en los lados. Rocíe el papel de aluminio con spray antiadherente. En la parte superior de un baño maría, mezclar las pepitas de chocolate y el bicarbonato. Añadir la leche condensada y el extracto de vainilla, removiendo hasta obtener una mezcla homogénea. Colocar el baño maría sobre una cacerola con agua hirviendo a fuego lento y remover constantemente durante 2-4 minutos hasta que el chocolate esté casi derretido pero queden algunos trozos pequeños. Retirar el cazo del fuego y seguir removiendo durante 2 minutos hasta que el chocolate esté completamente derretido y la mezcla esté homogénea. Incorporar las nueces (si se utilizan). Vierta la mezcla en el molde preparado y distribúyala uniformemente. Refrigerar durante al menos 2 horas hasta que cuaje. Con ayuda del papel de aluminio, sacar el dulce del molde y pasarlo a una tabla de cortar. Córtelo en 48 cuadrados de 1 1/4 pulgadas.

Nutrición por ración: Calorías; 190 kcal, Proteínas;3 g, Sodio;62 mg, Fósforo;94 mg, Fibra dietética; 11 g, Potasio; 172 mg

43. Corteza de tarta

8 raciones

Tiempo de preparación: 10 min.

Ingredientes

- ❖ 2 cucharadas de azúcar
- ❖ 1 1/2 tazas de harina
- ❖ 1/2 taza de aceite vegetal
- ❖ 2 cucharadas de leche

Cómo llegar

En un bol, mezclar la harina y el aceite. Vierta la leche y mézclela suavemente con un tenedor hasta que esté bien mezclada. Forme una bola con la masa utilizando las manos. Coloque la bola de masa entre dos hojas de papel encerado y extiéndala hasta formar un círculo de 30 cm. Retire el papel superior y coloque la masa, con el papel hacia arriba, en un molde para tartas. Retire el papel superior. Recorte la corteza con un tenedor, dejando aproximadamente media pulgada del molde. Doble los bordes hacia abajo y acanalar los lados. Pinche los lados y el fondo de la masa con un tenedor y hornéela a 450°F durante unos 12 minutos o hasta que esté dorada. Para utilizarla para una tarta sin hornear, rellene la masa con el relleno deseado y siga las instrucciones de la receta para hornearla. Esta receta rinde un molde de tarta de 9 pulgadas.

Nutrición por ración: Calorías; 219 kcal, Proteínas;2 g, Sodio;2 mg, Fósforo; 29 mg, Fibra dietética; 14 g, Potasio; 31 mg

44. Parfait de arándanos y limón

4 raciones

Tiempo de preparación: 10 min.

Ingredientes

- ❖ 10 galletas de jengibre desmenuzadas
- ❖ 2 cartones (8 oz. o 56 gr) de yogur de limón
- ❖ 2 tazas de arándanos congelados o frescos descongelados.

Cómo llegar

Coloca 1/4 de taza de arándanos, 1/4 de taza de yogur y 1/4 de taza de galletas de jengibre en cuatro copas de vino, mason jars o cuencos. Repite la operación para crear dos capas de cada ingrediente.

Nutrición por ración: Calorías; 220 kcal, Proteínas;7 g, Sodio;137 mg, Fósforo; 182 mg, Potasio; 361 mg

45. Helado de pastel de calabaza

8 raciones

Tiempo de preparación: 25 min.

Ingredientes

- ❖ 1 taza de calabaza en conserva
- ❖ 1 pinta o 2 tazas de helado de vainilla ablandado.
- ❖ 1/2 cucharadita de jengibre
- ❖ 3/4 de taza de azúcar
- ❖ 1/4 cucharadita de nuez moscada
- ❖ 1/2 cucharadita de canela
- ❖ 1 molde de tarta de 9
- ❖ 1 taza de cobertura batida

Cómo llegar

Todos los componentes, excepto la masa de la tarta, deben mezclarse bien en el robot de cocina. Rellene el molde con la mezcla y métalo en el congelador hasta que se endurezca.

Nutrición por ración: Calorías; 275 kcal, Proteínas; 3 g, Sodio;118 mg, Fósforo; 51 mg, Potasio; 90 mg

Capítulo 13: Batidos y bebidas

1. Batido nutritivo para los riñones

1 ración

Tiempo de preparación: 5 min.

Ingredientes

- ❖ Zumo de lima, fresco, bien exprimido
- ❖ 1/2 pepino grande (pelado y cortado en rodajas)
- ❖ Semillas de chía o lino molido, 1-2 cucharadas.
- ❖ Arándanos, frescos/congelados,1 taza
- ❖ Agua de coco, 1 taza (o cualquier leche de frutos secos o agua filtrada)
- ❖ Canela, 1 pizca
- ❖ Stevia (al gusto), opcional
- ❖ Hielo, 1 taza

Instrucciones:

Añada todos los ingredientes a una batidora eléctrica y cierre la tapa. En cuanto obtenga el espesor deseado, siga batiendo durante otros 60 a 90 segundos. Ofrecer y saborear.

Nutrición por ración: Calorías; 122 kcal, Proteínas;5 g, Sodio; 124 mg, Fósforo; 132 mg, Fibra dietética; 0,9 g, Potasio; 217 mg

2. Batido de arándanos

2 raciones

Tiempo de preparación: 5 min.

Ingredientes

- ❖ Arándanos congelados, 1 taza
- ❖ Proteína en polvo, 6 cucharadas
- ❖ Splenda, 8 sobres
- ❖ Zumo de manzana, 14 oz. o 400 gr (sin azúcar añadido)
- ❖ Cubitos de hielo, 8

Instrucciones:

Mezclar todos los ingredientes en una batidora hasta obtener una mezcla homogénea.

Nutrición por ración: Calorías; 114 kcal, Proteínas;0 g, Sodio;28 mg, Fósforo;1 mg, Fibra dietética; 0 g, Potasio; 255 mg

3. Smoothie de chocolate

4 raciones (1 ración = 6 oz. o 170 gr vaso)

Tiempo de preparación: 10 min.

Ingredientes

- ❖ 2 tazas de hielo
- ❖ 2 cucharadas de proteína de suero de leche con sabor a chocolate;
- ❖ ¼ taza de leche condensada
- ❖ ½ taza de leche evaporada
- ❖ Una pizca de nuez moscada
- ❖ ¼ cucharadita de canela molida
- ❖ Opcional: 2 cucharadas de licor Southern Comfort

Cómo llegar

Mezcle todos los ingredientes en una batidora a máxima potencia durante aproximadamente un minuto o dos, excluyendo la canela. Para decorar, utilice canela o nata montada por encima.

Nutrición por ración: Calorías; 142 kcal, Proteínas;10 g, Sodio; 134 mg, Fósforo; 162 mg, Fibra dietética; 0,9 g, Potasio; 247 mg

4. Copa de manzana a la sidra

8 raciones

Tiempo de preparación: 5 min.

Ingredientes

- ❖ 2 ramas de canela
- ❖ 2 cuartos de zumo de manzana, 100%.
- ❖ 1 pizca de nuez moscada
- ❖ 1/2 cucharadita de clavos enteros
- ❖ 1 cucharadita de pimienta de Jamaica

Cómo llegar

Se vierte el zumo de manzana en una olla grande y se cuece a fuego medio-alto. Se añaden los demás componentes. Se hierve y luego se baja el fuego a bajo. Dale 10 minutos para que "repose". Cuando estés listo para servir, vierte la sidra en una taza o termo utilizando un colador metálico fino.

Nutrición por ración: Calorías; 114 kcal, Proteínas;0 g, Sodio;28 mg, Fósforo;1 mg, Fibra dietética; 0 g, Potasio; 255 mg

5. Explosión de fresa

1 ración

Tiempo de preparación: 5 min.

Ingredientes

- ❖ Fresas congeladas, 1 taza
- ❖ Proteína en polvo, 6 cucharadas
- ❖ Splenda, 8 sobres
- ❖ Zumo de manzana, 14 oz. o 400 gr (sin azúcar añadido)
- ❖ Cubitos de hielo, 8

Instrucciones:

Mezclar todos los ingredientes en una batidora hasta obtener una mezcla homogénea.

Nutrición por ración: Calorías; 142 kcal, Proteínas;10 g, Sodio; 134 mg, Fósforo; 162 mg, Fibra dietética; 0,9 g, Potasio; 247 mg

6. Ponche de jengibre y arándanos

4 raciones

Tiempo de preparación: 10 min.

Ingredientes

- ❖ 1/2 taza de jengibre fresco pelado y cortado en rodajas finas
- ❖ 4 tazas de zumo de arándanos
- ❖ 1/3 taza de azúcar granulado
- ❖ 1/3 taza de zumo de lima, fresco

Cómo llegar

En una cacerola grande, llevar a ebullición el jengibre y el zumo. Cuézalo a fuego medio durante al menos 20 minutos para que absorba el sabor. Bata el zumo de lima y el azúcar después de añadirlos. Después de colar, servir

Nutrición por ración: Calorías; 124 kcal, Proteínas;0 g, Sodio;0 mg, Fósforo;1 mg, Potasio; 50 mg

7. Batido proteico de arándanos

1 ración

Tiempo de preparación: 5 min.

Ingredientes:

- ❖ Cubitos de hielo, 2, opcional
- ❖ Sorbete de arándanos, congelado 1 taza
- ❖ 1/2 taza de agua
- ❖ Proteína de suero en polvo, sabor vainilla, 1 medida

Dirección:

Mezcle la proteína de suero en polvo, los arándanos congelados y el agua (cubitos de hielo opcionales). Mezclar de 30 a 45 segundos y servir enseguida.

Nutrición por ración: Calorías; 114 kcal, Proteínas;0 g, Sodio;28 mg, Fósforo;1 mg, Fibra dietética; 0 g, Potasio; 255 mg

8. Batido Berrylicious

2 raciones

Tiempo de preparación: 5 minutos

Ingredientes

- ❖ 2/3 taza de tofu sedoso firme
- ❖ 1/4 taza de cóctel de zumo de arándanos
- ❖ 1/2 taza de arándanos congelados sin azúcar
- ❖ 1/2 taza de frambuesas congeladas sin azúcar
- ❖ 1/2 cucharadita de limonada en polvo
- ❖ 1 cucharadita de extracto de vainilla

Cómo llegar

El zumo se añade a una batidora. Se añaden los demás componentes. Se remueve bien hasta que quede completamente homogéneo. Servir inmediatamente y ia saborear!

Nutrición por ración: Calorías; 115 Kcal, Proteínas;6 g, Sodio;14 mg, Fósforo; 80 mg, Fibra dietética; 1 g, Potasio; 223 mg.

9. Ponche de arándanos

1 ración

Tiempo de preparación: 5 min.

Ingredientes:

- ❖ 03 cuartos de zumo de piña
- ❖ 01 litro de agua
- ❖ 03 cuartos de zumo de arándanos
- ❖ 01 litro de limonada, sin diluir, congelada
- ❖ Botellas de 3-28 onzas de ginger ale

Instrucciones:

Mezclar todos los ingredientes, servir y enfriar.

Nutrición por ración: Calorías; 122 kcal, Proteínas;5 g, Sodio; 124 mg, Fósforo; 132 mg, Fibra dietética; 0,9 g, Potasio; 217 mg

10. Proteína de piña fácil

1 ración

Tiempo de preparación: 5 min.

Ingredientes:

- ❖ Cubitos de hielo, 2, opcional
- ❖ Sorbete de piña, 3/4 de taza (o sorbete)
- ❖ 1/2 taza de agua
- ❖ Proteína de suero en polvo, sabor vainilla, 1 medida

Dirección:

Mezcle la proteína de suero en polvo, el sorbete de piña y el agua (cubitos de hielo opcionales). Mezclar durante 30 a 45 segundos; servir inmediatamente.

Nutrición por ración: Calorías; 132 kcal, Proteínas;6 g, Sodio; 114 mg, Fósforo; 132 mg, Fibra dietética; 0,7 g, Potasio; 237 mg

11. Limonada

1 ración

Tiempo de preparación: 5 min.

Ingredientes

- ❖ Azúcar, 1-1/4 tazas (o sustituto del azúcar)
- ❖ Agua, 2-1/2 tazas
- ❖ Cubitos de hielo
- ❖ 1/2 cucharadita de limón rallado (o piel de lima)
- ❖ Limón fresco, 1-1/4 tazas (o zumo de lima)

Instrucciones:

En una cacerola mediana a fuego medio, añada el agua y el sustituto del azúcar y remueva hasta que el azúcar se haya disuelto por completo. Apague el fuego y déjelo enfriar durante 20 minutos. Añada el zumo y la piel de los cítricos a la mezcla de azúcar. Vierta el contenido en un tarro o jarra; tápelo y refrigérelo. Puede conservarse hasta tres días. Para preparar un vaso de limonada, combine 3 onzas de agua base y 3 onzas de agua en un recipiente lleno de hielo. Disfrútela después de removerla. La base restante puede colocarse en cubiteras para congelarla y utilizarla después como hielo para bebidas.

Nutrición por ración: Calorías; 114 kcal, Proteínas;0 g, Sodio;28 mg, Fósforo;1 mg, Fibra dietética; 0 g, Potasio; 255 mg

12. Batido proteico de bayas mixtas

2 raciones

Tiempo de preparación: 5 min.

Ingredientes

- ❖ Coldwater, 4 oz. (110 gr)
- ❖ Proteína de suero, 2 cucharadas de polvo
- ❖ Cubitos de hielo, 2
- ❖ Crystal light, 1 cucharadita, gotas potenciadoras del sabor (líquido, cualquier sabor a bayas)
- ❖ Mezcla de bayas, frescas o congeladas, 1 taza
- ❖ Cobertura de nata, 1/2 taza de nata montada

Instrucciones:

Mezcle los cubitos de hielo, las bayas congeladas, el agua y las gotas de crystal light. Mezclar hasta que esté bien combinado y granizado. Añada la proteína en polvo y mezcle. Añada la cobertura de nata y mezcle.

Nutrición por ración: Calorías; 142 kcal, Proteínas;10 g, Sodio; 134 mg, Fósforo; 162 mg, Fibra dietética; 0,9 g, Potasio; 247 mg

13. Sandía Refrescante de Verano

1 ración

Tiempo de preparación: 5 min.

Ingredientes

- ❖ Hielo picado, 1 taza

- ❖ Zumo de lima, 2 cucharaditas
- ❖ Sandía sin pepitas, 1 taza en dados
- ❖ Cuñas de sandía, 2, pequeñas para salado
- ❖ Azúcar, 1 cucharada

Instrucciones:

Sin separar las cuñas para los componentes salados, combine todos los ingredientes en una batidora y pulse bien durante 30 segundos. Remover, salsear con las cuñas y servir en un vaso.

Nutrición por ración: Calorías; 142 kcal, Proteínas;10 g, Sodio; 134 mg, Fósforo; 162 mg, Fibra dietética; 0,9 g, Potasio; 247 mg

14. Smoothie de arándanos de cuatro ingredientes

1 ración

Tiempo de preparación: 5 min.

Ingredientes

- ❖ Arándanos congelados, 1/4 taza
- ❖ Leche de arroz, 1 taza
- ❖ Miel 1 cucharadita (o stevia)
- ❖ Menta fresca, 1 ramita
- ❖ Cubitos de hielo (para obtener el espesor deseado)

Instrucciones:

Licuar los arándanos, el hielo, la miel, la leche de arroz y la menta. Añadir a un vaso.

Nutrición por ración: Calorías; 145 kcal, Proteínas;8 g, Sodio; 164 mg, Fósforo; 122 mg, Fibra dietética; 0,7 g, Potasio; 147 mg

15. Batido de plátano y manzana

1 ración

Tiempo de preparación: 5 min.

Ingredientes

- ❖ 1/2 taza de yogur natural
- ❖ 1/2 plátano pelado, cortado en trozos
- ❖ 1/4 taza de leche desnatada
- ❖ 1/2 taza de compota de manzana sin azúcar
- ❖ 2 cucharadas de salvado de avena
- ❖ 1 cucharada de miel

Cómo llegar

Licuar el plátano con la leche, el yogur, la miel y el puré de manzana. Mezclar hasta que la mezcla quede impecable. Mezclar con el salvado de avena hasta que espese.

Nutrición por ración: Calorías; 292 Kcal, Proteínas; 9 g, Sodio;103 mg, Fósforo; 140 mg, Potasio; 609 mg.

Capítulo 14: Recetas de ensaladas para la dieta renal

1. Ensalada de marisco

Tiempo de preparación: 15 min.

Raciones: 2

Ingredientes

- ❖ 2 cucharadas de mayonesa light
- ❖ 1/2 zumo de limón
- ❖ 1 taza (aproximadamente 1/3 de libra) de carne de cangrejo cocida, desmenuzada, o imitación de carne de cangrejo,
- ❖ 1 taza de gambas de la bahía cocidas (aproximadamente 1/3 de libra)
- ❖ 1/3 de taza de nata agria sin grasa o light
- ❖ 1/2 taza de apio picado
- ❖ 6 tazas de lechuga romana, espinaca o lechuga de hoja verde picada
- ❖ 1/4 cucharadita de sal, opcional
- ❖ 2 cucharadas de aceitunas negras en rodajas
- ❖ 1/4 cucharadita de pimienta recién molida; añadir más al gusto
- ❖ 1 cebolla verde picada

Instrucciones

La mayonesa ligera, la nata agria y el zumo de limón se mezclan en un bol mediano; a continuación, se añaden el cangrejo, las gambas, el apio, la sal, la pimienta, las aceitunas y las cebolletas. Deje enfriar al menos una hora. Sirva cada porción de ensalada de marisco sobre un lecho de dos tazas de verduras de hoja verde.

Nutrición por ración: Calorías; 130 kcal, Proteínas;1 g, Sodio;3 mg, Fósforo; 45 mg Potasio; 77 mg

2. Ensalada de remolacha

Tiempo de preparación: 30 min.

Raciones: 2

Ingredientes

- ❖ 4 remolachas baby medianas u 8 crudas, lavadas
- ❖ ½ cucharada de zumaque
- ❖ ½ cucharada de comino molido
- ❖ 2 tazas de garbanzos escurridos y enjuagados
- ❖ 2 cucharadas de aceite de oliva
- ❖ ½ cucharadita de ralladura de limón
- ❖ ½ cucharadita de zumo de limón
- ❖ ½ taza de yogur griego
- ❖ 1 cucharada de pasta harissa
- ❖ 1 cucharadita de copos de chile rojo picante
- ❖ Hojas de menta picadas para servir

Instrucciones

Se ajusta la temperatura del horno a 220°F/200°F ventilador/gas 7. Dependiendo de su tamaño, las remolachas se pueden cortar por la mitad o en cuartos. Se combinan las especias en un bol. En una fuente de horno grande, se mezcla el aceite con los garbanzos y las remolachas. Se añaden las salsas después de salar de nuevo los ingredientes. El asado dura 30 minutos. Mientras

se fríen las verduras, combine el yogur, el zumo de limón y la ralladura. Añadir la harissa y verter en un bol. Cubra con las remolachas

Nutrición por ración: Calorías; 98 kcal, Proteínas;6 g, Sodio;124 mg, Fósforo; 90 mg, Fibra dietética; 0 g, Potasio; 73 mg

3. Caviar vaquero Ensalada de judías con arroz

6 raciones

Tiempo de preparación: 20 min.

Ingredientes

- ❖ 3 tazas de arroz cocido
- ❖ 1/2 taza de maíz cocido, congelado o fresco
- ❖ 1/2 taza de aceite de canola o de oliva
- ❖ 1/4 de taza de zumo de lima
- ❖ 1 cucharada de mostaza de Dijon
- ❖ 2 cucharadas de azúcar moreno
- ❖ 1/2 taza de pimiento rojo cortado en dados
- ❖ 1/2 taza de cilantro picado
- ❖ 1/2 cucharadita de pimienta negra
- ❖ 1 jalapeño sin semillas y picado
- ❖ 1/2 taza de frijoles negros enlatados, enjuagados y escurridos, bajos en sodio

Cómo llegar

Se prepara el arroz y el maíz y se deja enfriar. Para hacer el aliño, bata el zumo de lima, el azúcar moreno, el aceite, la pimienta negra y la mostaza. En un bol grande, mezcle todos los ingredientes adicionales. Remueva la ensalada después de añadir el aliño y, a continuación, póngala a enfriar durante una hora en el frigorífico.

Nutrición por ración: Calorías; 237 kcal, Proteínas;4 g, Sodio;101 mg, Fósforo; 40 mg, Potasio; 195 mg

4. Ensalada asiática de quinoa

Tiempo de preparación: 30 min.

Raciones: 4

Ingredientes

- ❖ 3 tazas de quinoa cocida
- ❖ 1 taza de edamame congelado y descongelado
- ❖ 1 taza de zanahorias cortadas en rodajas finas
- ❖ 1 taza de col rizada finamente picada lombarda rallada
- ❖ 1/2 taza de cebollas verdes cortadas en rodajas finas
- ❖ 1/2 taza de kimchi picado
- ❖ 1/3 taza de cilantro
- ❖ 1 lote de aderezo de jengibre y miso

Instrucciones:

Mezcle todos los ingredientes de la ensalada en un recipiente grande. Mezcle la ensalada con el aliño. Sírvala inmediatamente.

Nutrición por ración: Calorías; 68 kcal, Proteínas; 3 g, Sodio; 107 mg, Fósforo;49 mg, Fibra dietética; 0,3 g, Potasio; 42 mg

5. Ensalada de naranja y sándwich de pollo

6 raciones

Tiempo de preparación: 20 min.

Ingredientes

- ❖ 1/2 taza de apio cortado en dados
- ❖ 1 taza de pollo cocido picado
- ❖ 1/4 taza de cebolla cortada en rodajas finas
- ❖ 1/2 taza de pimiento verde picado
- ❖ 1/3 taza de mayonesa
- ❖ 1 taza de naranjas mandarinas

Cómo llegar

Mezclar cuidadosamente el apio, el pollo, la cebolla y el pimiento verde con las mandarinas y la mayonesa. Servir con pan.

Nutrición por ración: Calorías; 162 kcal, Proteínas;12 g, Sodio; 93 mg, Fósforo; 106 mg, Potasio; 241 mg

6. Ensalada de malvavisco y coco

8 raciones

Tiempo de preparación: 10 min.

Ingredientes

- ❖ 1 taza de coco seco rallado.
- ❖ 250 g (1 paquete) de malvaviscos con sabor a fruta
- ❖ 2 tazas de nata agria
- ❖ 1 lata (15 onzas o 425 gr) de cóctel de frutas escurrido

Cómo llegar

Mezclar todos los ingredientes en un bol. Pasa a un bol de cristal para servir. Si quieres una ensalada cremosa, métela en la nevera durante una hora y déjala allí toda la noche. Si quieres una ensalada moldeada, haz lo contrario.

Nutrición por ración: Calorías; 317 kcal, Proteínas;3 g, Sodio;48 mg, Fósforo; 74 mg Fibra dietética; 3 g, Potasio; 185 mg.

7. Salmón con patatas y ensalada de maíz

Tiempo de preparación: 30 min.

Raciones: 2

Ingredientes

- ❖ mazorca de maíz dulce
- ❖ ⅓ tazas de patatas nuevas baby
- ❖ filetes de salmón sin piel
- ❖ 1 cucharada de vinagre de vino tinto
- ❖ ⅓ taza de tomates
- ❖ 1 cucharada de aceite de oliva virgen extra
- ❖ 1 cucharada de alcaparras finamente picadas
- ❖ Un puñado de cebolletas finamente picadas,
- ❖ hojas de albahaca, un puñado

Instrucciones

En agua hirviendo, cocer las patatas hasta que estén tiernas. Añadir el maíz durante los últimos 5 minutos de cocción. Escurrir y dejar enfriar. Para preparar el aliño, mezcle el aceite, la chalota, las alcaparras, la albahaca, el vinagre y las especias en un bol. Caliente la parrilla a temperatura alta. Cocine el salmón con un poco de aliño encima durante 7-8 minutos, con la piel hacia abajo. Coloque los tomates en rodajas en una fuente. Colocar las patatas y el maíz en una fuente después de cortar el maíz de la mazorca. Aplique el aderezo restante al pescado.

Nutrición por ración: Calorías; 247 kcal, Proteínas;5 g, Sodio;62 mg, Fósforo; 67 mg Potasio; 243 mg.

8. Pollo, quinoa y ensalada griega

Tiempo de preparación: 20 min.

Raciones: 2

Ingredientes

- ❖ ½ guindilla roja sin semillas y finamente picada
- ❖ ⅗ taza de quinoa
- ❖ 1 diente de ajo machacado
- ❖ 1 cucharada de aceite de oliva virgen extra
- ❖ 2 pechugas de pollo
- ❖ ¾ de taza de tomates cortados en trozos grandes
- ❖ ½ cebolla roja cortada en rodajas finas
- ❖ un puñado de aceitunas kalamata negras sin hueso
- ❖ ½ taza de queso feta desmenuzado
- ❖ cáscara ½ limón y zumo
- ❖ hojas de menta, manojo pequeño, picadas

Instrucciones

Después de cocer la quinoa según las instrucciones del paquete, límpiala y escúrrela con cuidado. Mientras tanto, combina un poco de especias, ajo y chile con los filetes de pollo en un poco de aceite de oliva. En una sartén caliente, saltéalos de 3 a 4 minutos por cada lado, o hasta que estén bien hechos. El pollo se coloca en una fuente y se reserva. En un bol, mezcle los tomates, las aceitunas, el queso feta, la cebolla y la menta. Añadir el aceite de oliva restante, la ralladura de limón y el zumo de limón a la quinoa asada y sazonar al gusto. Servir con el pollo por encima.

Nutrición por ración: Calorías; 130 kcal, Proteínas;1 g, Sodio;3 mg, Fósforo; 45 mg Potasio; 77 mg

9. Ensalada crujiente Liver detox

Tiempo de preparación: 20 min.

Raciones: 2 personas

Ingredientes

- ❖ 1 diente de ajo
- ❖ 1 cebolla roja pequeña
- ❖ 1 taza de col lombarda
- ❖ 1 rodaja de jengibre
- ❖ 1 taza de cilantro
- ❖ Hojas salvia pocas
- ❖ rábano negro trozo pequeño
- ❖ 1 taza de quinoa fría cocida
- ❖ 1 limón
- ❖ 15 almendras

*   ❖ pizca de sal
*   ❖ 1 cucharada de aceite de oliva prensado en frío

Instrucciones

Comience picando el ajo y añadiéndolo a una ensaladera. En un bol, mezcla la lombarda, la cebolla y la lombarda rallada. También se puede picar el cilantro o utilizar sólo las hojas. Póngalo aparte en un cuenco con unas hojas de salvia. Si lo desea, pique las nueces o déjelas enteras. Corte el rábano negro en rodajas finas y combínelo con el cilantro. Exprimir el limón para extraer el zumo. Si el limón es ecológico, pique la piel sobrante si es necesario. Para preparar la ensalada crujiente Liver detox, mezcla todos los ingredientes en un bol. Mezcla suavemente y emplata. Ahora puede disfrutar de la ensalada. buena tranquilidad

Nutrición por ración: Calorías; 78 kcal, Proteínas; 5 g, Sodio; 108 mg, Fósforo;39 mg, Fibra dietética; 0,4 g, Potasio; 45 mg

10. Ensalada detox con aliño de jengibre y limón

Tiempo de preparación: 20 min.

Raciones: 2

Ingredientes

*   ❖ Aliño de jengibre y limón
    *   ➤ 3/4 de taza de zumo de limón recién exprimido
    *   ➤ 1/2 taza de aceite de oliva virgen extra
    *   ➤ 1 diente de ajo
    *   ➤ 2,5 a 3,8 cm de jengibre fresco, al gusto
    *   ➤ 2 cucharadas de miel cruda
*   ❖ Ensalada
    *   ➤ 4 tazas de col rallada (morada, verde o ambas)
    *   ➤ Un puñado de perejil fresco de hoja plana picado grueso
    *   ➤ Una zanahoria grande rallada
    *   ➤ 2 cucharadas de pasas
    *   ➤ 1/2 aguacate en rodajas

Instrucciones

Licuar todos los ingredientes para el aderezo hasta que estén suaves, comenzando con sólo 1 pulgada de jengibre fresco. Añada más jengibre, al gusto, si es necesario, y resérvelo. Para preparar la ensalada, mezcle la col, las zanahorias, el perejil y las rodajas de aguacate en un bol grande. A continuación, espolvorear con las pasas. Antes de servir, vierta en la ensalada de 3 a 4 cucharadas del condimento de limón y jengibre, y déjela marinar de 5 a 10 minutos. Guarde el aliño sobrante en un tarro hermético en el frigorífico durante una semana.

Nutrición por ración: Calorías; 186 kcal, Proteínas; 4 g, Sodio;156 mg, Fósforo; 86 mg, Potasio; 172 mg

11. Una (preciosa) ensalada sencilla

Tiempo de preparación: 15 min.

Raciones: 1

Ingredientes

*   ❖ Ensalada

*   ➤ 2 puñados grandes de rúcula
*   ➤ 1 remolacha pequeña
*   ➤ 1/2 aguacate
*   ➤ 2 rábanos
*   ➤ 1 cucharada de perejil picado
*   ➤ 1 cucharada de nueces picadas
*   ❖ Aderezo
    *   ➤ 1 taza de aceite de nuez (250 ml)
    *   ➤ 1 cucharadita de vinagre de sidra de manzana
    *   ➤ 2 cucharaditas de miel
    *   ➤ zumo de ½ limón
    *   ➤ ¼ taza de perejil fresco lavado y picado
    *   ➤ 1 diente de ajo
    *   ➤ Sal y pimienta, al gusto

Instrucciones

Ensalada: Limpia bien todos los productos. Retira los extremos y pela las remolachas y reserva las hojas verdes para hacer zumo. Seca la rúcula con papel absorbente y colócala en un bol grande. Corta las remolachas y los rábanos en rodajas con una mandolina y añádelos a la ensalada. Pica las nueces y el perejil a tu gusto. Corta el aguacate por la mitad, retira el hueso y la pulpa, y córtalo en rodajas. Guarda el hueso de la otra mitad del aguacate para utilizarlo en el futuro (añade limón para evitar que se dore). Colocar la ensalada en capas, empezando por la rúcula y terminando con el perejil. Aliño: En una batidora, mezclar el aceite de nuez, la miel y el vinagre de sidra de manzana. Empezar con 1 cucharadita de miel y 1 cucharadita de vinagre de manzana, luego añadir más de uno o de ambos al gusto. Exprima el zumo de limón en la batidora y añada perejil picado. Para pelar el ajo, aplástelo con una cuchara y añádalo a la batidora con los demás ingredientes. Añadir sal y pimienta a la batidora y batir a velocidad baja o media hasta obtener una mezcla homogénea. Como alternativa, bata rápidamente en un bol hasta obtener una mezcla homogénea. Vierta 1-2 cucharadas de aliño sobre la ensalada y refrigere el aliño restante en un recipiente hermético. Durará siete días en el frigorífico.

Nutrición por ración: Calorías; 68 kcal, Proteínas; 3 g, Sodio; 107 mg, Fósforo;49 mg, Fibra dietética; 0,3 g, Potasio; 42 m

12. Ensalada de quinoa fácil de desintoxicar

Tiempo de preparación: 5 min.

Raciones: 2

Ingredientes

*   ❖ 4 tazas de rúcula
*   ❖ 1 taza de quinoa cocida
*   ❖ 1 taza de remolachas cocidas, cortadas en dados, preferiblemente ecológicas
*   ❖ 1 lata de 425 g de garbanzos escurridos y enjuagados
*   ❖ Para aliñar:
    *   ➤ Zumo de 1 limón fresco
    *   ➤ 2 cucharadas de tahini
    *   ➤ 1 cucharada de mostaza gruesa
    *   ➤ Un diente de ajo rallado
    *   ➤ 1 cucharada de agua (si es necesario)
    *   ➤ Sal y pimienta al gusto

Instrucciones

En un recipiente grande, mezclar todos los ingredientes de la ensalada. En un bol, mezclar los ingredientes de la vinagreta. Mezclar bien la ensalada removiéndola. Servir al momento u opcionalmente dejar enfriar 30 minutos.

Nutrición por ración: Calorías; 186 kcal, Proteínas; 4 g, Sodio;156 mg, Fósforo; 86 mg, Potasio; 172 mg.

13. Ensalada de pollo al curry

8 raciones

Tiempo de preparación: 25 min.

Ingredientes

* ❖ 1/2 taza de pasas
* ❖ 1 cucharadita de curry en polvo
* ❖ 3/4 de taza o 1 1/2 taza de crema agria ligera o mayonesa
* ❖ 2 tazas de pollo o pavo cocido
* ❖ 1/2 taza de chutney de mango reducido en sodio (como Major Grey)
* ❖ 3 tallos de apio picados
* ❖ 1/2 taza de frutos secos (avellanas, anacardos, almendras fileteadas o pacanas)
* ❖ 4 cebollas verdes picadas

Istrucciones

Mezclar el curry en polvo, el chutney y la mayonesa para hacer el aliño. Mezcle primero el aliño y, a continuación, añada las cebollas de verdeo, el pollo, las almendras, el apio y las pasas en un bol. Para darle más sabor, déjelo enfriar en el frigorífico toda la noche.

Nutrición por ración: Calorías; 304 kcal, Proteínas; 21 g, Sodio; 231 mg, Fósforo; 65 mg, Potasio; 361 mg.

Estimado lector,

Gracias por leer Renal Diet Cookbook for Beginners: El Libro de Cocina para Riñones Sanos: 2000 días de Recetas Bajas en Sodio, Potasio y Fósforo para Evitar la Diálisis y Reducir la Carga de Trabajo del Riñón | Plan Alimenticio de 4 Semanas Incluido. Sus riñones desempeñan un papel vital en su bienestar físico, y cuidarlos debe ser una prioridad. Llevar un estilo de vida activo y saludable es la mejor manera de mantener sus riñones sanos. Si tiene algún problema de salud grave que le ponga en riesgo de sufrir lesiones renales o cáncer, es fundamental que colabore estrechamente con un médico para estar atento a los síntomas de insuficiencia renal. Los alimentos inocuos para los riñones que se mencionan en el libro son excelentes opciones para quienes siguen una dieta renal. Sin embargo, es importante consultar con un profesional sanitario sus preferencias dietéticas y asegurarse de que sigue la dieta adecuada a sus necesidades específicas. Las restricciones dietéticas difieren en función del tipo y la gravedad del daño renal y de los procedimientos médicos utilizados, como los fármacos o la diálisis. Aunque seguir una dieta renal puede parecer restrictivo, se pueden incluir muchos alimentos sabrosos en un programa de comidas nutritivas, equilibradas y aptas para el riñón. El organismo de cada paciente es diferente, por lo que es esencial colaborar con un dietista renal para crear una dieta adaptada a las necesidades del paciente. Una dieta renal suele destacar el valor de comer proteínas de alta calidad y limitar los líquidos. Para los pacientes con insuficiencia renal, un exceso de sal puede ser peligroso, ya que sus riñones no pueden eliminar adecuadamente el exceso de líquido y sodio del organismo. Por lo tanto, las personas con insuficiencia renal deben seguir una dieta respetuosa con los riñones para disfrutar de una vida sana. Si le ha gustado el libro, le ruego que deje una reseña para ayudar a difundirlo.

Gracias por su apoyo.

Saludos cordiales

ELIZABETH DOLLY RAYMOND

Made in the USA
Monee, IL
25 November 2024